김 앤 장

초판 1쇄 발행 | 2023년 11월 15일

지은이 | 김진원

펴낸곳 | (주)리걸타임즈
등록 | 2008년 8월 4일(제321-2008-00103호)
주소 | 서울시 서초구 서초중앙로 24길 55(서초동, 403)
편집 | 02-3476-2015
영업 | 02-581-2921
팩스 | 02-3476-2016
전자우편 | desk@legaltimes.co.kr

디자인 | 끄레디자인

ISBN 978-89-961584-2-4
값 41,000원

글 ⓒ김진원, 2023

김앤장
KIM & CHANG

김진원

리걸타임즈

프롤로그

    지하철 3호선 경복궁역에서 서울지방경찰청 방향으로 100m쯤 내려오면 김·장 법률사무소의 본사에 해당하는 철골 구조의 세양빌딩이 나온다. 한국 최고의 로펌, 김앤장의 50년 신화를 탄생시킨 장소로, 검은색의 강렬한 이미지가 인상적이다.

    김앤장은 한국 최초의 로펌은 아니다. 그러나 1973년 문을 연 김앤장의 50년은 사실상 한국 로펌의 역사라고 해도 과언이 아니다. 김앤장이 처음 시도한 로펌 운영의 여러 제도가 한국 로펌의 표준처럼 다른 로펌들로 확산되었고, 변호사들도 김앤장을 중심으로 합류와 이동이 반복되었다. 김앤장이 설립되자 우수한 변호사들이 김앤장으로 몰려들었다. 또 김앤장에서 경력을 쌓은 변호사들이 차세대 로펌, 부티크를 세워 독립하면서 한국 로펌 업계의 외연이 확산되었다.

    늘 선두에 서서 한국 로펌들을 리드해온 김앤장은 아시아를 넘어 글로벌 로펌으로 발전했다. 김앤장을 성공으로 이끈 여러 요인이 있겠지만, 그중에서도 창업자들로부터 시작되는 과감한 도전과 혁신을 향한 노력을 먼저 강조하지 않을 수 없다. 김앤장은 보수적인 면이 강한 법률 분야에서 끊임없이 혁신을 추구해왔으며, 이를

프롤로그

통해 세계 로펌사에서도 유례없는 성공을 거두었다.

김영무, 장수길 두 변호사가 50년 전 김앤장을 출범시켰을 때 두 사람의 나이는 똑같은 31세였다. 젊은 변호사들의 부티크 설립이 붐을 이루고 있는 요즈음의 기준에서 보아도, 김과 장 듀오는 매우 젊은 나이에 기업법무, 국제법무 법률사무소를 시작했다.

사법시험 합격, 하버드 로스쿨(J.D.)을 거쳐 미국의 유명 로펌에서 경험을 쌓은 한국인 최초의 미국변호사와 고등고시 사법과에 최연소 합격해 4년간 판사로 활동한 서울법대 동기 두 명의 우정은 이후 세계 50위권의 글로벌 로펌으로 도약하는 커다란 성공으로 이어졌다.

1백년 이상 된 로펌이 수두룩한 영미 로펌에 비하면 김앤장은 상대적으로 짧은 시간에 큰 성공을 거둔 압축성장의 주인공이다. 또 한국 기업에 대한 자문, 한국에 투자하는 글로벌 기업에 대한 자문을 중심으로 법률서비스를 발전시켜 글로벌 로펌의 반열에 오른 로컬(local) 로펌의 성공신화로도 의미가 크다. 영미 로펌을 제외하면 김앤장이 전 세계의 로컬 로펌 중 매출기준 글로벌 순위가 가장 높다.

 김앤장은 회사 형태의 팀플레이로 법률서비스를 생산해 제공하는 영미 로펌의 시스템을 도입해 발전의 토대를 마련한 것으로 잘 알려져 있다. 그러나 이것만으로 김앤장의 성공을 이해하려 한다면 충분한 설명이 될 수 없다.

 김앤장은 영미 로펌들에선 쉽게 찾아보기 어려운 한국적 정서, 동양적 특성을 가미해 법률공동체, 법률전문가들의 플랫폼으로 발전시켜 왔다. 한국 최고의 법조 인재들이 각기 전문성을 발휘해 솔루션을 종합해내는 '김앤장 스타일'이 김앤장의 높은 경쟁력을 담보하는 성공요소로 기능하고 있다. 김앤장의 50년 성장사를 얘기하며 동도서기(東道西器)의 지혜를 강조하는 것은 이 때문이다.

 이 책은 13년 전 초판을 낸 《김앤장 이야기》를 대대적으로 보완한 것이나, 사실상 새 책이나 다름없다. 특히 1세대 변호사들에 이어 실무의 최일선에서 활약하고 있는 일선 변호사들의 스토리를 보강하고, 업무사례를 별도의 장으로 추가했다. 설립 반세기 만에 글로벌 55위의 세계적인 로펌으로 성장한 김앤장의 성공 노하우,

프롤로그

성장비결을 다양한 측면에서 조명하려고 했다.

반세기가 더 흐른 한국 로펌 업계는 10년이 더 된 한국 법률시장의 개방과 함께 변화와 발전을 거듭하고 있다. 특히 한국 기업의 해외사업 비중 확대 등 경제계의 거듭되는 변화가 국제화 등 한국 로펌의 발빠른 대응을 요구하고 있다. 그 맨 앞에 한국변호사만 1천 명 넘게 포진한 김앤장이 위치하고 있다.

로스쿨 제도 도입 이후 해마다 많은 수의 변호사가 시장에 쏟아지고, 다양한 모델의 로펌들이 새로 문을 열어 발전을 도모하고 있다. 50년 전 30대 초반의 변호사 두 명으로 시작해 글로벌 로펌으로 도약한 김앤장의 도전과 성공이 한국 로펌의 발전, K-Law의 확산에 촉진제가 되길 바라면서 원고를 넘긴다.

올 초 시작한 작업이 무더운 여름을 지나 가을이 되어 완성을 보게 되었다. 책이 나오기까지 도와주신 분들에게 이 자리를 빌어 감사의 뜻을 전한다.

2023년 10월
김진원

차례

프롤로그 4

I **역사**
광화문의 글로벌 로펌 15
중국의 김앤장이 어디인가요? 18
영어식 이름 '김앤장' 24
한국인 최초의 미국변호사 27
신민당사 농성사건 32
두 친구의 의기투합 38
최초의 어소시에이트 44
젊은 인재들의 합류 48
프런티어 변호사들 53
3인 트로이카 체제의 완성 63

II **도약**
후발주자의 캐치업 전략 71
씨티은행 자문 77

출범 10년 만에 선두로 올라서다 80

헝그리 정신 85

선배와 후배의 공동작업 88

해외연수 프로그램 92

Ⅲ 발전

항공기를 저당잡히다 101

합작투자의 표준을 만들다 106

IT 입국, 해외증권 발행 선도 110

상장회사 최초의 외국인 직접투자 115

법률서비스의 국산화 118

지식재산권 분야 1등 124

IMF 특수 129

M&A 자문 1위 134

Ⅳ Practice

금융 146

증권 및 자본시장 153

보험 169

기업일반 178

공정거래 191

인사·노무 196

부동산 204

건설 210

조세 225

송무·형사   237
국제중재   248
지식재산권   255
TMT   269
해상   275

V Cases
하이브의 미 레이블 Ithaca Holdings 인수 자문   283
'딜리버리히어로의 우아한형제들 인수' 공정위 승인   287
이스타항공 회생절차 대응   290
키코 사건   293
'플로팅 독 계약 해제' SCC 중재 사건   299
OCI 적격분할 사건   304
'백내장 수술 보험금' 소송   309
롯데케미칼의 일진머티리얼즈 인수   314
메디트 사건   318
'대한민국 정부 vs 하노칼' ISDS 사건   322
SK텔레콤의 하이닉스 인수   326
인터넷전문은행 '케이뱅크' 인가 취득   328

VI 동도서기
로펌은 사람이다   333
고객 우선의 문화   339
영미식 로펌   345
벤처정신과 이노베이션   351

전문화와 대형화 357
원스톱 토털 서비스와 팀플레이 363
동도서기 370
법조 인재의 산실 375
공익활동 381

Ⅶ 50년을 넘어
법률시장 개방 395
Globalization 403
지속가능 플랫폼 410
미래 416

연표 420

보통 김앤장으로 불리는 김·장 법률사무소가 설립된 지 50년이 되었다.

1973년 말 서울법대 동기인 김영무, 장수길 두 변호사가 주춧돌을 놓은 김앤장은 이후 비약적인 발전을 거듭해 한국은 물론 아시아의 최고 로펌으로 성장했고, 영미 로펌들이 주도하는 글로벌 법률시장에서도 매출기준 50위권의 뛰어난 경쟁력을 발휘하고 있다. 특정 한두 분야가 아니라 기업법무의 거의 전 분야에 걸쳐 최고 등급의 전문성을 자랑하는 김앤장의 성공은 영미 로펌들 사이에서도 화제를 모으고 있다.

대학 동기 두 명이 지금으로 치면 일종의 벤처로 시작해 반세기 만에 세계 굴지의 로펌으로 발돋움한 김앤장의 성공비결은 무엇일까? 김앤장의 50년은 세계 로펌사에서도 유례가 드문 아시아의 한 로펌의 성공스토리이자 김앤장이 맨 앞에 서서 향도의 역할을 해온 한국 로펌 업계의 산 역사이기도 하다. 그 이야기를 시작한다.

I

역사

역사

광화문의 글로벌 로펌

한국 최고의 로펌, 김앤장은 광화문에서 시작되었다. 지금부터 50년 전인 1973년 1월 미국 유학에서 돌아온 김영무 변호사가 개인 법률사무소를 열어 변호사 업무를 시작한 서울 광화문의 구세군빌딩이 김앤장의 출발지다. 이후 수많은 변호사가 합류하며 변호사 등 전문인력만 1,900명으로 늘어난 김앤장은 인근의 세양빌딩을 중심으로 김앤장 금융 그룹이 입주하고 있는 노스게이트빌딩, 코퍼릿(Corporate)과 조세 그룹이 위치한 크레센도빌딩과 센터포인트빌딩, 지식재산권 그룹이 상주하고 있는 정동빌딩과 적선현대빌딩 등 광화문의 여러 대형 건물을 사용하며 50년 넘게 한국의 중심, 광화문에서 전 세계를 상대로 법률자문을 수행하고 있다.

김앤장이 광화문에서 출발한 것은 당시 법률사무소나 로펌들이 광화문 일대에 자리 잡았던 연혁적인 배경과 관련이 있다. 김앤장이 출범할 당시는 정부과천청사와 강남이 개발되기 전으로, 정부 부처들이 세종로에 몰려 있었다. 대법원과 대검찰청, 서울고등법원과 서울중앙지법, 서울고검과 서울중앙지검도 서소문에 위치해 서소문 일대에 법조타운이 형성되어 있었다.

로펌들도 서소문에서 멀지 않은 태평로나 광화문 지역이 주요 거점이었는데, 덕수궁 주변에 로펌들이 잇따라 들어서며 '덕수클럽'이란 이름의 로펌 대표들 친목 모임이 발족되어 한동안 운영되기도 했다.

연혁적인 이유 등으로 광화문에 자리를 잡았지만, 한국 최고 로펌 김앤장이 서울의 중심, 광화문에 위치한 것은 의미가 작지 않아 보인다.

김앤장은 50년 전 영미에서 발달한 서구식 로펌을 받아들여 한국 기업의 발전, 세계화를 지원하며 성장했다. 그러나 김앤장은 뿌리부터 철저한 한국 토종 로펌이고, 내부 운영에 있어서도 한국적인 요소를 많이 가미하고 있다.

예컨대 영미 대형 로펌과 유사한 조직 형태를 채택하면서도 변호사를 파트너와 어소시에이트로 나누지 않고, 사법연수원과 로스쿨 출신, 재조 출신, 외국변호사를 포괄하는 법조일원화, 법률

공동체의 용광로 문화로 높은 시너지를 도모하고 있다. 그리고 이러한 한국적 전통이 김앤장이 빠른 속도로 발전하는 성장의 촉진제로 작용했다.

　김앤장 사무실에 들어서면 경복궁이 한눈에 들어오고 인왕산, 북악산도 가까이 있다. 김앤장을 방문한 외국 클라이언트들도 김앤장의 주변 조망에 감탄사를 연발한다고 한다. 영미 로펌들과 어깨를 나란히 하며 글로벌 로펌으로 발전한 김앤장의 성공신화는 서울의 중심, 광화문에서 시작되었다.

중국의 김앤장이 어디인가요?

"중국의 김앤장이 어디인가요?"

필자가 오래전 중국 베이징을 방문했을 때 들은 이야기다. 국내 한 대기업 중국 본사의 법무팀에 근무하는 중견 간부가 베이징에 나와 있는 한국계 기업 관계자들로부터 자주 질문을 받는 내용이라며 소개했다.

베이징에 부임한 지 이미 7년이 넘은 이 간부는 중국 현지에서 노사 관련 이슈나 새로운 계약의 체결, 소송 등 법무 수요가 발생하면 현지의 중국 로펌에 자문을 의뢰해 해결하며, 개별 중국 로펌의 경쟁력과 장단점에 대한 상당한 정보와 지식을 축적하고 있었다. 때문에 그의 이런 노하우를 잘 알고 있는 한국계 기업 관계자들이 중국에서 가장 뛰어난 로펌이 어디냐고 소개를 부탁하며 이렇게 물어온다는 거였다. 물론 김앤장이 한국 최고의 로펌이라는 사실을 전제하고 묻는 말이었다.

김앤장은 이미 한국 로펌 업계에서 '최고의 로펌'을 의미하는 보통명사가 되었다. 중국뿐 아니라 미국이나 유럽, 동남아, 중동 등 해외에 진출한 한국 기업 관계자들에 따르면, 현지에서 법률자문이 필요할 때 김앤장처럼 전문성이 뛰어난 최고의 로펌을 찾아 자문을 맡긴다고 한다.

또 서울에 사무소를 열어 한국 기업 등에게 자문하는 미국 로펌의 서울사무소 대표 중 한 명은 "미국법, 국제법에 관한 자문에 있어 김앤장과 같은 외국 로펌이 되려는 것"이라고 시장에서 압도적인 위상을 차지하고 있는 김앤장에 대한 솔직한 부러움을 털어놓기도 했다.

김앤장이 한국 최고의 로펌이라는 데 대해서는 긴 설명이 필요하지 않을 것이다. 이미 오래전부터 부동의 선두자리를 지키며, 국내외의 많은 기업, 고객들로부터 한국을 대표하는 로펌으로 평가받고 있다.

그러나 김앤장을 한국의 최고 로펌 정도로만 이야기한다면, 그것은 김앤장을 제대로 이해한 것이 아닐 수 있다. 김앤장은 이미 한국을 뛰어넘어 아시아 최고의 로펌으로 명성을 이어가고 있다.

국내외 변호사만 약 1,250명. 여기에 공인회계사, 변리사, 세무사 등을 포함한 약 1,900명의 전문인력(professionals)이 포진, 아시아의 어느 로펌에도 밀리지 않는 막강한 맨파워를 구축하고 있다. 특히 전문성으로 대표되는 법률업무 수행의 경쟁력과 명성에 관한 한 중국은 물론 일본과 홍콩, 싱가포르, 대만 등 아시아의 어느 나라에서도 김앤장만한 로펌을 찾아보기 힘들다.

김앤장이 일본의 로펌들을 이미 오래 전에 추월해 앞서 나가고 있다는 사실은 일본 로펌의 변호사들도 스스로 인정하고 있다.

일본의 4대 로펌 중 한 곳인 Nagashima Ohno & Tsunematsu의 창업자 중 한 사람인 나가시마(長島安治) 변호사가 1999년 12월 일본변호사연맹이 발행하는 《자유와 정의》에 기고한 글에서 "일본 로펌이 김앤장에 뒤지고 있다. 김앤장을 벤치마킹해야 한다"고 역설했다는 것은 유명한 이야기다. 김앤장에 앞서 1961년에 설립된 Nagashima & Ohno는 2000년 1월 Tsunematsu Yanase & Sekine와 합쳐 변호사 수 100명을 돌파하면서 당시 일본 최대의 로펌이 되었으나, 김앤장은 이때 이미 한국변호사만 150명이 포진해 규모와 업무역량 등에서 일본 로펌들을 크게 앞지르고 있었다.

이후 일본의 최대 로펌으로 발전한 Nishimura & Asahi의 경우 전문가가 800명이 넘고, Mori Hamada & Matsumoto는 변

호사만 700여명, Nagashima Ohno & Tsunematsu가 변호사 560여명의 큰 규모로 성장했으나, 변호사 숫자는 물론 업무역량과 전문성 등 경쟁력에서 김앤장에 여전히 밀리고 있다는 게 국제 로펌 업계 관계자들의 공통된 진단이다.

김앤장은 사실 국내보다도 로펌식의 법률서비스가 일찌감치 발달한 영미 등 외국에 더 잘 알려져 있다. 철저하게 전문성을 따져 일을 맡기는 외국의 기업과 금융기관 등으로부터 매우 높은 평가를 받고 있다. 실제로도 많은 외국계 기업이 한국에 투자하거나 한국에서 사업을 전개할 때 압도적인 차이로 김앤장에 일을 맡기고 있다.

뉴욕에 있는 미국계 로펌의 한 파트너 변호사는 "김앤장이 한국법을 준거법으로 하자고 하는 등 때로는 매우 공격적으로 나오는 경우가 많아 월스트리트의 로펌들도 김앤장이 상대방의 대리인으로 선정되었다고 하면 부담을 느낄 정도"라고 말했다. 한국법이 준거법이 되면, 당사자인 한국 기업이나 이 한국 기업을 대리하는 법률회사가 상대적으로 유리할 수 있는데, 한국 기업을 대리하는 김앤장이 그만큼 자신감을 가지고 외국 로펌과의 협상에 나선다는 것이다.

김앤장의 뛰어난 경쟁력은 외국의 법률잡지나 로펌 평가지 등의 높은 평가로 이어지고 있다. 수많은 법률잡지로부터 여러 차례 '한국을 대표하는 로펌' 또는 '한국 최고의 로펌'으로 평가받고 있으며, 거의 대부분의 업무분야에서 최고 등급의 평가를 받고 있다.

김앤장은 2019년 블룸버그(Bloomberg)가 집계한 일본을 제외한 아시아·태평양 지역(APAC) M&A 리그테이블에서, 아태 로펌들은 물론 영미의 글로벌 로펌들을 제치고 거래건수 기준 1위를 차지하는 등 아태 지역에서도 최고 수준의 경쟁력을 이어가고 있다. 김앤장은 2019년 머저마켓(Mergermarket)이 발표한 거래금액 기준 일본 제외 아태 지역 M&A 리그테이블에서도 2위를 차지했다.

"김앤장의 업무반경은 매우 인상적이다. 회사법과 금융에서 소송, 중재에 이르기까지 전 법률분야에 걸쳐 시장을 선도하며, 월드 클래스 로펌을 지향하는 김앤장의 변호사들은 국제적인 클라이언트들을 위한 정교하면서도 복잡한 생산물에 대해 자문할 능력을 갖추고 있다."(The American Lawyer 2019)

"한국의 가장 크고 뛰어난 풀서비스 로펌인 김앤장에 대해선 어떠한 소개도 필요하지 않다. 김앤장은 국제적인 다국적 기업과 브랜드, 한국의 대기업들이 가장 먼저 선택하는 로펌이며, 상당한 규모의 이 로펌은 법률실무의 여러 틈새 영역에서 최고 수준의 전문가들을 수용하고 혁신의 경계를 확대하고 있다. 김앤장을 벤치마킹하는 한 방법이 있다. 김앤장이 맡은 딜이나 사건이면 그것은 중요한 사건이라는 것이다."(One way to benchmark it is if Kim & Chang is found anywhere on a deal or case, you know it's a significant matter, Asialaw 2021)

　외국의 유명 매체가 김앤장을 최고의 수상자로 선정하며 소개하는 구체적인 표현에서 김앤장에 대한 외부의 평가와 김앤장이 시장에서 차지하는 위상이 어느 정도인지 가늠해 볼 수 있다.

영어식 이름 '김앤장'

　김앤장의 역사는 약 50년 전으로 거슬러 올라간다. 1973년 1월. 미국 유학을 마치고 돌아온 김영무 변호사가 서울 광화문의 구세군빌딩에 변호사 사무실을 열었다. 국내는 물론 아시아 최고로 손꼽히는 김앤장의 역사가 시작된 것이다. 아직 김앤장이란 이름은 생기기 전이었다. '변호사 김영무 법률사무소'가 출발 당시의 이름이었다.

　그러나 이 이름은 오래가지 않았다. 그해 겨울, 김 변호사의 서울법대 동기인 장수길 변호사가 합류하면서 '김앤장'이란 이름이 탄생했다. 물론 김앤장의 '김'은 김영무 변호사를 가리킨다. '장'은 장 변호사의 성에서 따왔다. 영미 로펌의 경우와 마찬가지로 설립자 등 주요 파트너 변호사의 성(姓)을 따 법률회사의 이름을 지은 셈인데, 영어로도 'Kim & Chang'이다.

로펌 업계에선 로펌의 이름에 성이 들어가는 변호사를 네임 파트너(name partner)라고 부른다. 특별한 존경을 받는 영예로운 호칭으로, 영미의 로펌에선 설립자 외에도 로펌의 발전에 혁혁한 공을 세운 변호사의 성을 로펌의 이름에 차례대로 추가하는 경우가 많다. 1980년대 미국의 적대적 M&A 거래에서 특히 두각을 나타내며 이름을 날린 세계적인 로펌 '스캐든 압스'는 정식 이름이 'Skadden, Arps, Slate, Meagher & Flom'으로 모두 다섯 명의 파트너가 로펌 이름에 나온다.

이에 비해 김앤장은 단 두 변호사의 성으로 상호가 구성되어 있다. 김영무, 장수길 변호사 이후에도 내로라하는 수많은 변호사가 합류하며 김앤장의 발전에 커다란 역할을 수행하고 있으나, 김앤장의 브랜드는 여전히 '김앤장'에서 끝나고 있다. 이름을 올릴 만한 변호사가 없어서라기보다는 한 번 정한 이름을 좀처럼 바꾸지 않는 한국 로펌 업계의 전통과도 무관하지 않은 것으로 보인다.

지금은 김앤장 하면 모르는 사람이 없을 정도로 유명해졌지만 설립 초기엔 낯선 이름 때문에 에피소드도 적지 않았다. 로펌 업계의 선발주자였던 김·장·리 법률사무소와 이름이 혼동되는 경우도 있었고, 영어식 이름이 익숙하지 않아 김앤장 법률사무소를

'김현장 법률사무소'로 잘못 알고 김현장 변호사를 찾는 전화도 적지 않게 걸려 왔다고 한다. '김앤장'이 변호사 이름이라고 생각한 것이다.

그러나 51년째 써오고 있는 '김앤장'의 브랜드 파워는 대단한 것으로 평가되고 있다. 국내를 대표하는 로펌이자 법률회사의 대명사처럼 많은 사람의 기억에 자리 잡고 있다.

김앤장 이전에도 김·장·리와 김·신·유 등 영어식 이름의 로펌이 없지 않았지만, 김앤장 이후 이런 식의 작명(作名)이 더욱 본격화되었다. 김앤장에 뒤이어 설립된 한미합동법률사무소 즉, 지금의 법무법인 광장은 '리앤고'(Lee & Ko), 법무법인 세종은 '신앤김'(Shin & Kim)이란 영어식 이름을 함께 사용하고 있다. 또 로펌뿐만 아니라 일반 업종에서도 사업자의 성이나 이름을 딴 상호가 많이 등장하고 있다.

한국인 최초의 미국변호사

김앤장을 설립해 아시아 최고의 로펌으로 일구어낸 김영무 변호사에겐 여러 설명이 따라다닌다. 무엇보다도 그가 미국 학생들과 똑같이 J.D.(Juris Doctor) 3년 과정을 다녀 하버드 로스쿨을 졸업한 최초의 한국인이자, 한국인 최초의 미국변호사라는 사실을 빼놓을 수 없다.

지금은 법학사 학위가 있으면 미국 로스쿨에서 1년 과정인 법학석사(Master of Laws, LL.M.) 학위를 취득한 후 뉴욕주 등의 변호사시험에 응시해 미국변호사가 될 수 있지만, 김 변호사가 미국에서 공부하던 50여년 전엔 미국변호사가 되기 위해선 LL.M.으로는 안 되고, 소크라테스식 강의로 유명한 J.D. 과정을 마쳐야 주

(州)별로 실시되는 미국의 변호사시험(Bar Exam)에 응시할 수 있었다.

김영무 변호사가 한국인으로 미국 로스쿨의 J.D.를 거쳐 미국변호사가 된 첫 사례이며, 이후 지금의 법무법인 광장인 리앤고를 설립한 이태희 변호사, 법무법인 우방을 세워 나중에 법무법인 화우와 합친 윤호일 변호사도 순서대로 하버드 로스쿨, 노틀담대 로스쿨에서 J.D. 과정을 마치고 미국변호사가 되었다. LL.M. 학위로 미국변호사가 된 사람은 법무법인 세종을 설립한 신영무 변호사가 처음으로 알려져 있다. 신영무 변호사는 예일대 로스쿨 LL.M.에 이어 같은 예일대 로스쿨에서 법학박사(J.S.D.) 학위를 받았다.

이렇게 이야기하면 혹시 김영무 변호사를 미국변호사로만 이해할 사람이 있을지 모르겠는데, 그는 미국변호사가 되기 이미 오래 전에 사법시험에 합격한 한국변호사다. 경기고와 서울대 법대를 나온 그는 대학을 졸업하던 해인 1964년 제2회 사법시험에 차석 합격해 2년 후인 1966년 사법연수원의 전신인 사법대학원을 수료했다. 말하자면 한국변호사로서 미국 유학길에 올라 최초로 미국변호사가 된 선구적인 변호사가 김영무 변호사인 셈이다.

이용우 전 대법관, 김정길, 정성진 전 법무부장관, 김기수 전 검찰총장, 환경처장관을 지낸 허남훈 전 국회의원, 김앤장의 특허 분야에서 오랫동안 근무했던 차수명 전 국회의원, 안문태 전 특허법원장, 법무법인 로고스의 대표를 역임한 양인평 변호사, 법무법인 광장에서 오래 활동한 유경희 변호사, 이동락 전 대구고법원장 등이 그와 함께 사법시험 2회에 합격한 사시 동기들이다.

그는 그러나 판, 검사 임관을 포기하고 사법대학원을 마치자마자 곧바로 미국 유학길에 올랐다. 보다 넓은 세상으로 나아가 견문을 넓히고, 법학 공부를 더 깊이 해보고 싶다는 의욕이 있었기 때문이다.

김영무 변호사는 재동에서 내과를 운영하며 이승만 대통령의 주치의로 활동한 김승현 박사의 삼남으로, 바이올리니스트 김영욱씨가 김 변호사의 동생이다.

1966년 시카고대 로스쿨에서 비교법학 석사(Master of Comparative Law, M.C.L.) 학위를 받은 김영무 변호사는 다시 하버드 로스쿨로 옮겨 1970년 보통 법학박사로 불리는 J.D. 학위를 받았다. 이어 미국 변호사시험에 합격해 미국변호사 자격도 취득했다. 김앤장 사람들은 김 변호사가 하버드 로스쿨 J.D. 출신인 점에 착안해 보통 그를 '김 박사'라고 부른다. 1년 과정인 LL.M.을 한 한국인은 전에도 더러 있었으나, 미국 학생들과 똑같은 과정을 밟아 J.D. 학위를 받은 한국인은 그가 처음이다.

하버드 로스쿨을 졸업하고 일리노이주 변호사가 된 김 변호사는 미국의 대형 로펌인 베이커앤맥켄지(Baker & McKenzie)에서 경험을 쌓았다. 그곳에서 미국의 로펌이 기업을 도와 어떤 역할을 수행하는지 직접 눈으로 확인하며 로펌 변호사의 일을 배웠다. 당시 한국은 교역이라고 해봐야 경공업 중심의 가공무역 수준에 머물러 있었던 시절이다.

김 변호사는 미국의 로펌에서 근무하며 한국도 산업이 발달하고 국제거래가 늘어나게 되면 기업의 경제활동을 뒷받침할 로펌식의 법률서비스가 필요할 것이라는 확신을 갖게 되었다. 하버드 로스쿨을 졸업하고 미국변호사가 되어 미국의 유명 로펌에서 경험을 쌓은 그의 이러한 경력은 나중에 김앤장을 아시아 최고의 로펌으로 일구어내는 밑바탕이 되었다.

김 변호사는 28세 때인 1970년 미국 유학을 마치고 서울로 돌아왔다. 그러나 그는 서두르지 않았다. 먼저 미국식 법률사무소를 열어 기업 관련 법률서비스를 제공하고 있던 김진억 변호사 사무실에서 잠시 같이 일했다. 김진억 변호사의 사무실이 김·신·유로 발전하기 전으로, 김진억 변호사 사무실은 당시 서울 종로의 삼일빌딩에 있었다. 법률사무소 이름도 김영무 변호사가 몸담고 있는 동안 김진억, 김영무 두 변호사의 성을 따 '김앤김'으로 불렸다. 김진억 변호사는 김영무 변호사의 서울법대 선배로, 고등고시 사법과 10회에 합격한 그는 4년 넘게 판사로 근무한 후 미시간 로스쿨에서 LL.M. 학위를 받고 돌아와 1967년 서울에서 변호사 사무실을 열었다.

김영무 변호사는 이어 일본 도쿄로 건너가 베이커앤맥켄지 도쿄사무소에서 6개월간 근무하며 또 다른 경험을 쌓았다. 베이커앤맥켄지 도쿄사무소 근무는 김영무 변호사에게 한국보다 경제가 발달해 있던 일본의 기업법무 서비스를 경험하는 좋은 기회가 되었다. 결과적으로 미국과 한국, 일본의 로펌 현장을 골고루 경험한 셈인데, 이런 준비와 모색을 거쳐 나중에 아시아 최고의 로펌으로 발전한 김앤장이 탄생한 것이다.

베이커앤맥켄지 도쿄사무소 근무를 마치고 다시 한국으로 돌아온 김 변호사는 1973년 1월 서울 광화문에서 법률사무소를 열었다. 물론 기업법무 또는 기업의 국제거래에 관련된 법률서비스가 주된 영역이었다. 한국 대표 로펌 김앤장의 역사가 사실상 시작된 것이다.

신민당사 농성사건

　김영무 변호사와 서울법대 동기인 장수길 변호사는 김 변호사보다 1년 앞선 1963년 고등고시 사법과 16회에 합격했다. 장 변호사가 서울법대 3학년 때로, 최연소 합격이었다. 고등고시 제도는 장 변호사가 합격한 16회로 막을 내렸다. 16회 고시가 있었던 1963년 사법시험 제도로 바뀌어 그해 사시 1회 시험이 또 한 번 시행되었다. 김 변호사는 이듬해인 1964년에 치러진 제2회 사법시험에 합격했다.

　장 변호사는 김 변호사와 달리 판사 임관을 택했다. 사법대학원을 마치고 육군 법무관으로 군복무를 한 후 1969년 서울민사지법 판사로 임관했다.

그런데 판사로서 탄탄대로를 걷던 그의 진로에 뜻하지 않은 일이 일어났다. 제3공화국 시절인 1971년 5월 17일 이른바 '신민당사 농성사건'이 터져 장 변호사가 주심판사로서 재판을 맡게 된 것이다. 장 변호사는 당시 서울형사지법 판사로 재직하고 있었다. 신민당사 농성사건은 서울법대 3학년생들이 주동이 되어 그해 4월 27일 치러진 대통령 선거를 부정선거로 규정하고, 5월 25일 실시될 예정이었던 국회의원 선거를 보이콧하라며 야당인 신민당의 관훈동 당사에 들어가 농성한 사건인데, 이 사건은 장 변호사 개인은 물론 김앤장의 태동과 이후의 발전에 커다란 영향을 끼쳤다.

구속기소되어 법정에 선 피고인은 서울대생 10명. 이 10명의 학생 중에 나중에 김앤장에 합류해 현재 김앤장의 금융 분야를 총괄하며 대표변호사를 맡고 있는 정계성 변호사가 포함되어 있었다. 정 변호사는 당시 서울대 법대 3학년생으로 사법시험에 합격하기 전이었다.

지금의 시각에서 보면 순수한 동기에서 촉발된 혈기왕성한 젊은 학생들의 조그마한 시위였다고 할 수 있을 것이다. 하지만 한 달 전의 대통령 선거에서 야당의 김대중 후보를 가까스로 따돌리고 당선되어 신경이 잔뜩 곤두서 있었던 박정희 정권은 검거된 학생 10명을 당시 서울 현저동에 있었던 서울구치소에 구속, 수감하고 곧바로 구속기소했다.

주심을 맡은 장수길 판사는 고심을 거듭했다. 판사 임관 3년째인 그는 피고인들이 신민당사에 들어가 농성을 벌인 사실 자체는 외견상 법을 위반한 행위로 볼 수 있지만, 과연 이들을 처벌하는 것이 정당한 것인가에 대해 회의를 품고 있었다.

6월 29일. 서울형사지법 재판부는 정계성 등 구속기소된 피고인 10명 전원에게 무죄를 선고했다. 주심을 맡았던 좌배석 장수길 판사와 재판장인 양헌 부장판사, 우배석을 맡았던 김성기 판사가 합의해 내린 결론이었다. 장 변호사와 고시 16회 동기였던 김성기 판사는 변호사로 개업한 후 나중에 서울지방변호사회 회장을 역임했다.

당시의 정치적 상황을 고려하면 매우 대담한 판결이었다고 할 수 있다. 특히 무죄판결의 이유가 획기적이었다.

"집회의 규모와 방법 등에 비추어 보아도 공공의 질서에 위해를 가져올 악의나 과격성을 찾아볼 수 없어 피고인들의 행위가 공공의 질서에 직접적이고도 명백한 위험을 가져오는 것이라고 볼 수 없으므로, 본건 시위는 법률상 구성요건을 충족하지 못해 무죄이다."

판결을 주도한 장 변호사의 회고에 따르면, 판결을 선고하기까지 국내외의 여러 관련 서적을 뒤져 법률이론을 검토하며 숙고했다고 한다. 그때 도서관에서 찾은 외국의 저명한 법학자가 쓴 《가

벌적 위법성론·可罰的 違法性論》이라는 제목의 책이 장 판사가 무죄 심증(心證)을 굳히는 데 결정적인 도움을 주었다.

이 책의 저자에 따르면, 예를 들어 남의 집 창고에 떨어져 있는 쌀 한 톨을 함부로 가지고 나온 경우 그 행위 자체는 '타인의 재물을 절취했다'는 절도죄의 구성요건(형법 제329조)에 해당되는 것이 분명하지만, 이와 같이 위법성이 미미한 사안까지 처벌대상으로 삼는 것은 타당하지 않다는 것이다.

장 판사는 선고 전날 판결문을 일찌감치 작성해 놓고 혹시 있을지도 모를 외압을 피하기 위해 점심식사를 한 후 양헌 부장과 함께 곧바로 퇴근해 버렸다. 두 사람은 그날 저녁 극장에서 영화를 보았고, 일부러 밤늦게 귀가했다. 이 때문에 뒤늦게 판결의 주문(主文) 내용을 눈치챈 검찰 쪽에서 판결의 선고를 연기해 달라고 부탁하기 위해 재판부와 접촉하려 했으나 여의치 않아 다음날의 무죄 선고를 막을 수 없었다는 이야기도 전해지고 있다.

장 판사는 소신대로 판결을 내릴 수 있었다. 하지만 법관을 천직으로 알고 살아온 그에게 엄청난 시련이 다가올 줄은 꿈에도 예상하지 못했다. 이 사건은 또 당시 서울법대 3학년생이었던 정계성이 나중에 사법시험에 합격해 김앤장에서 장 변호사와 한솥밥을 먹게 되는 인연으로 발전했다.

신민당사 농성사건에서 표출된 학생들의 우려는 오래지 않아 현실이 되었다. 정부는 1년 후인 1972년 10월 17일 19시를 기해 국회를 해산하고, 정당의 정치활동을 중지하는 등 헌법의 일부 조항의 효력을 정지시키는 10월유신(十月維新)을 단행했다.

한 해 전인 1971년 이미 사법파동(司法波動)이라는 사상 초유의 시련을 겪은 사법부에 다시 10월유신이라는 폭풍이 들이닥쳤다. 개정된 유신헌법에 따라 판사 전원이 재임명을 거치게 되었고, 그동안 정권의 미움을 산 법관에겐 재임명 탈락이 기다리고 있었다.

1973년 3월 어느 날. 장 판사는 서울형사지법 수석부장판사로부터 갑작스러운 부름을 받게 되었다. 수석부장판사는 해당 법원의 부장판사 중 최상위 직책으로, 법원장을 도와 사건의 배당 등 법원 내의 사법행정 업무를 처리하는 중요한 자리다.

장수길 변호사는 50년이 지난 그날의 일을 또렷이 기억했다.

"점심시간 무렵이었는데 부름을 받고 수석부장실에 들어갔더니 수석부장께서 팅팅 분 자장면을 앞에 놓고 한숨만 쉬고 계셨어요. 그분이 원래 말을 구차하게 늘어놓는 성격이 아니었어요. 한참 계시더니 어렵사리 '형편이 이러니 같이 나가십시다' 그러시더군요. 그 말이 바로 재임명 탈락 통보였던 셈이지요. 법원장께서는 달리 찾지도 않으시니까 가서 인사드리기도 그렇고 해서 그냥 그 길로 집으로 갔던 겁니다."

고등고시 사법과에 최연소 합격해 평생 법관의 길을 걸으리라고 다짐했던 젊은 판사의 꿈은 임관 4년 만에 이렇게 막을 내리게 되었다. 대한변협에 보관된 그의 변호사 등록서류에는 '1973. 3. 31. 판사직 의원면직(依願免職)'으로 기록되어 있다.

두 친구의 의기투합

　신민당사 농성사건을 맡아 10명의 피고인 전원에게 무죄판결을 내린 장수길 전 판사에겐 변호사 개업이란 선택이 기다리고 있었다. 지금은 기업체에 상근하며 법률 관련 업무를 취급하는 '사내변호사'(In-House Counsel)나 법학전문대학원 즉, 로스쿨의 실무법조인 출신 교수로 진출하는 경우도 적지 않지만, 이런 자리가 드물었던 당시엔 판사를 그만두면 곧바로 변호사 사무실을 여는 경우가 대부분이었다.
　그러나 4년 만에 판사를 그만둔 그에게 변호사 개업은 그리 간단한 일이 아니었다. 당시 정권이 재조(在朝)경력 즉, 판사나 검사로 근무한 기간이 15년이 안 되는 사람은 퇴직 후 3년간 최종 퇴

임지에서 개업할 수 없도록 변호사법마저 개정해 두고 있었다. 여기에는 물론 정부에 불리한 판결이나 수사를 하고 사직한 판, 검사에게는 변호사 개업 장소를 제한함으로써 판, 검사들이 정부의 눈치를 보지 않을 수 없게 하려는 의도가 숨어 있었다.

재임명 탈락 통보를 받는 순간까지도 변호사가 되리라곤 꿈에도 생각하지 못했던 장 변호사였다. 게다가 서울에서는 변호사 개업 자체가 봉쇄된 그로서는 앞길이 막막할 수밖에 없었다. 물론 장 변호사가 서울이 아닌 지방에서 변호사 사무실을 여는 것은 법적으로 아무 제한이 없었으나, 서울 출신인 그는 지방에 별다른 연고가 없었다. 장 변호사는 서울사대부고를 나와 서울대 법대를 졸업했다.

장 변호사는 같이 법복을 벗은 다른 전직 판사의 동업 제의도 거절하고 이후 8~9개월을 하릴없이 흘려보냈다.

1973년 겨울 어느 날, 실의에 빠져 있는 장수길 변호사에게 김영무 변호사가 새로운 형태의 로펌을 만들어보자고 제안했다. 두 사람은 서울대 법대 동기이자 고등고시와 사법시험을 1년 차이로 앞서거니 뒤서거니 합격하고 사법대학원을 수료한 친구 사이로, 학창시절의 두 친구가 뜻을 함께하면서 아시아 최고 로펌 김앤장이 출범하게 된 것이다.

이때 두 사람의 나이 31세. 무한한 가능성을 품고 새로운 형태의 법률사무소를 시작한 동갑내기 두 젊은 변호사의 선택은 이후 엄청난 성공으로 나타났다.

"노는 동안 이런저런 고민이 많았지요. 어떻게 먹고 살아야 하나, 앞날이 막막했어요. 특수 분야를 해야겠다고 마음먹고, 중앙국제법률사무소를 설립한 이병호 변호사 밑에서 잠깐 특허 관련 일을 보고 있었는데, 김영무 변호사가 우리 둘이서 서구식 로펌 같은 것을 함께 해보자고 제안해 온 겁니다. 김 변호사는 원래 생각이 깊은 사람이에요. 나는 단순히 재래식으로 간판 달고 연고 찾아 사건 맡고 하는 게 썩 내키지 않아 막연하게 자문(counsel) 쪽이 맞는 것 같다고 생각하는 정도였죠. 그런 점에선 생각이 일치했다고 할까요."

장수길 변호사는 "자문 업무라면 열심히 성실하게 해서 고객을 만족시킬 수 있을 테고, 그러면 손님 끊길 걱정은 하지 않아도 되지 않겠나, 이렇게 생각했다"고 김 변호사의 제의를 받아들여 김앤장을 출범시킨 1973년 당시를 회고했다. '아시아 최고 로펌' 같은 원대한 목표를 세우고 시작했다기보다 열심히 공부해서 정확한 법률자문을 해주고, 소송을 하더라도 명쾌하게 이론을 세워 다른 변호사와 차별화된 의견서, 소장을 쓸 수 있다면 보람 있는 일일 것이라는 소박한 생각으로 김앤장을 시작했다는 게 장 변호사의 기억이다.

처음부터 미국식 로펌을 구상했던 김영무 변호사도 비슷한 얘기를 했다.

"10여 명 정도의 변호사를 데리고 법률사무소를 운영할 수 있다면 큰 성공일 것이라는 기대는 가지고 있었어요. 하지만 지금과 같은 규모로 발전하리라고는 전혀 상상하지 못했습니다."

실제로 50년 전인 당시는 지금처럼 변호사가 몇백 명씩 되는 큰 규모의 로펌은 없었다. 판, 검사 경력의 변호사가 개인 법률사무소나 합동법률사무소를 열어 법원과 검찰청을 중심으로 주로 민, 형사사건을 처리하던 시기로, 김앤장보다 먼저 기업법무 변호사 일을 시작한 김·장·리 법률사무소나 김·신·유 법률사무소 등도 규모는 이들 개인 법률사무소와 크게 다르지 않았다.

장 변호사는 육군 법무관 시절 베트남 파병을 자원해 사이공 즉, 지금의 호치민에서 근무했다. 그는 그때 직접 목격한 미군 사령부의 법무실 모습에서 로펌식의 법률사무소를 어느 정도 상상해 볼 수 있었다고 말했다. 군법무관이었던 장 변호사는 당시 주월 한국군이 베트남 국민에게 물어야 하는 손해배상사건 등을 처리하기 위해 미군 사령부 법무실에 자주 드나들 기회가 있었다. 엄청나게 넓은 사무실에서 항공과 해상과를 필두로 섹션별로 시스템에 따라 유기적으로 움직이는 미군 법무실의 다이내믹한 모습을 보고 막연하지만 미국식 로펌이 어떤 식으로 업무를 수행하는지 가늠할 수 있었다. 그는 또 미군 법무관들과 교류하며 영어에도 부쩍 관심을 가졌다. 말하자면 이런 경험 등이 쌓여 서구식 로펌을 만들어 보자는 김영무 변호사의 제안을 흔쾌히 받아들이게 된 것이다.

어떻게 보면 평생 법관을 꿈꾸었던 장 변호사의 판사 재임명 탈락이라는 뜻하지 않은 사건이 계기가 되어 김앤장이 시작되었다고 할 수 있다. 하지만 두 사람의 만남엔 우연을 넘어 이상적인 조합이라고 할 수 있는 여러 요소가 있었다. 서로를 깊이 신뢰하는 친구사이인데다 상호 조화, 보완을 통해 시너지를 극대화할 수 있는 부분이 적지 않았다.

고등고시 사법과에 최연소 합격해 4년간 재판실무를 경험한 판사 출신의 장 변호사는 젊은 변호사로서는 당시 보기 드문 능력을 갖춘 인재였다. 김영무 변호사도 대학 동기인 장 변호사를 가리켜 "그는 수재"라고 여러 차례 얘기했다.

김 변호사는 또 사법시험 합격에 이어 하버드 로스쿨을 나온 한국인 최초의 미국변호사였다. 두 사람의 동업은 이미 성공이 준비된 출발이었던 셈이다.

시작은 무척 소박했다. 크리스마스 다음날인 1973년 12월 26일 광화문 극동쉘하우스 4층에 조그만 사무실을 얻어 김앤장을 연 30대의 두 젊은 변호사는 공부에 많은 시간을 할애했다. 당시 국내에는 전문분야를 다룬 변변한 책이 별로 없어 기업의 국제법무에 관련된 업무를 수행하기 위해서는 외국의 법률서적을 참고해야 하는 형편이었다. 일본의 특허법 서적을 훑고 나면 이번에는 영국의 해상법 책을, 다음에는 또 다른 법률서적을 독파하며 무형의 자산을 쌓아 나갔다고 한다.

사건은 아직 많지 않았다. 김영무, 장수길 두 변호사는 마주앉아 바둑을 두며 시간을 보내기도 했다. 그러다가 사무실 한편에서 텔렉스 소리가 들리면 "어 또 한 건 온다"고 하며 반가운 마음으로 뛰어가곤 했다고 이때를 잘 아는 김앤장의 한 변호사가 김앤장 초기의 사무실 모습을 전했다.

최초의 어소시에이트

신민당사 농성사건은 판사 재임명에서 탈락한 장수길 변호사가 합류하면서 김앤장의 출범에 큰 영향을 미쳤다. 그런데 이 사건엔 장 변호사 외에 김앤장의 역사에 떼려야 뗄 수 없는 또 한 사람이 등장한다. 1976년 8월 사법연수원을 졸업하고 이른바 어소시에이트(associate) 변호사로 입사한 정계성 변호사가 주인공이다. 어소시에이트 변호사란 로펌의 파트너 변호사 밑에서 일하는 젊은 신참 변호사를 가리키는 말로, 대부분의 로펌은 파트너 변호사와 보통 파트너 변호사의 몇 배에 이르는 어소시에이트 변호사로 이루어져 있다.

다시 장 변호사가 주심을 맡아 무죄를 선고한 1971년 6월로 돌아가 보자.

　1심에서 무죄가 선고된 정계성은 다시 대학으로 돌아가 학업에 몰두했다. 그사이 고향집에서는 한바탕 난리가 났다. 수재 소리를 들으며 서울대 법대에 입학한 아들이 구속되고 재판까지 받았으니 시골의 집안 어른들 입장에서는 마른하늘에 날벼락이나 다름없었다. 어머니의 낙담을 마냥 외면하기 어려웠던 정계성은 사법시험 공부에 전념한 끝에 대학 졸업 이듬해인 1974년 차석으로 제16회 사법시험을 통과하고 사법연수원에 입소했다.

　그러나 그것으로 문제가 모두 해결된 것은 아니었다. 검찰이 1심 판결에 항소하면서 신민당사 농성사건은 장수길 변호사의 경우와 마찬가지로 정계성의 인생행로에 큰 영향을 미치게 되었다. 1심 재판을 맡았던 양헌, 김성기, 장수길 세 명의 판사가 모두 옷을 벗은 상황에서 항소심을 배당받은 고등법원 재판부는 재판기일을 차일피일 미루며 판결을 선고하지 않았다. 그렇게 몇 년이 훌쩍 지나가자 정계성은 초조해지기 시작했다.

　"제가 사법연수원에 다니고 있어 그쪽을 좀 아니까 재판부에 찾아가서 빨리 처리해 달라고 부탁도 해보았지요. 그런데 제 사건은 아예 제쳐 놓고 온통 다른 사건에만 매달려 있었어요. 정말 야속했습니다. 재판이 끝나지 않으면 임관은커녕 군법무관으로도 못 나갈 판인데 속이 타들어갈 수밖에요."

　이제나저제나 항소심 판결이 선고되기만 애타게 기다리던 정계성은 사법연수원 수료를 몇 달 앞둔 시점까지 상황에 변화가 없자 사법연수원 교수와 법원에서 시보 수습을 하며 알게 된 선배 판사들을 찾아다니며 진로를 상의했다. 사법시험에 차석 합격하고 사법연수원을 수석으로 수료하는 후배의 처지를 안타깝게 여긴 김용준 당시 서울민사지법 부장판사가 "최근에 개업한 아주 똑똑한 변호사가 사법연수원 출신 변호사를 찾는다니 거길 가보라"고 일러주었다. 김용준 부장판사는 나중에 대법관과 헌법재판소장을 역임했다.

정계성은 고심 끝에 김앤장을 찾아갔다. 하지만 김앤장에서 일할 결심은 아직 서지 않은 상태였다. 판사 임용에 대한 한 가닥 미련을 끝까지 붙들고 있었다. 그는 김앤장에서 일하게 해달라고 부탁하는 대신 자신이 처해 있는 상황을 설명한 후, "혹시 사법연수원을 수료할 때까지 재판이 안 끝나면 그때 다시 오겠다"는 말을 남기고 돌아왔다. 이때가 사법연수원 수료를 세 달 앞둔 1976년 5월이었다.

그러나 그해 8월 정계성이 사법연수원을 수료할 때까지 상황은 전혀 달라지지 않았다. 그토록 고대했던 고등법원의 무죄판결은 김앤장 합류 몇 년 뒤인 1980년 '서울의 봄'이 되어서야 내려졌다.

연수원을 수료하고 한 달 지난 1976년 9월 정계성은 결국 다시 김앤장을 찾아갔다.

"원래 판사를 할 생각이었어요. 경제적으로 풍족하지 않더라도 법관의 길을 걷는 게 제 꿈이었지요. 그런데 어쩔 도리가 없어 다시 찾아가니까 김영무, 장수길 변호사 두 분이 오늘부터 그냥 여기 앉아 있으라고 자리를 내주셨어요. 하지만 너무 억울해서 도통 마음을 잡을 수 없었습니다. 술만이 유일한 위안이자 도피처였어요. 마음을 다잡고 일에 몰두할 수 있게 되기까지는 시간이 좀 걸렸습니다."

그러나 이른바 '운동권 출신'이라고 할 수 있는 정계성 변호사의 합류는 김앤장이 본격적인 로펌으로 발전하는 중요한 계기로 작용했다. 공동설립자인 김영무, 장수길 변호사에 이어 신진기예라고 할 수 있는 사법연수원 수석의 정계성 변호사가 가세하면서 초기 진용이 갖춰졌을 뿐만 아니라 이후 사법연수원을 마친 젊은 인재들이 김앤장에 합류하는 단초가 되었다.

또 주심판사와 피고인으로 만났던 장수길 변호사와 정계성 변호사는 김앤장에서 평생 한솥밥을 먹는 사이로 발전했다. 두 사람 모두 똑같은 사건에 연루되어 법관이 아닌 변호사의 길을 걷게 되었고, 지금도 같은 법률회사에 근무하며 아시아 최고 로펌을 일구어 가는 주춧돌의 역할을 해오고 있다. 창업 과정엔 여러 사연이 있게 마련이지만, 김앤장의 출범과 초기 역사에도 영화의 한 장면 같은 결코 간단치 않은 사연이 들어 있다.

젊은 인재들의 합류

정계성 변호사가 로펌 변호사로 성공적으로 데뷔하자 마치 물꼬가 터진 듯 후배 변호사들의 김앤장 합류가 이어졌다. 그것도 우수한 성적으로 사법연수원을 마친 젊은 인재들이 해마다 여러 명씩 김앤장의 문을 두드렸다.

초기 리쿠르트의 성공으로 표현할 수 있는 사법연수원 출신 변호사들의 잇따른 김앤장 행(行)은 김앤장의 성공신화에서 가장 주목할 대목 중 하나로, 쟁쟁한 실력의 연수원 출신 변호사들이 해마다 충원되며 김앤장의 막강한 라인업이 형성될 수 있었다.

사실 이때까지만 해도 사법연수생의 1차적인 관심은 판, 검사 임관이었다. 사시 합격자가 많지 않아 판, 검사 임관이 어려운 것도 아니었다. 지금은 변호사시험에 합격한 법학전문대학원 졸업생들의 진로가 다양해지고, 김앤장과 같은 일류 로펌 입사가 검사나 재판연구원(로클럭) 임용 못지않은 인기를 누리고 있지만, 당시만 해도 사법연수원을 마친 새내기 법조인이 판, 검사 대신 곧바로 변호사로 나선다면 매우 예외적인 경우로 바라보던 시절이었다. 더구나 말이 국제변호사 사무실이지 영미식 로펌을 지향하는 국제변호사 사무실은 지금으로 치면 일종의 벤처 기업쯤으로 여겨지던 분위기였다. 그럼에도 불구하고 사법연수원을 수료한 젊고 유능한 변호사들이 판, 검사 임관을 포기하고 김앤장을 선택했다.

정계성 변호사가 합류한 지 2년이 지난 1978년, 제15회 사법시험에 합격한 유국현 변호사가 육군 법무관 근무를 마치고 김앤장에 입사했다. 그는 원래 검사 임용을 희망했으나, 당시 야당의 유명한 정치인이었던 유진산(柳珍山)의 손자라는 이유로 임용이 무산되자 김앤장을 선택했다. 정 변호사처럼 예상치 못한 이유로 김앤장에 합류한 셈인데, 유 변호사는 1년 뒤 당초 희망했던 검사 발령을 받았다. 그 후 검찰에서 활약하다가 20년이 지난 1999년 수원지검 차장검사를 끝으로 다시 김앤장으로 돌아와 의뢰인들을 만나고 있다. 유창한 영어 구사와 함께 국제감각이 돋보이는 유국현 변호사는 기업형사 사건의 수행과 함께 외국 클라이언트를 많이 상대한다. 검찰에 있을 때도 서울 관내의 국제사건을 관할하는 서울지검 형사6부장검사를 역임하는 등 국제 관련 사건을 많이 담당했다.

1979년 정계성 변호사의 사법시험 동기인 사법연수원 6기의 김용갑, 우창록 변호사가 군법무관 근무를 마치고 김앤장으로 직행했다. 제17회 사법시험에 합격했으나 예일대 로스쿨로 먼저 유학을 다녀오는 바람에 2년 늦게 사법연수원에 입소해 9기로 연수원을 마친 조대연 변호사와 같은 9기의 윤상일 변호사도 김앤장에 합류했다. 김앤장에서 조세 쪽을 담당했던 우창록 변호사는 나중에 독립해 법무법인 율촌을 설립했다. 윤상일 변호사도 그 후 검사가 되었다가 지금은 중소 법무법인을 운영하고 있다.

1980년엔 사시 17회의 신희택, 양영준, 정경택 변호사와 제19회 사법시험에 합격해 10기로 연수원을 마친 정병석 변호사가 합류했다. 연수원 기수는 같은데 입사 연도에 차이가 나는 것은 대개 군복무 때문이다. 또 1981년 연수원 8기의 현천욱, 11기의 허익렬 변호사가 합류하고, 1년 뒤인 1982년엔 9기의 박준, 전강석, 최재경 변호사가 한식구가 되는 등 장래가 촉망되는 사법연수원 출신 젊은 변호사들이 잇따라 김앤장에 몸을 실었다.

당시만 해도 1년에 선발하는 사법시험 합격인원이 100명 안팎의 매우 소수이던 시절로, 그런 관문을 통과한 사법연수원 출신 변호사들이 한 해에 서너 명씩 김앤장에 입사했다는 것은 작은 뉴스가 아니었다. 설립 후 아직 10년이 지나지 않은 신생 로펌이라고 할 수 있었지만, 김앤장이 사법연수생들에게 법률사무소의 새로운 모델로 크게 어필했음을 짐작할 수 있다.

젊은 변호사들의 합류는 곧이어 시동이 걸린 김앤장의 초고속 성장을 뒷받침하는 밑바탕이 되었다. 김앤장은 우선 변호사 수로 대표되는 규모에 있어서 다른 로펌들을 앞서 나가기 시작했다. 1976년 정계성 변호사를 포함해 3명이던 김앤장의 변호사 수는 3년 뒤인 1979년 종전의 2배가 넘는 7명으로 늘었다. 1년 뒤인 1980년 3명의 변호사가 추가로 합류하고, 1981, 1982년에도 2, 3명의 변호사가 한식구가 되는 등 해마다 상당한 비율로 전체 변호사가 늘어나는 가파른 성장곡선을 그리며 발전을 거듭했다.

규모의 확대와 함께 또 하나 주목해야 할 것은 1980년을 전후해 김앤장에 합류한 초기 멤버들의 특출한 면면이다. 이들은 사법시험 수석 합격, 최연소 합격, 대학 3학년 때 합격, 사법연수원 수석 수료, 대학 수석 입학, 수석 졸업 등 '똑똑하다'는 레테르를 한두 개씩 달고 다니는 한국을 대표하는 수재들로, 이후 김앤장의 수많은 업무분야를 나눠 맡으며 해당 분야의 핵심 변호사로 활약했다. 말하자면 초기부터 유능한 인재가 모여들며 국내외의 어느 로펌과 견주어도 밀리지 않을 탄탄한 맨파워를 구축한 곳이 김앤장인 셈인데, 젊은 인재들을 끌어 모으는 데 앞장섰던 김영무 변호사는 "돌이켜보면 운도 꽤 좋았다"는 말로 초기 리쿠르트의 성공을 뿌듯해했다. 뒤이어 김앤장에 합류한 후배 변호사들의 맏형 격인 정계성 변호사는 또 "내 경우를 빼면 대부분 신원문제 등 임관에 장애가 될 사유가 없었음에도 후배들이 판, 검사를 마다하고 김앤장을 선택했다"며 "가족의 반대가 심했던 점 등을 고려하면 후배들의 선택은 대단히 용기 있는 결단이었다"고 평가했다.

실제로 이들은 판사 임용이 좌절되어 김앤장을 선택한 정계성 변호사의 경우와는 달리 스스로의 의지로 판, 검사 임관을 포기하고 김앤장에 합류했다는 점에서, 사법연수원 출신 변호사의 로펌행이라는 한국 로펌 업계의 큰 흐름을 이끌어낸 선구자들이라고 할 수 있다. 이후 김앤장은 물론 다른 로펌들에서도 연수원 출신 변호사들의 합류가 이어지며 한국 로펌의 기업법무, 국제법무가 경쟁적으로 개발되고, 한국 로펌 업계가 비약적으로 발전하는 밑바탕이 되었다. 또 기업법무 중심의 한국 로펌들이 발전을 거듭하며 이후 세계 10위권으로 도약하는 한국 경제를 법적으로 뒷받침하는 토대가 마련될 수 있었다.

40여 년 전 판, 검사 임관을 포기하고 김앤장에 합류한 사법연수원 출신 변호사들의 선택은 김앤장뿐만 아니라 한국 로펌 전체의 역사에서도 의미가 작지 않다.

프런티어 변호사들

젊은 변호사들이 잇따라 합류한 1979, 1980년은 김앤장이 한국 로펌 업계에서 '다크호스'(dark horse)로 떠오르고 있을 때였다. 하지만 아직 리더라고 할 수는 없었다.

로펌이나 변호사의 기업자문, 국제거래 자문에 대한 인식이 널리 퍼져 있지도 않았고, 로펌의 존재나 업무가 여전히 생소하게 느껴지던 시절이었다. 당장 일손이 달릴 만큼 김앤장에 일이 많지도 않았다.

그러나 김앤장은 일찍부터 초특급 인재의 영입에 나섰다. 그것도 한두 명이 아니라 해마다 여러 명씩 꾸준히 채용하며 다가올 미래에 대비했다. 김앤장이나 김앤장을 선택한 변호사들이나 일종의 모험을 한 셈인데, 이들의 선택은 훗날 아시아 최고 로펌, 아시아 최고 수준(top-tier)의 기업변호사라는 커다란 성공으로 나타났다.

먼저 김영무 변호사로 대표되는 지휘부의 과감한 인재영입 노력을 빼놓을 수 없다. 한국에 영미식의 선진 로펌을 만들어 보자고 각오를 다진 김앤장의 설립자들은 인재확보가 우선이라고 보고 능력 있는 후배 변호사들을 뽑아 본격적으로 로펌의 시스템을 구축하는 기초공사에 착수했다. 김영무 변호사는 그때나 지금이나 우수한 인재가 있으면 삼고초려(三顧草廬)를 마다하지 않는, 각별한 인재 사랑으로 잘 알려져 있다. 뛰어난 설득으로 변호사들을 데려오는 그에게 한동안 '사람 끌어당기는 귀재'라는 별명이 붙어 다니기도 했다. 사법연수원을 마친 후 곧바로 판사로 임관했다가 나중에 김앤장에 합류해 활약하고 있는 한 중견 변호사는 "김영무 변호사가 한국 로펌이 나아가야 할 방향에 대해 명쾌하게 비전을 제시하는 것을 보고 김앤장 입사를 결심했다"고 김앤장을 선택하게 된 배경을 소개하기도 했다.

또 김앤장 최초의 어소시에이트인 정계성 변호사는 뒤이어 후배들이 김앤장에 합류하는 중간 고리의 역할을 했다. 직접 후배들을 만나 김앤장 동참을 권유하기도 했지만, 사법연수원을 수석으로 마친 정 변호사가 김앤장에서 열정을 갖고 활동하는 것을 본

우수한 성적의 후배들이 줄지어 김앤장으로 몰려들었다. 정 변호사는 이후 금융 전문 변호사로 이름을 날리며 김앤장에 합류할 당시나 지금이나 성공한 로펌 변호사의 훌륭한 롤모델을 해내고 있다.

그러나 무엇보다도 지적 호기심과 함께 새로운 분야에 대한 개척 욕구가 대단했던 젊은 변호사들의 프런티어 정신을 빼놓고 김앤장의 초기 리쿠르트 성공을 설명하는 건 쉽지 않다. 그들은 판, 검사 임관이란 안정된 진로를 버리고 모험에 가까운 선택을 한 주인공들로, 그들의 이런 도전이 있었기에 김앤장의 오늘이 가능했다고 해도 틀린 말이 아니다.

하나 더 추가한다면 유신체제에 이어 제5공화국으로 이어지는 당시의 어두운 시대적인 상황도 능력이 우수한 젊은 변호사들이 김앤장을 선택하는 데 적지 않은 영향을 끼쳤다. 민주화가 되기 이전의 권위주의 시절 판, 검사 직무를 수행해야 하는 데 따른 심리적 부담이 적지 않았기 때문이다. 1980년을 전후해 김앤장에 입사한 변호사들의 이야기를 들어보면 이런 분석이 전혀 과장이 아님을 알 수 있다.

김앤장 지식재산권 분야에서 후배들을 이끌고 있는 양영준 변호사는 사법연수원 동기인 신희택 변호사와 함께 김앤장을 드나들면서 새로운 세계에 눈을 뜨게 되었다고 말했다. 또 육군본부에서 군법무관으로 근무하며 경험한 역사적 사건들이 판사를 꿈꾸었던 당초의 생각을 밑바닥에서부터 뒤흔들어 놓는 요인으로 작용했다고 김앤장을 선택한 동기를 설명했다.

"육군본부에 있을 때 신군부가 기소한 김대중 내란음모 사건 등 굵직굵직한 역사적 재판을 많이 지켜봤어요. 결정적인 것은 박정희 전 대통령 시해사건과 관련해 김재규, 박흥주 등이 사형집행 당하는 장면을 직접 목격한 경험이었습니다. 제가 집행한 것은 아니고 지켜보기만 한 것인데도 판사직에 대한 회의가 많이 일었습니다. 그래서 고민하고 있는데 김앤장이 떠오르더군요. '거기 참 새로운 법률사무소가 있었지' 하고."

양 변호사는 원래 검사직에는 흥미가 없었다고 했다. 판사의 길도 접었으니 이제 남은 건 변호사 개업이었으나, 당시의 기준에서 보면 변호사 개업을 하기에는 나이가 너무 젊었다. 또 당시 재야법조계에서 활약하던 재조 출신 변호사들처럼 그에게는 판, 검사 경력도 없었다. 사법연수원 연수와 군법무관 근무가 법조 경력의 전부였다.

고민을 거듭하던 그는 마침내 김앤장에 합류하기로 결심했다. 하지만 부모님을 설득하는 일이 문제였다.

"워낙 완고하신 시골 분들이시라 펄쩍 뛰시더군요. 그래도 제가 결심을 굽히지 않자 아예 자리를 깔고 드러누워 버리셨어요. 변호사는 아무 때나 할 수 있는 건데 무엇 때문에 벌써 그 길에 들어

서려고 하느냐는 거였어요. 나중에는 딱 1년만이라도 판사를 하고 나오라고 타협안을 제시하기까지 하셨습니다."

그러나 양 변호사는 부모님의 만류에도 불구하고 김앤장을 선택했다. 로펌의 어소시에이트 변호사라는 게 당시에는 누구도 끝까지 가보지 않은 '미답(未踏)의 길'이었지만 그는 무언가 신선하고 새로운 분야에 적극적으로 도전해 보고 싶다는 일념으로 부모가 그토록 원했던 판사 임관을 포기했다.

"아직 젊으니까 공부도 더 하고 싶었고, 스스로 발전할 수 있는 길을 모색하고 싶었어요. 가끔 김앤장에 가 보면 미국변호사도 보이고, 대화를 서로 영어로 주고받고 하는 게 흥미롭게 느껴졌죠. 그 때만 해도 외국인을 쉽게 볼 수 있는 시절이 아니었거든요. 아무튼 김앤장은 새로운 게 참 많고, 영어와 기업에 관련된 업무 등 배울 것도 매우 많은 곳이라는 생각이 들었습니다."

양영준 변호사는 육군 법무관 근무를 마친 1980년 김앤장에 합류했다.

양 변호사와 사법연수원 동기인 정경택, 신희택 변호사도 비슷한 과정을 거쳐 김앤장을 선택했다. 재미있는 것은 연수원 동기로 거의 매일 함께 몰려다니던 세 사람이었지만 김앤장에 와서야 같은 배를 타게 된 사실을 알게 되었다는 점이다. 판, 검사 임관을 포기하고 로펌의 고용변호사라는 생소한 진로를 선택한 자신의 결정이 주변의 공감을 얻기 쉽지 않다고 판단했던 탓인지 이들은 가까운 연수원 동기에게조차 김앤장에 입사한다는 사실을 밝히지 않았던 것이다. 1977년 사법연수원을 수료한 사법연수원 7기생은 모두 58명이었다.

다음은 김앤장의 M&A와 공정거래 분야를 총괄하고 있는 정경택 변호사의 회고다.

"우리끼리는 서로 상의를 안 했던 터라 김앤장에 와서 같은 법률사무소에 입사한 것을 알게 되자 엄청 놀랐죠. '어, 너도 왔냐'하고 놀란 표정으로 서로를 쳐다보던 기억이 생생합니다."

그는 이어 "각자 여러 사연이 있었겠지만, 당시의 암울한 시대 상황도 우리를 김앤장이라는 같은 길로 이끈 요인 중 하나가 되었던 게 사실"이라고 말했다. 정경택 변호사는 "대학시절에 데모도 하고 유신치하에서 사법연수원 연수를 거쳐 군법무관으로 근무를 하면서, 앞으로 이런 상황에서 법관 생활을 해야 한다고 생각하면 뭔가 꺼림칙하고 고민이 많았던 게 사실"이라고 김앤장에 합류할 당시를 떠올렸다.

"당시는 또 법률 인프라가 지금처럼 갖춰져 있지 않았어요. 제대로 된 판례집도 없었고, 요즘처럼 잘 발달된 판례 검색이나 법률문헌 검색시스템 같은 것도 있을 리 없었죠. 일본 주석서 보고 공부했던 게 현실이었으니까요. 그런 상황이다보니 시보 생활을 해 보아도 답답하고 무언가 좀 색다른 일을 할 게 없나 이런 데

늘 생각이 가 있었습니다. 그러다가 김앤장을 알게 되었는데, 매일 민법, 형법전만 보다가 외국인투자 이런 것은 그때 처음 들었죠, 처음엔 무역거래만 자문하는 줄 알았어요. 그래서 관련 분야의 책을 찾아보고 혼자 공부하기도 했는데, 나중에 김앤장에 들어와 보니까 엄청나게 다양한 일을 하고 있었어요. 새롭고 다양한 것을 해보고 싶다는 일념 하나로 김앤장을 선택했습니다. 집에서는 물론 엄청 반대했죠."

정경택 변호사의 이런 사연이 당시 김앤장을 선택한 초창기 멤버들의 일반적인 정서였다면, 좀 더 구체적인 비전을 갖고 김앤장에 입사한 사람도 없지 않았다.

제16회 사법시험에 합격한 김용갑 변호사의 경우 대학시절 민사소송법 시험 답안지에 앞으로는 변호사도 회사 형태로 나아갈 것이라고 적었을 만큼 로펌 형태의 법률사무소에 남다른 견해가 있었다고 한다. 또 오랫동안 김앤장의 M&A와 국제중재 분야에서 활약한 후 서울대 법학전문대학원 교수로 옮긴 신희택 변호사는 평소부터 우리 사회가 발전하려면 민간 부문이 더 성장해야 한다는 소신을 가지고 있었다고 말했다. 군(軍)과 관(官)이 압도적인 파워엘리트 집단으로 사회 전체를 지배하며 이끌어가는 시대였지만, 이제는 민간 부문의 발전에도 눈을 돌리고 힘을 쏟아야 한다는 생각을 많이 했다는 것이다.

하지만 집안의 강력한 반대를 극복해야 했던 것은 김용갑 변호사나 신희택 변호사도 예외가 아니었다. 양영준 변호사가 판사 1년을 타협안으로 제시받은 데 비해 신희택 변호사는 6개월만이라도 판사를 한 후 변호사를 하라는 제안을 받았다. "6개월만이라도 판사직을 수행하고 나오면 그 경력이 변호사 업무에 무시하지 못할 플러스 요인이 될 것"이라며, 부모님이 판사 임관을 간곡하게 요청했다.

신희택 변호사는 그러나 결국 김앤장으로 직행하는 길을 선택했다. 본인의 생각과 함께 김앤장 선배들의 조언과 설득을 듣고 내린 결단이었다. 그가 당시 선배들로부터 들었다며 기억을 되살려 이야기했다.

"선배들은 경력 관리 차원에서 판사직을 수행하는 것은 올곧은 법조인의 도리가 아니라고 했어요. 막중한 공적 임무를 수행하는 판, 검사 자리를 개인의 경력 관리를 위해 이용하는 것은 도덕적이지 못하다고 했죠. 나아가 로펌 변호사는 의뢰인을 철저하게 클라이언트 즉, 고객으로 응대해야 하는데, 어중간한 판, 검사 경험은 어깨에 불필요한 힘만 들어가게 할 뿐 변호사로서의 자세 확립에 오히려 걸림돌로 작용할 수 있다고 지적했어요."

사법연수원 6기인 김용갑 변호사는 3년간의 육군 법무관 근무를 마친 1979년 김앤장에 합류했다. 제16회 사법시험에 합격했으나 사법연수원을 7기로 수료한 신희택 변호사는 한미연합군사령부 법무관을 끝으로 군 복무를 마친 1980년 김앤장에 합류했다. 신 변호사는 그 후 서울대 로스쿨 교수를 거쳐 대한상사중재원 국제중재센터 의장을 역임했다. 일본어에 능통하고 잠시 일본 로펌에서도 근무한 김용갑 변호사는 김앤장 일본 그룹 대표를 맡고 있다.

본인이 원하고 김앤장에서도 공을 들였지만 집안의 반대를 꺾지 못해 결국 합류하지 못한 변호사들도 물론 있었다.

로펌이 아직 재야법조계의 주류가 아닌 비주류 특수영역의 위치에서 벗어나지 못하고 있었고, 일반의 인식도 낮았던 상황에서 김앤장과 김앤장의 선배들이 젊은 인재들에게 제시한 비전은 무엇이었을까.

판, 검사 월급보다 많은 로펌 변호사의 급여도 유인 요소 중 하나였겠지만 그것이 전부는 아니었다. 오히려 김앤장에선 새로운 업무, 깊이 있는 일을 얼마든지 해볼 수 있다는 벤처적인 도전을 가장 큰 매력으로 내세웠다고 한다. 그리고 그것이 젊은 인재들의 내면에 들끓고 있던 새로운 것에 대한 욕구, 발전에 대한 열망에 부응하며 초기 리쿠르트의 성공으로 이어지게 되었다고 설명했다.

서울대 법대 재학 중 제36회 사법시험에 합격하고 육군 법무관 근무를 마친 2000년부터 김앤장에서 활동하고 있는 김진오 변호사는 사무실에 전해 내려오는, 김앤장 초창기 선배들 사이에 오갔던 이야기라며 다음과 같이 정리해 소개했다.

"그때 김앤장의 선배들은 미래를 내다보고 남보다 앞서 시대를 개척한다는 자부심이 대단했다고 해요. 그래서 유신체제라는 특수한 정치상황 때문에 갈등하는 후배들에게 자신 있게 말할 수 있었다는 거죠. '지금은 우울한 시대다. 하지만 머지않아 우리 사회가 법에 의해 움직이는 시대가 올 것이다. 지금이야 관이 압도적으로 우월한 지위를 누리고 있지만, 곧 민간 부문이 활발하게 움직이는 시대가 오고, 국제화 시대도 열릴 것이다. 당신 같은 20대 젊은이가 현실에 안주하고 있어서야 되겠는가. 국제거래, 기업자문 변호사 업무는 보다 창조적이고 적극적이며, 자유로운 도전이 가능한 영역이다. 미래를 걸고 뛰어들어 볼 만한 가치 있는 일이다'라고 말이죠."

결국 김앤장과 김앤장을 지원한 젊은 변호사들의 도전정신이 초기 리쿠르트의 성공으로 이어지며 오늘의 김앤장을 있게 한 가장 큰 원동력이 된 셈이다.

3인 트로이카 체제의 완성

　사법연수원 출신 변호사들의 리쿠르트를 통해 본격적으로 로펌의 틀을 갖추기 시작한 1979년, 김앤장에는 중요 인물이 또 한 사람 합류했다. 이후 김앤장의 송무 분야를 이끌며 대외적으로 김앤장을 대표하는 역할을 맡게 되는 이재후 변호사가 주인공이다.

　기업의 국제거래 자문을 주로 해 온 김앤장이지만 자문 분야가 자리를 잡으면서 민사, 상사, 형사, 행정소송 등 이른바 송무에 관련된 업무도 차츰 늘어나게 되었다. 그러던 차에 송무 분야를 맡아 이끌 대법원 재판연구관 출신의 이재후 변호사를 영입하게 된 것이다.

　공동설립자 중 한 사람인 장수길 변호사도 3년여 판사로 재직한 경력이 있지만, 그는 송무 외에도 지식재산권, 국제중재, 해상 등의 분야에서 후배들을 지휘하며 기업자문 전반을 이끌었다. 따라서 이재후 변호사의 합류엔 김앤장이 본격적으로 송무를 강화하고 나섰다는 의미가 있었다.

이 변호사는 서울대 법대에 수석 입학해 대학 재학 중 고등고시 사법과 13회에 합격한, 법원 내에서도 실력을 인정받는 판사였다. 김앤장 합류 당시의 직책은 서울형사지법 부장판사 직무대리. 서울민사지법, 서울형사지법 판사, 서울고법 판사, 대법원 재판연구관 등을 역임한 그는 1년간 미국 연수를 마치고 돌아와 부장판사 발령을 눈앞에 두고 있었다.

그는 그러나 준비되어 있던 길을 가는 대신 김앤장이라는 뜻밖의 선택을 했다. 그것도 당시 판사라면 누구나 꿈꾸었던 부장판사 발령을 얼마 안 남기고 김앤장의 변호사가 된 것이다. 그때는 변호사 개업을 하더라도 대개 부장판사를 역임한 후 법복을 벗는 게 상식처럼 여겨지던 시절이었다.

이재후 변호사는 당시의 상황에 대해 이렇게 이야기했다.

"나중에 법무법인 충정을 설립한 황주명 변호사가 나보다 1년 먼저 미국에 연수를 다녀와서 판사를 그만두고 대한석유공사의 총괄 고문변호사(General Counsel)로 나갔어요. 황 변호사가 한국 최초의 기업체 소속 변호사였을 겁니다. 미국에서 영향을 받았겠

죠. 국내에서는 아직 사내변호사가 어떤 건지 모를 때였으니까요. 나도 좀 놀랐어요. 황 변호사와 자주 만나면서 로펌이나 기업체의 상근 법률고문 등 법조의 새로운 영역에 대해 알게 되었는데, 황 변호사가 김앤장에서 법원 쪽 일을 잘 아는 사람을 찾는다며 김영무 변호사를 만나 보라고 해서 이야기가 시작되었습니다."

실제로 기업자문에서 빠르게 업무가 증가하고 있던 김앤장은 이 무렵 송무 쪽을 보강하기로 하고 송무에 경험이 많은 법관 출신의 중견 변호사 영입을 추진했다.

이재후 변호사는 언젠가 변호사로 나가야 할 때가 오리라고 생각하지 않은 것은 아니었지만 당장의 고려사항은 아니었다고, 김앤장으로부터 합류 제안을 받았던 당시를 회고했다. 그런데 로펌다운 로펌을 육성하겠다는 김영무 변호사의 탁월한 구상에 공감해 곧바로 합류하게 되었다는 것이 그의 설명이다.

물론 그도 미지의 영역으로 뛰어드는 것에 대한 망설임이 없지 않았다. 하지만 한 번 도전해볼 만한 일이라고 생각했다. 그리고 그렇다면 시기는 지금이어야 한다고 마음먹었다고 한다. 인생의 기로에 선 그는 아버지와 상의했다. 법철학자이자 문교부차관, 홍익대 총장을 지낸 고(故) 이항녕 박사가 그의 부친이다. 아버지는 알아서 하라며 아들의 선택과 의사를 존중해 주었다.

오히려 법원 등 주변에서 이재후 판사의 사표 제출을 만류하고 나섰다. 아무 때나 하면 되는 변호사를 왜 하필이면 부장판사 발령을 앞두고 하겠다는 것인지 도무지 알 수 없다는 반응이었다. 사표는 두 달쯤 끌다가 처리되었다.

이재후 변호사가 판사를 그만두고 김앤장에 합류하는 데에도 젊은 변호사들이 사법연수원을 나와 김앤장을 선택할 때처럼 주위의 만류를 뿌리치고 새로운 세계에 뛰어든다는 도전정신이 밑바탕에 깔려 있었던 셈이다.

이재후 변호사의 합류로 김앤장은 한 단계 더 발전할 수 있는 발판을 마련했다. 기업자문에 이어 송무 쪽의 역량이 크게 강화되었다. 특히 그의 김앤장 행은 법원 쪽에 김앤장의 존재를 알리는 계기가 되었다. 기업자문이 주 영역이었던 김앤장은 그동안 법원과의 접점이 약했으나, 이재후 변호사가 합류하면서 법원에 근무하는 많은 사람들이 김앤장이 어떤 곳이며, 무슨 일을 하는지, 어떤 구조의 법률사무소인지 관심을 갖게 되었다.

이재후 변호사의 변호사 개업을 축하하는 행사가 김앤장에서 열렸다. 기업자문 업무를 주로 수행하는 김앤장의 변호사들은 개업식을 하지 않고 곧바로 업무를 시작하는 게 보통이지만, 대법원 재판연구관을 역임하고 부장판사 발령 직전에 김앤장에 합류한 이재후 변호사는 많은 재조 출신의 변호사들이 법률사무소를 열 때 하는 것처럼 지인 등을 초청해 개업을 축하하는 자리를 마련했다.

개업식엔 이재후 변호사의 법관 시절 동료와 선후배 법관, 대법관 등 법원 관계자들이 많이 참석했다. 그날 개업식에 참석한 외부 손님들이 확인한 김앤장 법률사무소는 사무실의 규모나 구조부터 여타 법률사무소와는 확연하게 달랐다. 대개의 법률사무소가 보통 변호사가 근무하는 방 하나에 사무장과 여직원이 일하는 공간 등으로 구성되어 있는 데 비해 김앤장은 건물 2, 3개 층을 통째로 사용하며, 층마다 여러 개의 회의실을 배치하고 있었다. 도서실도 갖추고 있었다. 김앤장의 이러한 사무실 구조는 변호사가 늘어 규모가 커진 지금도 그대로 이어지고 있다. 개업식에서 김앤장의 물리적인 구조를 처음 접한 법원 사람들이 김앤장의 업무내용 등 내부 콘텐츠에 대해서도 특별한 호기심을 갖게 되었음은 물론이다.

이재후 변호사는 법원에서의 경력을 살려 주로 김앤장의 송무 파트에서 역량을 발휘했다. 또 대표변호사 중 한 명으로 대외적으로 김앤장을 대표하는 역할을 많이 수행했다.

이재후 변호사의 합류는 트로이카로 불리는 김앤장의 3인 대표 체제의 구축이라는 점에서도 의미가 컸다. 로펌 운영의 전체 그림을 그리고 인재영입 등 로펌의 기틀을 짜는데 주력하는 김영무 변호사와 기업자문 분야를 이끌고 있는 장수길 변호사, 그리고 송무와 함께 대외업무를 관장하는 법관 경력의 이재후 변호사로 구성된 김앤장의 트로이카는 이후 김앤장의 고속성장을 견인하는 뛰어난 리더십으로 발전했다.

　여기에 한 사람 더 추가한다면, 1993년에 합류한 검사 출신의 현홍주 변호사를 빼놓을 수 없다. 현 변호사는 서울지검 검사, 국가안전기획부 차장, 국회의원, 법제처장, 주UN대사, 주미대사 등 다양한 분야에서 공직 경험을 쌓은 인물로 원어민 수준의 격조 높은 영어 구사와 외교관 생활을 통해 단련된 세련된 매너로 국내는 물론 국제 로펌 업계에서도 명성이 높았다.

　김앤장에서도 '현 대사님'이란 애칭으로 통하며 외국 투자자의 한국 투자, 국제중재 등의 분야에서 활약하고, 이재후 대표와 함께 김앤장을 대외적으로 대표하는 역할을 많이 수행했으나, 2017년 작고했다.

　이재후, 김영무, 장수길 변호사의 3인 대표체제는 현 변호사가 합류할 때까지 이어지며 김앤장을 국내 최고의 로펌으로 이끄는 또 하나의 성장동력이 되었다.

II

도약

후발주자의 캐치업 전략

지금은 한국을 뛰어넘어 아시아 최고의 로펌으로 명성을 이어가고 있지만 설립 당시만 해도 김앤장은 변호사 두 사람으로 구성된 작은 법률사무소에 불과했다. 물론 관련 업계의 선발주자도 아니었다. 나중에 로펌 형태로 발전한 기업변호사 사무실의 설립 순서로 따져 네 번째 로펌쯤에 해당했다.

1973년 김앤장이 출범할 당시 한국의 재야법조계엔 이미 김흥한 변호사가 설립한 김·장·리 법률사무소와 김·신·유, 특허 전문의 중앙국제 법률사무소 등이 먼저 문을 열어 맹렬하게 시장을 개척하고 있었다. 말하자면 후발주자인 김앤장이 가세하며 주로 기업과 국제 관련 업무를 수행하는 로펌 업계가 한층 모양을 갖취가기 시작했다고 하는 게 정확한 표현이다.

한국 최초의 로펌인 김·장·리가 설립된 것은 1958년 9월이다. 미국 조지워싱턴대 로스쿨에서 비교법학(M.C.L.) 석사와 법학석사(LL.M.) 학위를 취득하고 돌아온 김흥한 변호사가 한국 최초의 여성변호사인 이태영 변호사와 함께 '이앤김'이라는 미국식 간판을 내걸고 국제변호사 사무실을 표방하면서 한국 로펌 업계의 역사가 시작되었다. 이앤김은 이어 5.16 직후 서울민사지법 부장판사 출신의 장대영 변호사가 합류하면서 김·장·리로 이름을 바꿔 김앤장이 따라잡을 때까지 한국 로펌 업계의 선발주자로 기업법무와 국제법무 시장을 리드했다.

김·장·리의 뒤를 이어 1967년 김진억 변호사가 설립한 김·신·유도 김·장·리 못지않게 활약이 대단했다. 특히 외국 회사를 대리할 만한 법률사무소가 김·장·리와 김·신·유 두 곳 정도에 불과한 실정이어 두 사무소가 관련 시장을 과점하는 형태로 초기 로펌 업계의 발전이 거듭되었다.

김·장·리가 외국계 은행 중 한국에 가장 먼저 진출한 체이스 맨해튼 은행을 자문하자 뒤이어 상륙한 뱅크 오브 아메리카(Bank of America, BOA)가 체이스 맨해튼과의 경쟁관계를 의식해 김진억 변호사가 이끄는 김·신·유를 찾아가 자문을 받은 게 대표적인 사례다. 김·장·리가 미국 쪽 고객이 많았던 데 비해 김·신·유는 유럽계 회사를 많이 대리했다고 한다.

또 이병호 변호사가 중심이 되어 설립된 중앙국제는 처음부터 특허 쪽에 특화해 특허 전문 법률사무소로 출발했다. 이 무렵 정부의 수출 드라이브 정책에 힘입어 외국의 기술과 자본이 국내로 대거 유입되며 특허와 상표의 출원, 라이선스 계약, 특허침해소송 등의 분야에서 두각을 나타냈다.

김앤장이 돛을 올린 1970년대 초는 특히 한국 경제가 1, 2차 경제개발 5개년계획을 성공적으로 완수하며 경제 개발에 더욱 박차를 가할 때여서 김·장·리와 김·신·유 등 관련 법률자문을 수행하는 법률사무소에 일감이 넘쳐났다. 공장 건설을 위한 외자도입, 외국계 은행과 외국 기업의 한국 진출, 특허와 라이선스 관련 업무 등이 이 당시 기업법무를 표방한 법률사무소에서 수행한 대표적인 업무들이다.

하지만 후발주자로 출발한 김앤장의 초기 시절은 이런 특수와 거리가 멀었다. 다국적 기업과 외국계 은행 등 굵직한 고객은 김·장·리나 김·신·유 등 선발 로펌들의 독차지였다. 김앤장은 이들 선발주자들을 하루빨리 따라 잡는 게 시급한 과제였다.

"앞서 가던 한 로펌의 변호사는 워낙 바빠서 미처 처리할 수 없거나 '이해관계의 충돌'(Conflict of Interests) 등의 이유로 자문에 응하기 곤란한 사건이 생기면 직원을 불러 그 사건의 서류뭉치를 건네면서 '이 서류는 김 군에게 보내라'고 지시하곤 했다고 해요."

　당시의 사정을 잘 아는 법조계의 한 원로 변호사는 초창기 로펌 업계의 분위기를 이렇게 설명했다. 여기서 '김 군'은 김앤장을 설립한 김영무 변호사를 가리키는 말로, 국내외 법률시장에서 이름을 날리고 있는 김앤장의 현재 위상과는 사뭇 거리가 먼 모습이다. 이해관계의 충돌이란 변호사가 현재 담당하고 있거나, 과거에 처리한 사건과 이해관계가 대립되는 사건은 관련 당사자들의 동의가 없는 한 원칙적으로 맡을 수 없다는 변호사 윤리에 관한 원칙을 말한다.

　이런 김앤장이 어떤 노력과 성장전략을 통해 한국의 로펌 업계를 석권하고, 아시아 시장에 우뚝 솟을 수 있었을까. 김앤장의 성공스토리는 후발주자의 캐치업(catch up) 전략이란 점에서도 시사하는 바가 크다. 국내 네 번째 로펌으로 출발해 선발 로펌들이 맡지 않는 사건을 처리하며 이들을 제치고 업계 정상에 올랐기 때문이다.
　이후 김·장·리는 중소 로펌과 합치며 법무법인 양헌이 되었다가 다시 법무법인 김장리로 이름을 바꿔 중견 로펌의 위상을 이어가고 있으며, 김·신·유는 2006년 1월 법무법인 화우와 합쳤다. 또 중앙국제는 법무법인 센트럴로 이어지고 있으나 업무내용 등이 많이 달라졌고, 과거의 화려했던 명성과는 거리가 멀다.

김앤장이 열심히 인재를 영입하며 힘을 키우고 있을 때인 1980년 전후 여전히 선두주자로 잘 나가고 있던 김·장·리와 합병을 꾀했다는 재미있는 이야기가 있다. 업계 사정에 밝은 한 변호사는 "당시 김·장·리는 좋은 고객이 많은 반면 일손이 달리는 형편이었고, 김앤장은 우수한 인력에 비해 일감이 모자라 합병을 하면 서로 부족한 점을 보완할 수 있는 이점이 있었다"고 두 로펌이 합병을 추진한 배경을 설명했다.

김앤장의 김영무 변호사가 김흥한 변호사에게 백지수표를 제시하며 여러 차례 합병을 적극 제의했다고 한다. 서울대 법대를 졸업하고 제3회 조선변호사시험에 합격한 김흥한 변호사는 김영무 변호사의 대선배로, 김영무 변호사도 미국 유학을 다녀와 최초의 미국식 로펌을 연 김흥한 변호사를 좋아했다. 그러나 합병은 성사되지 않았고, 이후 두 로펌은 치열한 선두경쟁을 벌였다.

또 하나 1973년 광화문에서 법률사무소를 오픈한 김영무 변호사가 이듬해인 1974년 하버드 로스쿨에서 J.D. 과정을 마친 이태희 변호사에게 함께 파트너십을 구성하자며 빠른 귀국을 요청했다는 일화도 전해지고 있다. 고등고시 사법과 14회에 합격한 이태희 변호사가 사법시험 2회에 합격한 김 변호사보다 서울법대 선배이고, 사법대학원 기수도 빠르지만, 이 변호사가 판사로 근무하다가 유학을 떠나는 바람에 하버드 로스쿨은 김 변호사가 먼저 졸업했다. 캘리포니아주 변호사 자격을 취득한 이 변호사는 하버드 졸업 후 LA에 있는 미 로펌에서 경험을 쌓은 후 김앤장 출범 후 4년이 지난 1977년 남대문의 KAL빌딩에서 법무법인 광장의 모태가 된 한미합동법률사무소를 열었다.

또 나중에 법무법인 세종을 설립한 신영무 변호사도 1975년 7월 예일대 로스쿨로 유학을 떠날 때까지 김앤장에서 잠시 일을 거들었다. 로펌 업계가 본격 형성되기 전으로, 국제법무를 익힌 변호사가 절대적으로 부족한 상황에서 초창기 로펌 주자들 사이에 합병이나 동업을 모색하는 활발한 움직임이 있었던 셈이다.

씨티은행 자문

김앤장이 출범하고 몇 년이 흐른 1970년대 후반, 김앤장은 세계적으로 이름이 높은 씨티은행에 고정적으로 자문을 제공하게 되었다. 한국에 진출한 씨티는 그때까지 한 개인변호사로부터 자문을 받아왔으나, 한창 업무에 탄력이 붙기 시작하던 김앤장의 이름을 듣고 고문 법률회사를 김앤장으로 변경한 것이다.

씨티은행 이외에도 이미 여러 외국계 회사가 김앤장의 자문을 받은 경험이 있었지만, 씨티의 김앤장 행은 의미가 작지 않았다. 씨티가 세계 금융계에서 차지하는 위상이 상당했던데다 당시 외국계 은행이 로펌의 고객에서 차지하는 비중이 워낙 컸기 때문이다. 이후 김앤장의 명성이 알려지며 체이스 맨해튼, BOA, 도쿄은행 등도 고문 법률회사를 김앤장으로 바꾸었는데, 김앤장의 자문을 받기 시작한 외국계 은행은 씨티가 처음이었다.

외국 은행에 대한 자문을 맡으면 한국 진출에 따른 지점 설립을 비롯해 대출 관련 서류의 작성, 담보 설정, 여러 금융계약의 체결 등 로펌이 지원해야 할 업무가 한두 가지가 아니었다. 더구나 은행을 고객으로 확보하면 파생적인 업무가 부수적으로 따라오는 경우가 적지 않아 로펌에게는 더욱 중요한 고객이라고 할 수 있다. 기업이 외국에 나가 사업을 하려면 필수적으로 은행을 찾게 마련인데, 어떤 한 은행을 주거래은행으로 정하면 고문변호사도 대개 해당 은행에서 소개하는 사람을 쓰는 경우가 많다고 한다.

김앤장이 관련 업계에서 주목을 받으며 본격적인 발전의 발판을 마련하기 시작한 것도 씨티의 자문을 맡은 이 무렵부터로 알려져 있다. 씨티는 이후 40년 넘게 김앤장을 자문 로펌으로 이용하고 있다. 은행 여러 곳이 연루된 키코(KIKO) 분쟁에서도 김앤장이 씨티은행을 대리해 성공적으로 방어했다.

비슷한 시기에 김앤장은 외환은행 일도 도맡아 처리했다. 특수은행인 외환은행은 신용장 거래가 많아 법률회사로서 경험을 축적할 수 있는 좋은 기회가 되었다.

"당시 국제소송이 중요 장르가 될 것으로 예상하고 노력을 많이 했어요. 흥미로운 사건도 많았죠. 외환은행 관련 사건 중에 미국령인 괌 현지의 법원에서 2년 넘게 소송이 진행되다가 잘 안 되니까 김앤장을 찾아 온 조인트 벤처(합작회사) 관련 사건이 있었는데, 현지에 가 보니 그동안 쌓인 서류가 캐비닛으로 두 개가 넘었어요. 그걸 정리하고 이리저리 법리를 연구해 미국 연방대법원까지 올라가는 송사(訟事) 끝에 결국 이긴 기억이 있습니다. 그때는 그런 일이 많아서 영국 책, 미국 책을 열심히 뒤져가며 국내외 분쟁에 대비했습니다. 나라마다 법률용어가 달라 애도 많이 먹었어요."

장수길 변호사는 "대부분이 처음 경험하는 일로 새로운 접근법을 찾아내며 문제를 풀어가는 재미에 힘든 줄 모르고 덤벼들었다"고 당시를 회상했다. 물론 김앤장이 지금도 많은 자문을 제공하고 있는 씨티와 외환은행 일이 초창기의 역량 강화에 큰 도움이 되었다.

출범 10년 만에 선두로 올라서다

젊은 인재들이 잇따라 합류하며 김앤장은 업무에 있어서도 무서운 기세로 선발주자들을 추격했다. 씨티은행에 이어 다른 외국계 회사와 은행들도 김앤장으로 속속 고문 법률회사를 바꾸면서 선발 로펌들 사이에선 '김앤장 주의보'가 내려질 정도였다.

김앤장의 한 중견 변호사는 "김앤장의 전문성과 매끄러운 일처리를 확인한 외국계 고객들이 그동안 자문을 받아 오던 로펌을 떠나 마치 자석에 이끌리듯 김앤장에 자문을 의뢰하기 시작했다"고 잇따라 고객이 늘어나던 당시의 모습을 소개했다. 물론 이들 대형 고객을 끌어들인 김앤장의 강점은 설립 순서나 소속 변호사들의 경력이 아니라 젊은 인재들의 탁월한 업무수행 능력이었다.

김앤장이 김·장·리 등 선발 로펌들을 제치고 선두로 올라선 것은 출범 후 대략 10년 정도가 경과한 1980년대 초반이다. 이 무렵 김·장·리의 첫 고객이었던 체이스 맨해튼 은행이 고문 법률회사를 김앤장으로 바꿔 로펌 업계의 달라진 판도를 상징적으로 보여주었다. 물론 그 이전부터 씨티은행과 GM 등 여러 외국계 기업이 김앤장의 자문을 받고 있었다.

설립 10년 만에 선두로 올라섰다는 것은 그만큼 초고속으로 성장해 왔다는 의미로, 김앤장의 빠른 발전은 외국 로펌들 사이에서도 화제가 될 만큼 유례가 없는 것으로 알려지고 있다. 설립 10년 만에 국내 로펌 업계를 평정한 김앤장은 얼마 안 가 아시아 최고의 로펌으로 발전을 이어갔다.

김앤장의 빠른 성장은 우선 변호사 수를 통해 확인된다. 김앤장은 1980년대 초 소속 변호사가 이미 20명을 넘어섰다. 이 시대의 법조계 모습을 그리고 있는 단행본 《대한민국 영감님》(강수웅, 1983)에 따르면, 1983년 당시 김앤장엔 대표변호사 3명을 포함 이미 23명의 변호사가 포진하고 있었다. 또 4명의 변리사와 3명의 세무사가 변호사와 함께 관련 업무를 수행했다. 일반 직원을 포함한 전체 직원은 약 100명. 외형적 규모에서 이미 김앤장이 당시의 다른 로펌들을 크게 앞지르고 있었다.

후발주자로 출발한 김앤장이 선발 로펌들을 제치고 10년 만에 한국 로펌 업계의 선두주자로 올라선 배경은 무엇일까.

무엇보다도 인재에 대한 투자와 김앤장의 트레이드 마크처럼 되어 버린 전문화를 빼놓을 수 없다. 특히 1976년 사법연수원 6기의 정계성 변호사를 시작으로, 1980년을 전후해 김앤장에 합류한 사법연수원 출신의 젊고 우수한 인재들이 김앤장의 초고속 성장을 이끈 원동력이 되었다는 것은 한국 로펌 업계에선 공공연한 사실로 통한다.

회사법 분야에서 명성이 높은 김용갑, 정경택 변호사와 2007년 로스쿨 제도가 도입되며 서울대 법대 교수로 옮긴 신희택 변호사, 지식재산권 전문의 양영준 변호사, 프로젝트 파이낸스 거래와 국제중재 사건을 많이 수행한 조대연 변호사, 노동 분야에서 이름을 날리고 있는 현천욱 변호사, 서울대 법대 교수로 옮기기까지 증권 분야의 간판스타로 활약한 박준 변호사, 해상 파트의 정병석 변호사, 금융 전문의 허익렬 변호사 등이 모두 1979년에서 1982년에 걸쳐 김앤장에 입사해 김앤장의 빠른 성장을 이끈 초창기 멤버들이다. 김앤장의 어소시에이트 1호인 정계성 변호사 등 김앤장의 이들 1세대 변호사들이 각기 전문 영역을 개척하며 일찌감치 자리를 잡은 덕에 이후 본격화된 김앤장의 깊이 있는 전문화 작업이 급물살을 탈 수 있었다.

김앤장의 1세대 변호사들은 각각의 업무분야에서 최고의 전문성을 인정받는, 한국 로펌 업계 전체 차원에서도 해당 업무분야를 개척한 주인공들이다. 최고의 인재를 뽑아 기업법무의 주요 분야를 개척한 김앤장의 선제적인 노력이 한국 최고, 아시아 최고 로펌으로의 발전은 물론 한국 로펌 업계가 탄탄하게 형성되는 밑거름이 되었다고 해도 과언이 아니다.

"그때는 휴일, 휴가 없이 밤을 새며 일에 몰두했어요. 선배들도 휴일이 따로 없었어요. 우리가 했던 일이 당시에는 거의 모두 최초였던데다 우리가 아니면 할 사람이 없었기 때문에 선택의 여지도 없었습니다. 대신 새로운 케이스를 접하고 개척하는 과정에서 느끼는 재미와 보람은 대단했죠. 변호사는 소송 일을 하는 것으로 으레 인식하던 시절이었는데, 우리는 기업자문이라는 새로운 일을 하니까, 그중에서도 어려운 케이스를 최초로 다루는 경우가 많아 자부심을 갖고 업무에 임했어요. 고객들도 복잡하고 까다로운 주문을 많이 내놓아 고객의 기대에 부응하려고 정말 열심히 했습니다."

해상팀을 이끌고 있는 정병석 변호사는 이어 "짧은 기간에 많은 자문사건을 밀도 있게 다루어 본 경험이 전문화를 촉진하고, 이렇게 축적된 전문성이 다시 대형 사건의 수임과 매끈한 자문으로 연결되는 선순환으로 이어졌다"고 소개했다.

1970년대에 불어닥친 오일쇼크를 겪으면서 위축되었던 한국 경제가 1980년대 들어 제5공화국 정부의 경제 개방정책을 통해 다시 활기를 띠기 시작한 시대적인 배경도 김앤장이 초고속 성장을 이어가는 데 순풍으로 작용했다. 이 시기에 외국인투자가 전면 개방되었으며, 제약 분야 등에선 한국 기업과 외국 기업의 국내 합작투자가 줄을 이었다. 로펌 업계에 일종의 특수가 일었다. 인재를 꾸준히 확보하며 역량을 축적해 온 김앤장은 엄청난 집중력을 발휘하며 쏟아져 들어오는 사건들을 처리했다. 그러면서 짧은 기간에 전문성과 실력을 강화하는 일석이조(一石二鳥)의 효과를 누렸다.

김앤장이 영미의 로펌들처럼 매우 높은 수준의 기업자문 서비스를 제공한다는 사실이 알려지면서 성장에 가속도가 붙기 시작했다. '아, 앞으로는 이 분야가 변호사의 새로운 방향이 되겠구나' 하는 인식이 법조계에 퍼지면서 우수한 인재들이 김앤장으로 계속 몰려들었다. 또 이들 젊은 인재들이 분야를 나눠 업무를 발전시키면서 김앤장을 찾는 고객들도 이에 비례해 빠른 속도로 늘어났다.

김영무 변호사와 함께 우수한 인재의 영입에 발벗고 나선 장수길 변호사는 "설립 초기부터 길게 내다보고 시작한 인재 우선의 경영방침이 그대로 맞아떨어져 오늘의 성과로 이어졌다"고 김앤장의 인재제일주의를 다시 한 번 강조했다.

헝그리 정신

씨티와 외환은행 등을 잇달아 고객으로 확보하며 업무에 탄력이 붙기 시작한 1980년 전후 김앤장에 합류한 초창기 멤버들은 당시의 생활을 일과 일의 연속으로 기억하고 있다. 물론 사법연수원을 우수한 성적으로 졸업한 젊은 변호사들의 열정적인 노력이 김앤장이 초기 성장의 토대를 구축하는 데 큰 도움이 되었다.

육군 법무관 근무를 마친 1982년 곧바로 김앤장에 합류해 M&A 등 기업자문 분야에서 활약한 전강석 변호사는 "주말과 휴일은 물론 명절에도 쉼 없이 돌아가는 365일 업무체제가 1988년 무렵까지 지속되었다"고 지나간 시간을 떠올렸다.

"토요일에도 오후 대여섯 시가 되어야 퇴근했어요. 주중에는 일하느라 모두 바빠서 사무실 전체회의는 일요일 오후에 열렸습니다. 명절에도 차례를 지내자마자 사무실로 나와 일에 매달렸던 기억이 생생합니다."

한마디로 소속 변호사 모두 사무실과 일, 그리고 고객을 맨 앞에 두고 강행군을 해 왔다는 이야기인데, 설립자인 김영무, 장수길 변호사도 예외가 아니었다. 선후배를 떠나 선발업체를 따라잡고 로펌다운 로펌을 만들어 보자는 후발주자의 열정이 사무실 전체의 분위기를 압도하고 있었다.

"입사 초기부터 기꺼이 사생활을 포기하고 그야말로 열정을 바쳐 일했습니다. 김앤장의 젊은 변호사들이 그때를 잊지 않았으면 해요."

1980년에 입사한 양영준 변호사는 "당시를 회상하면 어떻게 그 모든 것이 가능했는지 모르겠다"고 되뇌고, "말하자면 헝그리 정신으로 도전하던 시절이었다"고 기억했다.

헝그리 정신으로 뭉친 젊은 변호사들의 노력은 곧바로 실력으로 나타났다. 그리고 열정과 실력을 확인한 우량 고객이 하나둘 김앤장을 찾기 시작하면서 김앤장의 발전에 가속도가 붙었다.

정경택 변호사에 따르면, 후발주자인 김앤장이 설립 초기에 대리한 고객들은 상대적으로 규모가 작은 고객이 대부분이었다고 한다. 그는 그러나 "합작투자 거래 등의 진행과정에서 김앤장의 솜씨를 눈여겨 본 상대편 기업이 다음 거래 때는 김앤장에 자문을 의뢰하는 식으로 고객 기반이 갈수록 두터워졌다"고 설립 초기 고객이 늘어날 때의 한 단면을 소개했다.

거래 현장에서 실력 있는 상대방 변호사가 활약하는 모습을 지켜본 상대 당사자가 다음 거래 때 그 변호사에게 자문을 의뢰하는 것은 우수한 변호사들에겐 자주 일어나는 일로, 김앤장 변호사들의 클라이언트 확보엔 이런 사례가 수없이 많다고 한다. 후발주자 김앤장의 맹렬한 추격엔 실력을 앞세운 젊은 변호사들의 당찬 일솜씨가 밑바탕에 깔려 있었다.

선배와 후배의 공동작업

　김앤장이 설립된 지 몇 년 지나지 않아 대형 고객을 잇달아 확보하며 발 빠르게 성장한 배경과 관련해 또 하나 지적할 것은 이전의 다른 법률사무소에선 찾아보기 쉽지 않았던 젊은 주니어 변호사들의 적극적인 역할이다. 상당한 경력의 시니어 변호사와 신참 주니어 변호사의 공동작업을 통해 시너지를 높여 일을 처리한 셈인데, 이후 대부분의 로펌에서 이 방식을 벤치마킹해 팀플레이로 발전시키고 있다.

　현재 변호사만 1,200명 넘게 포진하고 있는 김앤장은 전문분야를 수십 개로 나눠 각 분야별 전문가들이 참여하는 팀플레이로 고객이 필요로 하는 솔루션(해결방안)을 제시하고 있다. 그 시작은 김영무, 장수길, 정계성 변호사로 팀이 짜여진 설립 초기까지 거슬러 올라간다. 한국인 최초로 미국변호사 자격을 취득해 미국과 일본에서 선진 로펌의 업무를 경험한 김영무 변호사와 판사 경력의 장수길 변호사, 그리고 최신의 법률지식으로 무장한 사법연수원 수석 수료의 정계성 변호사가 힘을 합쳐 놀라운 수준의 시너지를 냈다.

이미 오래전에 사법연수원 동기 중에서 대법관도 나오고 법무부장관을 배출했을 정도로 높은 기수가 되었지만, 그때만 해도 가장 연조가 낮았던 정계성 변호사는 당시 김앤장에서 적용했던 업무방식을 다음과 같이 소개했다. 정 변호사는 김영무, 장수길 변호사의 서울대 법대 9년 후배로, 사법시험 횟수로는 14, 16회의 차이가 있다.

"텔렉스가 들어오면 두 분 변호사께서 저를 호출했어요. 그리고 그 내용을 검토한 후에 저에게 여러 사항을 물어보았어요. 그때는 판례가 지금처럼 복잡하지도 않았지만 사법연수원을 수료한 직후라 중요한 판례는 대부분 외우고 있었는데, '최근에 이런 판결이 있었습니다'라고 즉석에서 대답하며 업무를 거들었습니다. 저의 조그마한 역할이 관련 사건을 처리하고 김앤장의 경쟁력을 높이는데 기여하게 되리라곤 미처 생각하지 못했습니다."

각기 다른 경력의 세 사람이 협력해 업무를 처리함으로써 높은 퀄리티의 법률서비스를 효율적으로 제공할 수 있게 된 셈인데, 이런 시스템은 이후 깊은 수준의 전문화와 팀플레이로 발전했다.

김앤장의 팀플레이는 김앤장의 가장 큰 성공요소 중 하나로 중시되는 부분으로, 김영무 변호사가 미국에 있을 때 주목한 대목이기도 하다. 그는 미국 로펌들의 팀워크 중심의 법률서비스 모델을 설립 초창기부터 김앤장에 도입했고, 이 점이 기존의 한국 로펌들과는 다른 점이었다.

정계성 변호사에 이어 사법연수원 출신의 젊은 변호사들이 잇따라 합류하며 선후배간 공동작업, 즉 팀플레이의 범위가 갈수록 확대되었다. 1979년 이재후 변호사가 합류하자 송무 분야에서도 시너지가 나타났다.

팀플레이는 외국법 분야까지 확대되었다. 김앤장은 외국변호사를 채용해 영어로 된 의견서를 제공하는 등 외국 클라이언트, 외국법에 대한 서비스를 본격 시작했다.

한국 로펌 중 가장 먼저 시도한 김앤장의 외국변호사 채용은 김앤장 역사에서 매우 중요한 성장 모멘텀 중 하나로 얘기된다. 영어와 외국법에 능통한 외국변호사와 한국변호사의 협동작업이 김앤장이 한국 로펌 중 압도적인 우위를 자랑하는 크로스보더(cross-border) 업무의 수행에 크게 기여했음은 물론 김앤장의 국제화를 촉진하는 요인으로 작용했다.

가장 먼저 김앤장에 입사한 외국변호사는 1977년에 합류한 미국변호사 톰 맥가원(Tom McGowon)이다. 한국 로펌이 영입한 최초의 외국인 외국변호사인 그는 미국법 등에 대한 차별화된 강점으로 김앤장의 초기 경쟁력을 높이는 데 큰 도움이 되었다. 그는 또 미국법에 대한 조사(research)와 의견 검토는 물론 사소한 용어상의 오류가 엄청난 파장을 불러올 수 있는 법률문서 특유의 리스크를 사전에 걸러내는 역할도 함께 수행했다.

이어 3년 후인 1980년 나중에 주한미국상공회의소(AMCHAM) 회장을 역임한 제프리 존스(Jeffrey D. Jones) 미국변호사가 합류하는 등 이후 김앤장엔 수많은 외국변호사가 합류해 한국변호사와 함께 업무의 시너지를 높여가고 있다.

2023년 6월 현재 김앤장엔 230명이 넘는 외국변호사가 활동하고 있다. 국내 로펌 중 가장 많은 숫자다.

맥가원은 워커홀릭(workaholic) 즉, 일벌레가 많기로 유명한 김앤장 내에서도 타의 추종을 불허하는 성실성으로 깊은 인상을 남겼다고 한다. 당시 초년병 변호사로 그와 함께 일했던 양영준 변호사는 "아무리 밤늦게 일을 맡겨도 그 다음날 아침 일찍 완벽하게 작성된 서류를 내놓는 것을 보고 그의 성실성과 일에 대한 열정에 여러 번 감명받았다"며 "한 달에 300시간 이상 업무시간을 적어내는 그에게서 진정한 프로페셔널의 자세를 배웠다"고 소개했다. 맥가원은 그 후 대만 로펌으로 옮겼다.

해외연수 프로그램

김앤장의 인재제일주의 철학이 두드러지게 나타나는 제도 중 하나가 로펌 업계 최초로 도입해 운영하고 있는 소속 변호사의 해외연수 제도다. 이 제도 역시 지금은 많은 로펌에서 비슷한 내용으로 운영하고 있지만, 김앤장이 도입할 당시만 해도 획기적인 시도였다.

김앤장의 설립자들은 젊은 변호사들을 리쿠르트하면서 해외연수를 약속했다. 해외유학이 지금처럼 흔치 않던 시절, 해외연수 약속은 귀가 솔깃해지는 제안이었다. 하지만 막상 김앤장에 입사해 변호사 일을 하다 보면 해외연수 같은 것은 엄두를 낼 상황이 아니었다고 한다. 워낙 바빴기 때문이다.

김앤장은 그러나 리쿠르트 때 한 약속을 지켰다. 더 멀리 내다보고 장기적인 안목으로 젊은 변호사들을 해외에 내보냈다.

그때만 해도 국제 관련 업무를 수행하려면 해외유학부터 다녀와야 하는 것으로 인식되어 있었다. 실제로 그 당시 기업 또는 국제 관련 사건을 취급하는 변호사의 대부분이 유학을 다녀온 유학파들이었다. 김앤장은 그러나 해외유학 경험자를 채용하는 대신 열정으로 가득찬 젊은 변호사들을 뽑아 실무를 가르치고, 외국으로 유학을 보내 국제감각을 익히도록 하는 '선실무 후유학(先實務後留學)'의 정반대 시스템을 가동했다.

신입 변호사를 곧바로 해외연수에 나서게 한 것은 아니었다. 입사 후 4, 5년 정도 선배들 밑에서 실무 경험을 쌓게 한 다음 여기에 유학 경험만 더 보태면 특정 분야의 전문변호사로 이름을 내걸어도 손색이 없을 만한 시점에 해외연수를 떠나도록 했다. 김앤장 입사 후 5년 만에 컬럼비아 로스쿨로 연수를 떠나 1992년 LL.M. 학위를 받고, 미국 로펌 폴 헤이스팅스(Paul Hastings)에서 경험을 쌓은 후 복귀한 노동 전문의 김원정 변호사는 "보통 4년 정도 실무 경험을 쌓다 보면 로펌의 변호사 업무에 대한 전체적인 그림이 머릿속에 그려지고, 전문분야에 대한 보다 깊이 있는 접근도 가능해진다"고 설명했다. 2년의 사법연수원 연수를 거쳐 로펌에서 이 정도 경력이 쌓이면 업무 전문성의 심화와 함께 조직

내 역할에 대한 설계가 명확해지면서 로펌 변호사로서의 정체성도 갖추게 되어 해외연수의 효과를 극대화할 수 있는 시기라고 했다. 사법연수원을 마치고 육군 법무관 근무를 거쳐 1986년 김앤장에 합류한 김 변호사는 1991년 컬럼비아 로스쿨로 연수를 떠날 당시 사법연수원 시절부터 따져 이미 법조 경력 약 10년차의 변호사였다.

해외연수 프로그램은 연수 중인 변호사가 본국의 사무실에서 필요로 하는 현지 정보를 수집해 조달하는 등 김앤장으로서도 이익이 적지 않았다. 또 해외연수를 떠난 선배들의 공백을 후배들이 메워가며 업무 일선에 나설 수 있어 후배들의 교육을 위해서도 좋은 기회가 되었다. 현업 4년 종사 후의 해외연수 프로그램 운영은 여러모로 투자 대비 효율성이 높은 다목적 프로그램이었다.

그럼에도 불구하고 1980년대 초반 한국 법조계의 현실에서 로펌이 소속 변호사에 대한 해외연수 프로그램을 지속적으로 운영한다는 것은 모험에 가까운 투자였다. 보통 1~2년이 소요되는 학비와 체재비, 급여는 물론 해당 변호사가 사무실에서 업무를 수행하며 거둘 수 있는 수익 즉, 기회비용까지 계산하면 엄청난 비용이 요구되는 플랜이었다.

이런 사정을 잘 아는 변호사들인지라 비록 김앤장에 들어올 때 해외연수를 약속받았더라도 실현 가능성에 대해서는 반신반의하는 분위기가 없지 않았다고 한다.

"제가 들어올 때 김영무, 장수길 변호사 두 분이 그렇게 말씀은 하셨지요. 하지만 워낙 일이 많고 정신없이 돌아가는 상황이다 보니 현실적으로 거의 불가능해 보였어요. 그러던 어느 날 '가서 공부하고 와라, 그래야 일을 더 잘할 수 있다.' 이러시는 겁니다. 정말 놀랐습니다. 약속을 했으니까 기대하는 마음이 아주 없지는 않았지만, 이 바쁜 와중에 설마 했었거든요. 더구나 그때는 지금처럼 사무실에 변호사도 많지 않았어요."

입사 후 6년 만인 1982년 가장 먼저 해외연수를 떠나 미국 로펌 셔먼앤스털링(Shearman & Sterling)에서 1983년까지 1년간 경력을 쌓고 돌아온 정계성 변호사의 회고다.

양영준 변호사도 출국하는 당일까지 업무와 관련된 회의에 참석한 후 곧바로 공항으로 달려갔을 정도로 사무실 사정이 빡빡한 상황에서 유학을 떠났다고 했다. 공항에서 전화로 부모님께 출국 인사를 드릴 수밖에 없었다고 하니 창업자들의 초심이 사무실의 바쁜 업무 앞에 흔들렸다면 쉽게 떠날 수 없었던 유학길이었다.

양영준 변호사는 1984년 미시간대 로스쿨로 유학을 떠나 LL.M. 학위를 취득하고, 1985년부터 1986년까지 Paul, Weiss, Rifkind, Wharton & Garrison 뉴욕사무소에서 경험을 쌓았다. 이때 뉴욕주 변호사 자격도 갖추었다.

가장 선호되는 해외연수 대상지는 명문 로스쿨과 글로벌 무대에서 활동하는 오래된 전통의 수많은 로펌들, 영어를 익힐 수 있는 기회 등 연수에 바람직한 조건을 두루 갖춘 미국이었다. 김앤장의 변호사들은 하버드, 예일, 스탠퍼드 등 미국의 유명 로스쿨에서 법학석사(LL.M.) 과정에 적을 두거나 방문학자(Visiting Schloar) 자격으로 미 로스쿨 교육을 경험하고, 현지의 로펌 등에서 일정 기간 실무를 익힌 후 복귀했다.

미국이나 영국으로 연수에 나선 김앤장 변호사들은 또 뉴욕주 변호사 등 미국변호사 자격, 영국변호사 자격을 취득해 돌아오는 경우가 많았다. 김앤장 변호사들의 프로필에서 확인되는 외국에서의 변호사 자격 취득은 대부분 해외연수 기간 중 미국 로스쿨 등에서 LL.M. 과정을 마치고 현지의 변호사시험에 합격해 커리어로 추가된 것이다.

외국의 판례와 논문 등을 쉽게 접할 수 있고, 외국의 법조인과 다양한 교류를 할 수 있는 해외연수 제도는 여러 측면에서 유익한 기회가 되었다. 무엇보다도 국제거래 업무를 수행하는 데 필수적인 외국어 실력과 국제감각을 기르는 데 큰 도움이 되었다는 것이 해외연수를 다녀온 변호사들의 공통된 전언이다. 또 선진 법률지식은 물론 현지 로펌 업계의 동향과 새로운 트렌드까지 접할 수 있어 변호사들 사이에 여전히 인기를 끌고 있다.

모험에 가까워 보였던 김앤장의 과감한 투자는 소속 변호사를 최고의 전문가로 거듭나게 하는 밑거름이 되었다. 또 리쿠르트 당시의 약속을 지킴으로써 우수한 인재들이 판, 검사 임용 대신 김앤장을 선택하게 하는 유력한 인센티브로 작용했다.

1980년대 중반 하버드 로스쿨로 연수를 다녀온 정경택 변호사는 "유럽과 아시아 각국에서 공부하러 온 변호사가 많았지만 소속 사무소의 지원으로 유학 온 경우는 일본 로펌과 김앤장밖에 없었다"며 "당시 일본과 우리의 격차를 생각해 보면 정말 과감한 투자였다"고 말했다.

1990년대 초, 일본 4대 로펌의 하나인 Nagashima Ohno & Tsunematsu의 설립자 중 한 사람인 나가시마 변호사가 김앤장을 방문한 적이 있었다. 업무시스템과 함께 신입 변호사 훈련, 해외연수 제도 등 김앤장의 다양한 교육 프로그램을 확인한 그는 "이젠 우리가 김앤장을 벤치마킹해야 할 때"라고 김앤장의 빠른 발전에 놀라워했다. 일본보다 법률사무소 시작은 늦었지만 해외연수 프로그램 운영 등 인재양성을 위한 지속적인 투자를 통해 김앤장이 일본 로펌들을 따돌릴 수 있었음은 물론이다.

1982년 정계성 변호사에서 시작된 김앤장 변호사들의 해외연수 제도가 지금까지 이어지며 운영되고 있다. 여전히 미국 로스쿨이 가장 선호되고 있으나, 최근에는 영국과 유럽, 일본, 중국 등으로 해외연수 대상지가 다변화되고 있다. 또 해외 로스쿨 대신 국내 대학에서 실무 분야에 관한 공부를 더 하거나 고객사 파견 등을 통해 업계 현장의 목소리를 직접 접하고 소통 채널을 공고히 하는 계기로 삼는 등 개인의 선호와 선택에 따라 다양한 형태로 운영되고 있다. 김앤장 관계자는 "해외연수 제도가 처음 시작되었을 때의 큰 틀이 그대로 유지되고 있지만, 수십 년이 흐른 지금은 변호사 스스로 연수 프로그램을 설계해 진행하는 등 변화가 없지 않다"고 말했다.

김앤장의 해외연수 프로그램은 사법연수원 출신 변호사의 채용과 마찬가지로 다른 로펌으로 확산되었다.

III

발전

발전

항공기를 저당잡히다

김앤장이 숨가쁘게 달려온 지난 50년은 한국의 경제발전과 함께한 경제 이면사라고 할 수 있다. 시기별로 기업에 다양한 자문을 제공하며 우리 사회의 산업화와 정보화를 적극 뒷받침했는가 하면, 기업 활동에 적합한 새로운 형태의 거래구조를 개발해 정착시키며 한국 경제의 성장에 힘을 보탰다. 물론 이 과정에서 김앤장도 전문성을 더욱 깊게 하며 발전을 거듭했다.

김앤장이 출범한 지 얼마 지나지 않은 1970년대 중반, 한국 경제는 비약적인 성장을 일구어내고 있었다. 정부의 수출 장려와 중공업 육성 정책에 힘입어 국책은행은 물론 기업들이 앞다퉈 차관을 들여왔고, 선박금융, 수출금융, 건설금융 등의 분야에서 변호사들이 바빠지기 시작했다. 또 외국인 합작투자와 기술도입, 중동 진출 등과 관련된 기업자문 분야에서도 로펌의 역할이 갈수록 증대되었다.

1980년대에 들어서자 증권 쪽의 일이 급속하게 늘어났다. 기업들이 주식 발행을 통해 자금을 조달하고, 투신사에서는 수익증권을 발행해 직접투자가 제한된 외국인 투자자에게 판매했다. 물론 수익증권을 발행하는 일은 일일이 변호사의 손을 거쳐야 했다. 기업이 해외시장을 겨냥해 진행하는 전환사채(CB)나 신주인수권부사채(BW), 주식예탁증서(DR) 발행 등의 업무도 로펌이 맡아 관련 절차를 매끄럽게 처리했다. 이와 함께 자동차, 통신, 에너지 분야 등의 법률자문을 통해 한국 경제의 주요 인프라 구축을 지원하기 시작하고, 외국인투자 전면 개방으로 합작투자 관련 업무가 빠르게 증가한 시기가 김앤장의 1980년대라고 할 수 있다.

김앤장은 외국 상장회사의 첫 직접투자 사례인 사우디 아람코의 쌍용정유에 대한 4억 달러 투자를 성공적으로 수행한 공로를 인정받아 1992년 은탑산업훈장을 수상했다. 또 1997년 IMF 외환위기가 발발하자 정부의 외채협상 등에 참여하며 외환위기 극복에 역량을 발휘했다는 것은 잘 알려진 이야기다.

다시 국내 은행과 기업들이 외국 은행 등으로부터 차관을 도입하는 업무를 많이 수행한 1970년대로 돌아가보자.

1976년 합류해 금융 관련 일을 도맡아 처리해온 정계성 변호사는 "대여자(貸與者)인 외국 은행을 맡기도 하고 국내 기업을 대리하기도 했는데, 폭주하는 업무를 소화하느라 변호사들이 눈코 뜰 새 없이 바쁘게 뛰어다녔다"고 당시의 분위기를 전했다.

1979년에 성사된 대한항공의 5억 달러 차관도입과 호남정유의 2억 달러 차관도입 거래가 이 시기 김앤장이 맡아 자문한 우리 기업의 대외 신인도를 높인 대표적인 케이스로 꼽힌다. 물가상승을 고려하면 지금 돈으로 줄잡아 수십억 달러에 상당하는 거래들로, 대한항공의 5억 달러 차관도입은 그때까지 민간기업이 들여온 차관 중 규모가 가장 큰 거래였다.

특히 이 두 케이스는 김앤장이 새로운 거래구조를 만들어 추진한 사례여서 더욱 주목을 끌었다. 김앤장의 변호사들도 당시의 주요 업무사례를 이야기할 때 이 두 케이스를 주저없이 내놓는다.

수십 개의 외국 은행이 참여한 신디케이트로부터 5억 달러를 도입해 747 보잉 여객기 여러 대를 구입하는 대한항공 건은 항공기에 직접 저당권을 설정해 담보로 제공하는 방식으로 차관도입을 추진했다. 호남정유 건은 공장 전체를 재단으로 만들어 담보로 제공하는 방식으로 접근했다.

신디케이트론(syndicated loan)이란 여러 은행으로 구성된 채권단 즉, 신디케이트가 공통의 조건을 정해 일정 금액을 차입자에게 융자해 주는 금융 방식으로, 규모가 큰 거액의 자금을 조달할 때

주로 사용된다. 돈을 빌리는 기업의 입장에서는 여러 은행과 차입 조건 등에 대한 별도의 협상 없이 효율적으로 대규모의 자금을 조달할 수 있는 반면 채권은행들은 채무불이행에 따른 위험을 신디케이트 조직에 의한 공동 융자를 통해 분산시킬 수 있다는 이점이 있다.

그때까지만 해도 외국 은행에서 돈을 빌리려면 국내 은행의 지급보증이 필요했다. 거래구조는 간단하지만, 돈을 빌리는 기업으로서는 외국의 대주(貸主)은행에 지급하는 이자 외에 별도의 지급보증 수수료를 부담해야 해 그만큼 금융 비용이 늘어났다. 하지만 앞에 소개한 대한항공, 호남정유의 차관도입 거래에서처럼 항공기나 공장재단을 직접 담보로 제공하고 국내 은행의 지급보증을 생략할 수 있다면, 엄청난 액수의 지급보증 수수료를 절약할 수 있어 일선 기업들이 새로운 방식의 거래에 높은 관심을 나타냈다.

정계성 변호사는 "대한항공의 보잉 여객기 도입은 우리가 틀을 짜고 교통부와 의논해 성사시킨 거래"라며 "새로운 거래구조를 창안해 기업에 이익을 제공한다는 자부심이 대단했다"고 소개했다.

두 건의 거래는 새로운 거래구조를 적용해 추진했다. 서명까지 끝났다. 그러나 1979년 10월 박정희 대통령이 급서(急逝)하면서 한국의 상황을 불안하게 여긴 채권은행들이 지급보증을 다시 요구하는 바람에 새로운 방식의 차관도입은 빛을 보지 못했다. 이미 서명까지 마친 상태여서 수정계약을 통해 종래의 방식으로 차관이 들어왔다.

  다행히 이후에 이루어진 비슷한 내용의 거래에선 김앤장이 처음 시도했던 대로 항공기나 공장 등을 직접 담보하는 방식으로 차관도입이 이루어졌다. 기업들이 상당한 액수의 지급보증 수수료 부담을 덜게 되었음은 물론이다.

합작투자의 표준을 만들다

　김앤장이 국내 로펌 중 선두로 올라선 1980년대는 해외자본과 기술의 적극적인 유치를 통해 한국 경제가 한 단계 더 도약하는 시기였다. 김앤장은 이 시기에 현재 한국 경제의 핵심 기반이 된 자동차, 정유, 정보기술(IT) 등 주요 산업 분야의 여러 의미있는 거래에 참여했다.

　1983년 김앤장은 한국 경제사의 기념비적 사건으로 기록된 합작투자 거래의 법률자문을 맡았다. 대우자동차와 미국 GM이 손잡고 추진한 GM대우의 설립 건이었다.

　당시 세계 최대의 자동차회사였던 GM은 세계경영전략 차원에서 자회사인 독일 오펠사가 개발한 '카데트'(Kadett)와 같은 모델의 차량을 한국에서도 개발하고 싶어했다. GM은 이미 50 대 50으로 합작관계에 있던 대우자동차를 한국 측 파트너로 선택했다. 신차 개발에 목말라 있던 대우자동차로서도 희소식이 아닐 수 없었다. 양측의 이해관계가 정확하게 맞아 떨어졌다.

GM의 투자규모는 당시로선 상당한 금액인 6,000만 달러. GM은 대우자동차와 손잡고 1986년 7월 마침내 '르망'을 탄생시켰다. 지금도 기억하는 사람이 많은 르망은 현대의 포니에 이어 국산 소형차를 대표하는 브랜드가 되었을 뿐만 아니라 '폰티액 르망'(Pontiac Lemans)이란 GM의 상표를 달고 미국으로 수출되기까지 했다. 대우자동차는 또 르망 생산을 계기로 현대, 기아와 함께 국내 자동차 산업의 트로이카로 자리매김할 수 있었다.

GM대우의 설립은 국내 자동차부품 산업의 육성이란 점에서도 의미가 작지 않았다. 완성차 생산을 위해 엄청난 수의 외국 부품사들이 한국으로 몰려들면서 자동차부품 산업이 크게 성장하는 발판이 마련되었다. 이 거래를 주도적으로 수행한 정경택 변호사는 "한국 경제에서 자동차 산업이 차지하는 비중으로 볼 때 매우 획기적인 투자유치로 평가될 만한 거래였다"며 "중매를 서 결혼에 이른 부부가 아이를 낳는 것을 지켜보는 듯한 성취감을 느꼈다"고 뿌듯해했다.

김앤장으로선 또 GM과 대우의 합작투자에 대한 자문 수행이 사무실 발전에 큰 도움이 되었다. 국내외 기업들이 일을 맡길 변호사나 로펌을 선택할 때 GM대우 자문 경험이 중요한 참고사항이 되었기 때문이다. 합작투자가 로펌의 주요 업무영역으로 자리잡게 된 것도 GM대우 합작투자 이후로 알려져 있다. 그 이전엔 국내외 기업 사이에 이렇다 할 합작투자 거래도 없는 실정이었다.

다음은 김앤장의 코퍼릿 분야를 이끌고 있는 정경택 변호사가 소개하는, GM이 김앤장을 법률자문사로 선택할 때의 에피소드 한 토막이다.

"하루는 GM의 변호사가 우리를 다른 법률사무소로 오라고 하더니 그 법률사무소의 변호사와 우리를 같은 방에 앉혀 놓고 인터뷰를 했어요. GM 일은 그때까지 그 법률사무소에서 도맡아 하고 있었죠. 우리 쪽에선 김영무 변호사와 저, 회계사 한 명, 그리고 미국변호사 한 명이 나갔어요. 그쪽 법률사무소에서도 몇 명의 변호사가 함께 나와 맞은편에 자리를 잡았습니다. 그렇게 두 법률사무소의 변호사들을 마주 앉혀놓고 GM의 변호사가 양쪽을 상대로 똑같이 인터뷰를 진행하는데 외국 회사의 변호사 고르는 방식이 참 철저하다는 생각이 들더군요."

정 변호사는 "상대방 변호사 사무실의 하늘같은 선배님하고 함께 시험을 보게 된 셈인데, 당시 김앤장의 변호사들이 자신 있게 답변을 해 GM 측 사람들에게 깊은 인상을 주었던 것으로 기억난다"며 "결국 우리 쪽으로 일이 왔다"고 소개했다. 정 변호사는 또

"합작투자는 합작 당사자의 관심이 서로 다르고 적용되는 법 체계도 상이한 외국과의 비즈니스 영역"이라며 "그렇기 때문에 더 많은 시간과 노력을 투자해야만 좋은 결과를 얻을 수 있는 독특한 분야"라고 강조했다.

IT 입국, 해외증권 발행 선도

한국이 자랑하는 정보통신 분야에서도 김앤장의 활약이 두드러졌다. 1980년대 초반 김앤장은 미국 최대의 통신회사인 AT&T와 LG가 합작해 전국에 광통신망을 까는 사업에 자문을 제공했다. 광통신은 기존의 일반 전선과 비교하면 천문학적으로 많은 정보를 처리할 수 있는 발달된 기술로, 당시 정부에서는 이 부분을 육성하려는 야심찬 계획을 가지고 있었다. 이런 배경 아래 추진된 사업이 성공적으로 마무리됨으로써 저렴한 가격으로 전화를 보급하고, 훗날 초고속 인터넷망으로 발전한 정보통신 분야의 인프라가 구축될 수 있었다. 광섬유 케이블이라는 단어 자체가 생소하던 시절에 성사된 이 합작투자 거래는 이후 한국이 정보통신 강국으로 도약하는 단초를 제공했다는 점에서 한층 특별한 의미가 있는 거래였다.

"정말 깜짝 놀랄 아이템이었죠. 지금이야 누구나 알고 있는 상식으로 통하지만 기존의 일반 전선과 달리 천문학적으로 많은 정보량을 소화할 수 있는 신소재라는 게 그때는 상상이 잘 안 되었어요. 그걸 우리가 세계의 다른 나라와 비교해 보아도 굉장히 이른 시기에 시작한 겁니다. 그렇게 해서 전국에 광통신망이 깔리고, 그 덕분에 대한민국이 IT 강국이 될 수 있었던 것 아닌가요? 그런 사업을 앞서서 추진한 기업이나 이를 뒷받침한 정부의 선견지명은 평가받을 만하다고 생각해요."(최동식 변호사)

당시 자문을 이끌었던 최동식 변호사는 "우리 사회의 주요 인프라 구축에 일조했다는 보람을 느낀 거래"라며 "김앤장으로서도 GM에 이어 AT&T를 고객으로 확보하면서 외국인투자 시장에서 더욱 주도적인 위치를 차지하게 되는 등 의미가 적지 않은 사안이었다"고 소개했다. 서울대 법대에 재학 중이던 1979년 제21회 사법시험에 합격하고 사법연수원을 12기로 마친 최동식 변호사는 1985년 김앤장에 입사해 김앤장의 TMT 그룹을 이끌고 있다.

1980년대 중반 이후엔 또 한국 기업의 신용도가 높아지면서 해외증권 발행 등 국제금융 조달에 관한 자문 요청이 로펌에 쇄도했다. 이번에는 김앤장의 금융변호사들이 바쁘게 움직였다. 외국의 선진 금융기법을 국내에 소개하고 법적 구조에 대한 자문을 맡아 금융권과 기업을 지원하는 일에 발벗고 나섰다. 당시 김앤장이 관여했던 거래 중엔 '한국 최초'라는 꼬리표가 붙은 사안이 특히 많았다. 김앤장의 변호사들이 그만큼 앞장서 활약했다.

1982~1983년 한국투자신탁과 대한투자신탁의 외국인 대상 수익증권 발행, 1986년 대우중공업과 유공의 해외전환사채 발행, 1989년 삼미특수강이 발행한 5,000만 달러 규모의 해외신주인수권부사채, 1990년 산업은행에서 발행한 3억 달러 규모의 양키본드(미국 자본시장에서 발행·판매되는 미 달러화 표시 채권), 삼성물산의 주식예탁증서 발행 등이 모두 김앤장이 맡아 진행한 한국 최초의, 그리고 한국 금융사에서 중요한 의미를 갖는 거래들이다.

김앤장은 이후 국내외 동시 트렌치(tranche) IPO(기업공개)에 이르기까지 한국 기업의 대외 신인도가 높아지며 줄지어 추진된 해외증시 상장 거래 등에 활발하게 자문하며 기업의 해외자금 조달에 큰 역할을 수행했다. 국내외 동시 트렌치 방식의 IPO는 국내 증시에만 상장하되 해외 투자자들도 공모과정에 직접 참여할 수 있는 발전된 기업공개 방식으로, 김앤장이 국내외 인수단을 대리한 2007년의 삼성카드 IPO 때 처음 선을 보인 이후 2022년 1월 첫 거래가 시작된 LG에너지솔루션 IPO에 이르기까지 주요 기업의 IPO 거래는 대부분 이 방식으로 진행된다. 김앤장은 LG에너지솔루션 IPO에서 발행사인 LG에너지솔루션에 자문했다.

해외증권 발행이 러시를 이룬 1980년대 후반 로펌의 업무시스템에 일대 변화가 일어났다. 1986년 팩스가 등장한 것이다. 그때까지 사용해 온 텔렉스로는 내용이 긴 편지나 문서 초안 등을 보낼 수 없어 문서 등을 외국에 보내려면 국제화물인 DHL을 이용했다. 문서 송달 때문에 업무가 1주일 이상 늦어지곤 했는데, 팩스가 등장하면서 업무 효율이 놀라울 정도로 향상되었다.

"팩스의 등장으로 사무실의 일 처리 속도가 놀랄 만큼 빨라졌어요. 오늘 계약서 초안을 보내고 다음날 출근해 보면 코멘트가 줄줄이 달린 답신이 다시 팩스로 들어와 있었으니까요. 우리는 특히 외국 관련 일이 많아 팩스의 등장이 사무실 문화에 급격한 변화를 가져왔던 기억이 납니다."(허익렬 변호사)

팩스의 등장은 특히 국제 업무를 담당하는 로펌의 업무시스템에 혁명적인 변화를 가져왔다. 이전과는 비교가 안 되는 속도전이 벌어지게 되면서 로펌에 보다 빠른 업무 대응능력이 요구되었다.

팩스는 또 외국의 자료나 정보를 수집하는 데에도 상당한 기여를 했다. 당시 소속 변호사의 해외유학 시스템을 가동하고 있었던 김앤장은 이후 이메일이 등장할 때까지 해외연수 중인 변호사를 통해 현지의 정보를 그때그때 확인하고 수집하는 주요 통로로 팩스를 활용했다.

일례로 1990년 삼성물산의 주식예탁증서(DR) 발행에 관여했던 금융 전문의 이상환 변호사가 당시 하버드 로스쿨에 유학 중이던 박준 변호사에게 DR 발행과 관련한 질문사항을 잔뜩 메모해 보내면, 다음날 박 변호사가 미국의 실무례 등을 파악해 서울로 팩스 전송하는 식이었다. 이렇게 수집된 수많은 자료가 관련 업무의 처리에 매우 유용하게 쓰였음은 물론이다.

발전

상장회사 최초의 외국인 직접투자

　1991년 김앤장이 또 한 건의 의미있는 거래를 수행했다. 세계 최대의 산유국인 사우디아라비아의 국영 석유회사인 사우디 아람코와 나중에 에쓰오일로 이름이 바뀐 쌍용정유의 대규모 합작투자 추진이었다.

　투자 규모는 4억 달러. 두 회사는 투자계약과 함께 향후 20년간 아람코가 쌍용 측에 원유를 장기 공급한다는 계약도 체결했다 1, 2차 오일쇼크를 겪은 후 산유국과의 전략적 제휴의 필요성을 절감하고 있던 한국이었기에 의미가 더욱 큰 거래였다. 투자의 핵심은 고부가가치 사업인 탈황시설을 만드는 데 있었다. 원유를 1차 정제하면 휘발유와 경유가 나오고, 그다음 중유가 나오는데 중

유를 다시 걸러 휘발유와 경유를 뽑아내는 2차 정제에 관한 핵심 기술이 탈황시설이다. 탈황시설은 정유산업의 부가가치를 획기적으로 높일 수 있는 첨단기술이기 때문에 정유회사라면 누구나 확보하고 싶어했다.

"아람코로서도 빠르게 성장하고 있는 아시아 시장에 기지를 확보한다는 의미가 있었습니다. 그런데 당시 한국에 정유사가 이미 다섯 곳이나 있었기 때문에 정제시설을 하나 더 짓는 것은 의미가 없었어요. 그래서 추진했던 게 탈황시설이었습니다. 거듭된 정제를 통해 찌꺼기를 거의 없애고 다량의 정제유를 취할 수 있었기 때문에 정유사들이 미래사업으로 욕심을 낼 만한 사업이었습니다."

이 합작투자 건을 수행한 정경택 변호사의 설명이다. 이 거래는 특히 상장법인에 대한 최초의 외국인 직접투자여서 법률적으로 풀어야 할 과제가 적지 않았다.

당초의 구상은 별도법인을 설립해 탈황시설을 만드는 것이었다. 그러나 산업통상자원부의 전신인 당시의 동력자원부에서 한 그룹에 정유회사를 두 개 둘 수 없다는 논리로 투 트랙(two track)으로 추진한 이 방안을 거부했다. 이미 정유회사가 다섯 개나 가동되고 있어 어느 한 그룹에만 두 개의 정유회사 운영을 허용할 경우 특혜 시비를 불러일으킬 수 있다고 판단한 것이다.

김앤장은 쌍용정유에 대한 직접투자로 방향을 선회해 합작을 성사시켰다. 아람코가 쌍용정유의 지분 35%를 인수해 1대주주로 올라섰고, 쌍용정유는 4억 달러를 유치해 탈황시설을 확보하는 데 성공했다. 쌍용정유는 또 아람코와 20년간 원유를 장기공급한다는 계약도 체결했다.

산유국과 원유 소비국의 성공적인 합작투자 사례가 된 이 거래가 갖는 의미는 작지 않았다. 기름 한 방울 나지 않는 나라에서 안정적인 원유 공급원을 확보한 쾌거였다. 아울러 2차 정제시설에서 만들어진 정유를 미국 등 외국에 수출까지 하게 되었으니 탈황시설의 확보를 통해 2차적인 의미의 산유국 반열에 들었다고 해도 과장된 표현이 아닌 획기적인 거래였다.

김앤장은 이런 공로를 인정받아 1992년 정부로부터 은탑산업훈장을 받았다.

"변호사들이 거래를 반드시 성사시켜야 한다는 의무감을 갖고 임했던 기억이 지금도 생생합니다. 국가적으로 너무 중요한 사업이었거든요."

정경택 변호사를 도와 자문에 참여했던 박종구 변호사는 이 거래를 수행할 당시 김앤장 변호사들의 분위기를 이렇게 소개했다. 그만큼 보람과 함께 막중한 책임감을 느낀 거래였다고 힘주어 말했다.

법률서비스의 국산화

잘 알려져 있다시피 김앤장은 설립 초창기부터 영미식의 본격적인 로펌을 지향했다. 하지만 국제금융업계 등 외국에서 볼 때 김앤장은 아직 한국의 신생 법률사무소에 불과했다. 한국의 경제규모나 기업의 대외신인도 등이 낮았던 당시 국제금융계의 큰손들은 토종 로펌인 김앤장의 주도적인 역할을 허락하지 않았다. 김앤장은 법률서비스의 국산화에 업무의 우선순위를 두고 이의 실현에 박차를 가했다.

1980년대 중동 건설 관련 차관도입 업무를 많이 수행한 신희택 변호사의 이야기를 들어보자.

"1980년대는 한국 경제가 처음으로 마이너스 성장을 기록했던 시기였지만 다행히 중동 건설 관련 일이 많았어요. 건설회사의 중동 진출과 관련된 자문업무가 차관계약으로 연결되었어요. 그런데 그 당시 우리가 한 일이란 게 주로 기업을 대리해 의견서를 작성하는 것이었습니다. 외국의 채권자가 차관을 들여오는 한국의 기업에게 의견서를 써 오라고 하면 채권자가 제시한 문안을 영어로 작성해주는 역할을 했어요. 거기서부터 출발해 하나하나 배워간 겁니다."

반면 비중 있는 역할은 홍콩에 나와 있던 영미 로펌들의 차지였다. 차관을 도입하는 한국 기업들은 채권자 측의 요구로 홍콩의 영미 로펌에 자문을 의뢰하고, 그 비용까지 전부 부담해야 했다. 문제는 영미 로펌이 청구하는 자문료가 엄청나게 고액이었다는 점이다.

"부가가치가 그쪽으로 몽땅 떨어져 나가는 것이었으니 안타깝기도 하고 자존심도 많이 상했죠. 정신 바짝 차려 우리의 역할을 늘리자, 우리 몫을 제대로 찾자, 이렇게 다짐하고 전력을 기울였던 기억이 납니다."(신희택 변호사)

신 변호사에 따르면, 김앤장은 보다 적극적으로 업무에 가담해 차관을 도입하는 한국 기업의 법률비용은 낮추고, 한국의 변호사에게 돌아가는 몫은 커지게 하는 방향으로 실무를 발전시켰다. 국제거래에 수반되는 법률서비스의 국산화에 주력하면서 궁극적으로 한국 법률시장의 파이를 키우고 나선 것이다. 한국 법률시장의 파이를 키우려는 이런 노력은 한국 로펌의 존재감을 국제적으로 부각시켰을 뿐만 아니라 한국의 다른 법률사무소에도 이익이 되는 고무적인 결과로 나타났다.

이 무렵 국내에 있는 외국 금융기관이 한국 기업에게 외화를 빌려주는 외화대출에 관련된 계약서류를 국산화한 것도 큰 수확이었다. 1980년대 초반까지만 해도 외화대출에 관련된 계약서류는 거의 홍콩의 영미 로펌에서 만든 것이 통용되었다. 예를 들어 씨티은행 서울지점에서 한국의 기업에게 외화를 빌려주는 경우에도 모든 문서를 홍콩의 영미 로펌에서 만들어 가져왔기 때문에 영미 로펌에 지급하는 자문료가 만만치 않았다. 그러던 것을 1980년대 중반 김앤장이 관련 계약서류의 양식을 처음으로 국산화하면서 국내 로펌 업계에 일대 혁신을 불러일으켰다. 그때 이후 김앤장이 개발한 각종 계약서류가 표준으로 통용되고 있다.

이외에도 거의 모든 분야에서 비슷한 노력이 이어졌다. 기업법무, 국제법무의 실무가 많이 축적되지 않았던 터라 여러 분야에서 법률서비스를 개척하며 틀을 새로 짜나가야 했다.

정병석, 이진홍 변호사가 이끌고 있는 해상 분야도 이런 과정을 거쳐 탄탄한 기반을 구축한 대표적인 업무분야로 꼽힌다. 삼면이 바다로 둘러싸인 우리나라는 옛날부터 조선과 해운업이 발달했다. 해상사고 또한 적지 않았다. 특히 1990년대 중반까지만 해도 남해안에 안개가 많이 끼는 6월과 태풍이 도래하는 8월 말에서 9월까지 여러 해상에서 동시다발적으로 선박충돌, 좌초, 해상오염 등의 해난사고가 빈발했다. 또 약 2만 명에 이르는, 외국 선박에 취업해 승선하고 있는 한국 선원에 관련된 분쟁이 많았다.

그러나 해상사고가 났을 때 선박소유자와 이들이 가입한 선주상호보험조합인 P&I 클럽(Protection & Indemnity Club)에 자문하고, 사안을 종합적으로 처리할 수 있는 한국의 해상변호사는 이 당시만 해도 거의 전무한 실정이었다. 사법연수원을 마치고 1980년 김앤장에 합류한 정병석 변호사에 따르면, 당시만 해도 해상사고가 나면 일본변호사나 홍콩에 주재하고 있는 영국변호사가 한국에 들어와 필요한 조사를 하고, 사고와 관련되 여러 법률문제를 처리했다고 한다.

한국변호사들은 단편적으로 해상운송 과정에서 발생한 화물 멸실이나 손상 사고에 대해 적하보험자를 대리해 구상사건을 처리하는 수준이었다. 선원 관련 분쟁도 영국변호사의 자문을 받아 P&I 클럽의 한국 대리점에서 처리하는 게 대부분이었다. 한국변호사들은 소송이 제기되어야 비로소 관여하기 시작했으나, 영어로 된 문서를 해독하고 특수한 계약의 하나인 선원근로계약을 이해하는 데 어려움이 없지 않았다.

정병석 변호사가 주축이 되어 김앤장의 해상 분야를 본격 개척했다. 장수길 변호사와 정병석 변호사가 P&I 클럽이 1심에서 패소한 사건을 항소심에서 맡아 승소한 사실이 영국의 여러 P&I 클럽들 사이에 알려지며 김앤장에 해상사건이 본격 의뢰되기 시작했다. 정 변호사는 "한국의 소송절차와 소송 경과를 텔렉스를 이용해 영국에 있는 의뢰인에게 영어로 신속하게 보고했는데, 항소심에서 승소한 P&I 클럽으로부터 신망을 얻은 기억이 난다"고 말했다.

그러나 김앤장이 외국의 선주나 P&I 클럽으로부터 직접, 단독으로 사건을 위임받기까지는 2년여의 시간이 더 필요했다. 김앤장의 열정과 업무능력은 인정하면서도 김앤장에 단독으로 일을 맡기기에는 아직 해상사건 처리의 경험이 일천하다고 생각했는지 영국변호사를 함께 선임해 영국변호사에게 일종의 후견 역할을 맡겼다고 한다.

정 변호사는 "1983년부터 김앤장을 단독으로 선임하거나 외국의 해상변호사를 함께 선임하더라도 김앤장이 주(主)가 되고 외국변호사가 해당 외국법에 대해 자문하는 보조적인 역할을 하는 것으로 역할 분담이 바뀌기 시작했다"며 "물론 김앤장 변호사들의 치열한 노력을 통해 관련 서비스를 국산화한 결과"라고 설명했다.

외화자금의 조달을 위한 국내 대기업 등의 증권발행이 활기를 띠기 시작한 것도 이 무렵이었다. 김앤장은 외국의 선진 금융기법을 도입하면서 이 분야의 자문업무 또한 한국 로펌의 업무영역으로 만들었다. 또 다른 차원의 국산화에 성공한 것이다.

1982~1983년 한국투자신탁과 대한투자신탁의 외국인 대상 수익증권 발행이 김앤장이 참여해 성사시킨 대표적인 사례로 꼽힌다. 김앤장은 또 1986년 대우중공업과 유공의 해외전환사채 발행에 관여했으며, 1989년 삼미특수강이 발행한 5,000만 달러 규모의 해외신주인수권부사채, 1990년 산업은행에서 발행한 3억 달러 규모의 양키본드, 삼성물산의 주식예탁증서 발행 등 한국 금융사에서 중요한 의미를 갖는 증권발행 업무를 잇달아 수행하며 외국 자본의 조달에 앞장섰다. 이를 통해 지금은 관련 업무가 정형화되었을 만큼 한국형 금융기법의 모색과 정착에 기여했다.

김앤장은 이런 경험을 살려 〈신주인수권부사채의 해외발행〉, 〈전환사채의 해외발행〉, 〈주식예탁증서의 발행〉 등 각종 지침서를 발간한 데 이어 1989년 이들 지침서를 종합한 《해외증권발행의 법과 실무》 단행본을 펴냈다.

지식재산권 분야 1등

지식재산권(IP) 분야에서의 활약도 김앤장의 성장 50년을 이야기하면서 빼놓을 수 없는 대목이다. 김앤장엔 국내의 다른 어느 로펌보다도 많은 변호사와 변리사, 전문인력이 포진해 특허와 상표 등 수많은 기업의 지식재산권을 관리, 보호하고 있다. 물론 한국 경제가 세계화되는 과정에서 지식재산권 분야의 여러 기념비적인 사건을 수행하며 산업 한국의 숨은 일꾼으로 활약했다.

시기적으론 한국 경제가 어느 정도 궤도에 오른 1990년대 들어 이 분야의 이슈가 뜨겁게 달아올랐다. 경제가 발달하며 지식재산권 분야가 자문 수요의 증가와 함께 주목받기 시작했다.

1980년대 후반 미국의 보험회사와 영화, 음반회사가 한국에 진

발전

출했다. 전에는 좀처럼 이슈화되지 않았던 저작권 등을 둘러싼 분쟁이 늘어나면서 변호사들이 이 분야로 대거 이동했다. 특히 1986년 한미 간에 타결된 지식재산권 보호에 관한 협상에 이어 이듬해 관련법의 개정이 잇따르면서 관련 업무가 급속도로 늘어났다.

김앤장 지식재산권 그룹을 이끌고 있는 양영준 변호사의 말을 들어보자.

"1986년 이전에는 외국의 특허라든가 저작권에 대해 한국 내에서의 보호가 충분치 않았던 게 사실이에요. 다른 한편으로는 우리 기업의 경쟁력이 강해지고 해외진출이 활발해지면서 우리의 권리를 보호받아야 할 일도 점점 많아지게 되었습니다. 국내외 기업 모두 지식재산권 보호에 관한 수요가 늘었다고 할까요. 그런 가운데 지식재산권 보호제도가 갖추어지면서 분쟁이 많이 발생하고, 로펌의 역할이 중요해진 겁니다."

양 변호사는 "우리 기업도 보호받아야 할 권리를 많이 보유하고 있다"며 "지식재산권 분야에서 우리가 무조건 방어적일 필요는 없다"고 거듭 강조했다.

지식재산권 분야에선 1980년대까지 독보적인 위상을 구축하고 있던 중앙국제법률사무소와 경쟁을 벌였다. 일반 기업자문과 국제법무의 경우 선발주자였던 김·장·리와 김·신·유를 따라잡으며 김앤장이 앞서 나갔다면, 특허 등 지식재산권 분야에선 중앙국제와 전선을 형성하며 하나둘 고객을 확보해 나갔다.

김앤장이 지식재산권 분야에서 중앙국제를 앞지른 것은 1990년대 중반이다. 기업자문의 경우와 마찬가지로 가치 있는 특허 등을 많이 보유한 국내외의 여러 기업이 잇따라 김앤장에 자문을 맡기면서 김앤장이 선두로 올라섰다.

양 변호사의 말을 다시 들어보자.

"1990년대 초까지만 해도 김앤장에서 관리하는 브랜드 가운데 크게 내세울 만한 것이 없었는데 1990년대 중반쯤 되자 폴로를 시작으로 캘빈클라인, DKNY, 리바이스, 샤넬, 구찌, 루이비통 등 세계적으로 유명한 패션 브랜드가 모두 우리를 찾아왔어요."

양 변호사는 "그동안 축적된 김앤장의 역량이 지식재산권 분야에서도 성과를 낸 결과"라며 "김앤장 변호사들의 비상한 노력이 고객 기업들로부터 인정을 받았다"고 설명했다. 김앤장은 설립 초기부터 IP 분야에 변호사뿐만 아니라 변리사들도 함께 상주하며 특허출원부터 특허침해소송의 수행 등 분쟁해결까지 특허 등 IP에 관한 원스톱 서비스를 추구하고 있다.

1990년대 후반이 되자 지식재산권 분쟁이 더욱 활발하게 일어났다. 상표의 경우 한국 시장의 개방이 가속화되면서 1990년대 초와는 비교가 안 될 정도로 분쟁이 늘고 내용도 더욱 복잡하게

발전

전개되었다. 저작권 분쟁도 급증했다. 김앤장이 1998년에 맡아 수행한 해외 게임의 수입을 둘러싼 게임 업체간 저작권 분쟁이 대표적인 사례로, 이 사건은 지금도 지식재산권 분쟁의 모범사례로 자주 이야기된다.

1998년 김앤장이 국내 벤처인 H사로부터 사건을 수임했다. H사는 스타크래프트 등 해외 유명 게임의 국내 전용사용권자였지만 다른 경쟁업체가 병행수입을 명목으로 같은 게임을 수입해 판매하고 있어 골머리를 앓고 있었다. 김앤장은 소송을 제기하는 대신 전용사용권자의 보호요건을 내세워 무역위원회에 제소했다. 5개월 만에 유리한 결정을 이끌어냈다. 무역위원회 결정이라는 소송 전 해결을 통해 관련 분쟁을 마무리 지은 것인데, 5개월이라는 짧은 기간에 분쟁을 종결지었을 뿐만 아니라 막대한 소송비용을 절약할 수 있어 기업의 피해를 최소화했다는 의미가 컸다.

"지루한 공방이 예상되는 소송을 택했다면 아마 소송비용은 소송비용대로 들고, 국내 업체간 이전투구로 게임 산업의 발전에도 좋지 않은 영향을 미쳤을 겁니다. 분쟁도 해결하고, 피해를 최소화하는 쪽으로 전략적인 접근을 했다는 데 의미를 두고 싶습니다."(한상욱 변호사)

주도적인 역할을 수행한 한상욱 변호사는 "이 사건은 지식재산권 분쟁 해결의 의미있는 선례가 되었다"고 힘주어 말했다.

국내 최초의 도메인 분쟁으로 유명한 1999년의 '샤넬 사건'도 김앤장의 변호사들이 새로운 솔루션을 제시해 해결한 의미있는 케이스로 소개된다. 도메인 네임 관련 분쟁이 급증하던 이 무렵 김앤장은 샤넬 도메인 네임(chanel.co.kr)을 무단 등록해 향수와 속옷 등을 판매하던 업자를 상대로 소송을 제기했다. 양영준, 한상욱 변호사 등이 나서 이러한 행위가 상표법과 부정경쟁방지법에 위반된다는 판결을 이끌어냈다.

법원은 김앤장 측의 주장을 받아들여 타인의 저명상표를 사용해 도메인 네임을 무단 등록하고 관련 상품을 판매하는 행위는 상표권 침해 및 부정경쟁행위로 보아야 한다고 판시하고, 도메인 네임의 말소를 명하는 판결을 내렸다. 간단 명료한 법리이지만, 인터넷 도메인 네임의 무단사용을 둘러싼 분쟁해결의 선례에 해당하는 판결로, 이 판결은 이후 국내는 물론 아시아 각국의 비슷한 분쟁에서 자주 인용되고 있다.

이외에도 김앤장은 수없이 많은 IP 사건을 처리하며 지식재산권 실무를 선도하고 있다. 특히 국제거래가 활발해지면서 국내외 기업의 국제특허분쟁에서 높은 경쟁력을 발휘하고 있다.

김앤장 지식재산권 그룹에서 양영준 변호사 다음으로 사법연수원 기수가 빠른 장덕순 변호사는 "국내 산업의 보호를 위해서도 변호사들이 지식재산권 분야에서 높은 경쟁력을 갖추는 것이 필요하다"고 강조했다.

IMF 특수

　한국의 경제발전과 함께 김앤장도 꾸준한 성장이 이어졌다. 내부 역량을 지속적으로 강화하는 가운데, 김앤장은 시기별로 수요를 예측하며 법률서비스의 영역을 확장해 나갔다.
　그러나 경제가 항상 좋은 시절만 있는 게 아니다. 불황도 있고 위기도 맞을 수 있다. 한국은 1997년 IMF 외환위기라는 사상 초유의 사태를 맞았다. 이번엔 김앤장의 변호사들이 구조조정의 해결사로 뛰어들었다. 당시 국가부도까지 우려되던 한국 경제가 빠른 시간에 위기를 극복하고, 구조조정을 거쳐 또 한 번 발전의 토대를 마련하는 데 김앤장 등 여러 로펌이 기여했다는 것은 일반 시민들도 잘 알고 있다.

김앤장은 이 시기를 전후해 한국의 기업들이 경쟁적으로 시도한 외자유치와 사업매각 등 구조조정 과정에 깊숙이 관여했다.

환율이 달러당 1,500원을 호가하던 1998년 초. 김앤장은 대상그룹의 라이신(lysine) 사업부문을 독일의 바스프(BASF)에 매각하는 거래를 맡아 바스프를 대리한 김·장·리와 함께 6억 달러의 외자유치를 성사시켰다. 대상그룹 구조조정의 견인차가 된 이 거래는 1997년 12월 말 협상이 시작되어 1998년 3월 계약을 체결하고 5월에 대금의 일부가 들어왔을 만큼 속전속결로 진행된 게 특징이다.

환율이 빠르게 올라가고 있는데다 대상그룹의 악성채무가 눈덩이처럼 불어나고 있어 거래의 타결이 한시가 급한 상황이었다. 복잡한 거래구조로 말미암아 거래의 종결이 늦어지자 양측의 변호사들이 3일간 밤을 새며 쉬지 않고 협상을 진행, 1998년 5월 21일 오전 1시 최종 서명을 마친 것으로 유명하다.

"타결이 조금만 늦었어도 그룹의 앞날을 예측할 수 없는 긴박한 상황이었습니다. 미국의 투자은행인 모건스탠리(Morgan Stanley)를 통해 매수자를 찾아 협상에 나섰는데, 거래가 이토록 빨리 성공적으로 마무리된 데는 김앤장 변호사들의 공이 컸지요."

당시 이 거래를 진두지휘한 대상그룹의 고위 관계자는 거래가 마무리된 후 필자에게 이렇게 말한 적이 있다. 그는 "투자은행도 협상을 잘 이끌었지만, 변호사들의 발 빠른 뒷받침이 있었기에 무리 없이 거래를 매듭지을 수 있었다"고 김앤장 변호사들의 활약을 높게 평가했다. 금액도 적지 않게 받았는데다 3개월이 안 걸려 거래가 타결되었기 때문이다. 대상그룹의 라이신 사업부문 매각은 IMF 위기 이후 최초의 외자유치 성공사례로 기록되어 있다.

김앤장은 또 1998년 5월 초 삼성중공업의 지게차 생산 등 건설 중장비 사업부문을 볼보에 매각하는 거래를 수행했다. 이 거래에선 김앤장이 볼보를, 삼성중공업은 법무법인 충정이 대리했다. 최종 매각대금 7억 2,000만 달러는 당시까지 외국 기업의 국내 직접 투자 사례 중 사상 최대 금액이었다. 또 IMF 위기 당시 5대 그룹에서 추진한 첫 번째 사업부문 매각 성사라는 의미가 있었다. 유로머니 계열의 법률잡지 IFLR은 대상그룹의 라이신 사업부문 매각과 함께 IMF 위기 당시 대표적인 기업 구조조정 사례로 평가 받은 이 딜을 1998년도 아시아·태평양 지역의 M&A 거래 중 최고에 해당하는 '올해의 딜'로 뽑았다.

사업매각 등 M&A 거래와는 별도로 경영위기에 처한 한계기업의 구조조정 수행도 김앤장 변호사들의 단골 업무였다. 변호사와 공인회계사 등으로 구성된 김앤장 구조조정팀은 30대 그룹에 드는 여러 대기업 그룹과 지방의 중견 그룹 등을 맡아 법정관리 또는 화의를 통해 구조조정을 지원했다.

특히 김대중 정부 초기 부실기업 정리의 표준방식처럼 유행했던 화의제도가 김앤장의 조대연, 정진영 변호사 팀에 의해 집중적으로 활용되며 수많은 기업이 화의제도를 통해 경영위기를 넘기고 재기의 발판을 마련할 수 있었다. 대주주의 경영권을 보장하며 모든 채무의 지급을 동결시킨 가운데 구조조정을 추진할 수 있었던 화의제도는 법전에 그 근거가 마련되어 있었지만, 이때까지만 해도 거의 활용되지 않은 채 관련 조항이 사문화되어 있었다. 김앤장 구조조정팀에서 이를 끄집어내 적극 활용하면서 부도위기에 처한 기업의 인기 있는 회생방안으로 각광받게 된 것이다. 정부는 이후 '채무자 회생 및 파산에 관한 법률'을 제정해 법정관리와 화의를 기업회생 절차로 일원화했다.

IMF 위기 당시 이미 자산유동화(ABS)팀을 가동하고 있었던 김앤장은 1998년 9월 '자산유동화에 관한 법률'이 제정될 때도 김용호 변호사 등이 주도적으로 참여하며 적극적인 역할을 수행했다. 김용호 변호사는 당시의 경험을 바탕으로 《금융혁명 ABS》(자산유동화실무연구회, 1999)라는 실무해설서의 집필에 참여하고, 80여 건의 자산유동화 프로젝트를 성사시키며 기업들이 외환위기를 극복하는 데 일조했다.

김앤장은 삼성할부금융의 자동차할부채권을 유동화하기 위해 설립된 최초의 자산유동화회사인 퍼스트유동화전문유한회사의 설립에 자문한 것을 비롯해 신용카드사의 카드대출 채권 유동화, 아시아나항공의 항공기 티켓 매출채권 유동화 등을 성공적으로 수행하며 여러 기업의 IMF 위기 극복을 지원했다. 또 한국자산관리공사(KAMCO)의 부실채권 유동화 업무를 수행하는 등 IMF 위기 이후 급격히 늘어난 수많은 부실채권의 처리에 적극 참여했다.

김앤장 등 로펌에 워낙 많은 일감이 쇄도하며 'IMF 특수'라는 말이 생기기도 했지만, 김앤장을 포함한 한국의 로펌들이 IMF 외환위기 극복과 구조조정의 성공에 큰 기여를 했다는 것은 부인할 수 없는 사실이다.

M&A 자문 1위

　IMF 외환위기는 여러 측면에서 한국 경제에 구조적인 변화를 몰고 왔다. 특히 IMF 위기를 전후해 일선 기업들 사이에 구조조정 바람이 일며, M&A가 활발하게 시도되었다. 회사법 파트의 변호사들이 바빠지기 시작했고, 이후 로펌 업계에선 M&A 분야가 가장 중요한 업무분야 중 하나로 각광받고 있다. 김앤장이 발 빠르게 M&A 시장을 리드하고 나섰다.

　1998년 5월 8일, 김앤장 M&A팀은 삼성중공업이 볼보에 건설중장비 사업부문을 매각하는 계약의 서명에 참여했다. 1998년 아시아·태평양 지역에서 이루어진 최고의 M&A 거래로 뽑힌 이 거래는 시사하는 바가 적지 않다.

발전

볼보를 대리한 김앤장은 막중한 책임감을 갖고 거래의 성사에 총력을 기울였다. 기업실사(Due Diligence)와 환경, 금융, 특허, 부동산 등의 분야에 전문성을 갖춘 변호사 30~40명이 투입되어 주말까지 반납한 채 밤낮을 가리지 않고 업무를 수행하는 강행군이 계속되었다. 이 업무에 투입된 변호사들은 2월에 시작해 5월에 거래를 마무리하기까지 3개월간 외부 약속을 잡아본 적이 없었을 만큼 거래금액이 7억 달러가 넘는 이 거래의 추진에 집중적으로 매달렸다고 한다.

당시 변호사들을 지휘해 이 거래를 진행한 신희택 변호사는 "대표적인 다국적 기업인 볼보의 한국 투자 여부가 당시 한국의 대외신인도에 결정적인 영향을 미칠 수 있어 꼭 성사시켜야 한다는 심리적인 압박감이 매우 심했다"고 25년 전을 회상했다. 협상 과정에서의 고비도 적지 않았다. 워낙 규모가 큰 거래여서 법적 쟁점도 많았고, 치밀하게 따지고 조사하고 조정해야 할 절차가 하나둘이 아니었다. 김앤장의 변호사들은 상호 이해라는 측면에서 실타래를 풀어나갔다.

"우호적 M&A의 경우 철저히 윈-윈(win-win) 전략에 입각해 접근해야 합니다. 거래가 끝나고 나서도 양쪽 모두 잘 된 거래라고 만족하지 않으면 그건 실패나 마찬가지이니까요."(신희택 변호사)

거래는 성공이었다. 특히 외환위기로 어려운 상황에서 거래금액이 7억 달러가 넘는 빅딜이 3개월 만에 원만하게 마무리되어 여러 화제를 낳았다. 삼성중공업은 IMF 위기가 몰고 온 어려움을 극복하고, 재무구조가 건실한 기업으로 다시 태어날 수 있었으며, 볼보는 관련 사업부문이 세계 5위에서 3위로 도약하는 성과를 거두었다. 김앤장은 이 거래를 성사시킨 공로를 인정받아 법률잡지 IFLR로부터 1998년 '아시아·태평양 지역 최우수 로펌'으로 선정되었다.

얼마전부터 한국 M&A 시장에선, 한국 기업이 해외기업을 인수하는 아웃바운드(outbound) M&A가 활발하게 전개되며, 시장이 한층 뜨겁게 달아오르고 있다. 김앤장은 특히 여러 사건에서 외국 로펌들을 지휘하며 아웃바운드 M&A 거래를 주도적으로 수행, 뜨거운 주목을 받고 있다.

2007년 11월 말, 김앤장은 한국 로펌 M&A사에 큰 획을 긋는 또 하나의 빅딜을 성사시켰다. 두산인프라코어와 두산엔진이 건설장비 분야의 다국적 기업인 미국 잉거솔랜드(Ingersoll Rand)사의 밥캣(Bobcat) 등 소형 건설장비 사업부문을 49억 달러에 인수하는 거래를 수행했다.

건국 이래 한국 기업이 해외 다국적 기업을 인수한 최대 규모의 거래로, 인수금융을 통해 자금을 조달했다. 특히 전 세계 27개국에 산재한 72개의 법인을 동시에 인수하고 일시에 인수대금을 지급하는 방식으로 추진된, 세계 M&A 사례에서도 유례가 없는 복잡하고 큰 거래였다.

  김앤장은 이 거래에서 23개의 해외 현지 로펌을 지휘해 복잡한 다국적 거래를 성공적으로 완수하는 주자문로펌(lead counsel)의 역할을 수행했다. 한국 로펌의 자문능력이 그만큼 발전했다는 반증으로, 김앤장은 한국투자공사의 미국 메릴린치에 대한 20억 달러 투자(2008년), 두산중공업의 체코 터빈 원천기술업체인 스코다파워(Skoda Power) 인수(2009년) 등의 거래에서도 외국 로펌을 지휘해 성공적으로 거래를 마무리짓는 등 해외 M&A 거래에서 발빠르게 앞서나가고 있다.

  수많은 노하우를 축적한 김앤장은 국내 M&A 시장에서 부동의 1위 자리를 차지하고 있다. 아시아·태평양 지역 M&A 거래에서도 최고 수준의 성과를 거두고 있다.

  김앤장은 블룸버그가 집계한 2019년 일본 제외 아시아·태평양 지역 M&A 리그테이블에서 모두 156건의 거래에 자문하며 거래건수 기준 1위를 차지했다. 아태 지역의 로컬(local) 로펌들은 물론 영미의 글로벌 로펌들도 제낀 결과로, 2021년과 2022년의 일본 제외 아태 리그테이블에서도 거래건수 기준 2위에 오르는 등 주요 M&A 거래에서 자문사로 가장 먼저 선택받는 높은 위상을 차지하고 있다.

IV

Practice

Practice

업무분야와 전문변호사

　로펌 경쟁력의 핵심은 그 법률회사가 제공하는 법률서비스의 전문성의 깊이에 의해 판가름난다고 해도 과언이 아니다. 그럴 수밖에 없는 것이 기업 등이 요구하는 법률서비스의 수준이 갈수록 높아지고 있어 고도로 전문화된 내용이 아니면 고객의 니즈를 맞추는 것 자체가 쉽지 않다. 국내외 로펌들이 수많은 변호사를 채용해 실무를 가르치고 업무분야를 나눠 더욱 높은 수준의 전문화를 추구하는 것도 시장에서의 이같은 수요 변화를 겨냥한 당연한 대비인 셈이다.
　김앤장은 다른 어느 로펌보다도 업무분야가 세분화되어 있고, 높은 수준의 전문화를 추구한다. 2천 명에 육박하는 전문인력이 포진한 김앤장의 탁월한 전문성은 다른 로펌의 변호사들도 대부분 인정한다.

 M&A 거래 등에 자문하며 상대방 대리인이 되어 김앤장과 함께 여러 번 딜을 수행해보았다는 중견 로펌의 한 시니어 변호사는 "김앤장은 외부에 알려진 것보다도 전문변호사 층이 훨씬 두텁게 구축되어 있다"고 김앤장의 경쟁력을 높게 평가한 적이 있다. 김앤장엔 그만큼 수많은 업무분야와 함께 다양한 경력의 변호사들이 포진하고 있으며, 변호사 개개인의 전문성이 서로 시너지를 내며 김앤장 전체의 경쟁력으로 이어지고 있다.

 국내외의 주요 법률매체에서 실시하는 업무분야별 경쟁력이나 전문변호사 평가를 보면 김앤장과 김앤장의 변호사들이 압도적인 우위를 차지하고 있다.

 영국의 법률평가 매체인 체임버스앤파트너스(Chambers and Partners)가 발행한 'Chambers Asia-Pacific 2023년판'에 따르면, 김앤장은 한국 로펌들을 상대로 평가한 주요 분야 리그테이블에서 금융(Banking & Finance), 자본시장(Capital Markets), 공정거래(Competition/Antitrust), 회사법 자문과 M&A(Corporate/M&A), 송무(Dispute Resolution: Litigation), 기업형사((Dispute Resolution: White-Collar Crime), 중재(Dispute Resolution: Arbitration), 노동(Employment), 지식재산권(Intellectual Property), 보험(Insurance),

해상(Shipping), 국제무역(International Trade), 프로젝트와 에너지(Projects & Energy), 조세(Tax), 부동산(Real Estate), 구조조정과 파산(Restructuring/Insolvency), TMT(Technology, Media, Telecoms)의 17개 분야에서 'Band 1'의 최고의 경쟁력을 인정받고 있다. 비슷한 시기에 나온 The Legal 500 'Asia Pacific 2023년판'에서도 김앤장은 평가대상인 16개 전 분야에서 1등급의 평가를 받았다. 또 김앤장의 많은 변호사가 각 분야의 업무를 리드하는 리딩변호사(leading individuals)로 선정되어 소개되고 있다.

이외에도 김앤장의 홈페이지에 접속해 보면 국내외의 여러 매체가 실시한 김앤장과 김앤장 변호사들에 대한 높은 평가를 한눈에 확인할 수 있다. 최고 수준의 경쟁력을 평가받고 있다.

그러나 정작 김앤장에선 이러한 국내외의 평가에 크게 신경을 쓰지 않는 분위기다. 관심은 오히려 한국을 넘어 글로벌 로펌들과의 경쟁으로 향하고 있다. 법률시장 개방에 따라 영미 로펌들이 서울에 들어와 있는 글로벌 경쟁의 시대에 한국 로펌끼리 순위를 따지는 것이 무슨 의미가 있느냐는 것이다. 실제로 국제중재나 아웃바운드 M&A 거래와 같은 분야에선 한국 로펌과 영미 로펌 사이에 직접적으로 전선이 형성되고 있는 게 현실이다.

"이미 오래전부터 외국의 대형 로펌에 앞서는 경쟁력을 갖추는 것을 목표로 매진해왔습니다. 변호사 각자가 자신의 업무분야에서 고도의 전문성과 탁월한 업무능력을 갖추는 것이 경쟁력의 요

체라고 생각합니다."(정계성 변호사)

다른 로펌과 마찬가지로 김앤장의 업무분야도 크게 자문과 송무 분야로 나뉜다. 자문 분야는 김앤장이 설립 초기부터 개척해온 주력 분야이자 김앤장이 전통적으로 강한 분야로, 금융과 기업 일반으로 다시 분야를 나눠 수십 개가 넘는 세부 업무분야를 운영하고 있다. 건설, 게임·리조트·엔터테인먼트, 메타버스·블록체인·디지털자산, 방송·통신, 보험, 부동산, 에너지, 은행, 제약·의료기기·식품·화장품, 증권, 핀테크·IT, 해상 등 산업별로도 특화된 업무분야를 가동하고 있다. 또 최근 들어 비중이 확대되고 있는 조세, 지식재산권, 해외법무 등의 분야를 별도로 운영하며 서비스의 범위를 한층 다각화하고 있다.

법원에 제기되는 민·형사소송 등 각종 분쟁에 관련된 일을 관장하는 송무 분야도 김앤장이 다른 어느 로펌에도 밀리지 않는 높은 경쟁력을 확보하고 있다. 검찰과 경찰 출신이 많이 포진한 기업형사와 화이트칼라 범죄 대응, 국제중재와 국제소송 등의 분야를 별도로 운영하고 있으며, 변호사와 회계사, 변리사, 전직 검찰·경찰 수사관, 디지털포렌식 전문가 등으로 팀을 꾸린 디지털포렌식·디스커버리 분야도 함께 가동하고 있다.

물론 김앤장이 이처럼 다양한 업무분야를 운영하는 바탕은 고객의 니즈를 충족하는 탁월한 전문성의 법률서비스를 생산하기 위한 것으로, 김앤장은 분야별로 업무를 나눠 관장하는 한편 사안별로 그때그때 팀을 구성해 최적의 솔루션을 도출하는 것을 지향하고 있다.

로펌 업계에 밝은 한 중견 로펌의 변호사는 "김앤장은 과목별로 전문의가 수십 명씩 포진한 종합병원에 비유할 수 있다. 김앤장의 전문변호사들이 만들어내는 시너지가 상당할 것"이라고 평가했다. 부티크 로펌에서 활동하는 다른 변호사는 또 김앤장을 가리켜 최고의 명품을 갖춘 전문 쇼핑몰을 수십 개 모아놓은 곳이라고 표현했다. 종합병원이든 명품 쇼핑몰이든 김앤장은 법률에 관한 한 업무분야가 가장 넓고, 가장 깊은 전문성의 법률회사임에 틀림없다.

금융

금융은 김앤장에서 가장 먼저 시작된 업무분야 중 하나다. 설립 초기부터 정부와 공기업 등의 차관도입, 일반 사기업의 금융 및 외화조달 업무에 관여하면서 코퍼릿 분야와 함께 김앤장의 양대 산맥 중 하나로 성장해왔다. 특히 외화대출 관련 서류를 국산화하고, 1980년대 들어 물밀듯이 이어진 국내 대기업과 금융기관의 해외증권 발행을 선도하는 등 한국 금융사의 중요 계기마다 김앤장 금융 그룹의 변호사들이 앞장서 활약했다.

IMF 외환위기와 2008년의 세계 금융위기 때도 금융 그룹 변호사들의 활약이 돋보였다. 정계성, 허익렬 변호사 등이 나서 갖가지 방법의 외자유치를 성사시키는 등 김앤장 금융 그룹의 변호사들이 IMF 위기 극복에 크게 기여했다.

　IMF 위기를 맞아 수많은 기업의 구조조정을 지원하고, 법정관리와 화의 신청을 통해 경영위기에 몰린 기업의 회생을 도모하는 데 앞장섰으며, ABS와 ABCP 등 구조화금융 분야에서도 김앤장의 변호사들이 업계를 선도하며 수많은 거래를 수행했다. 글로벌 금융위기가 원인이 되어 발생한 키코 분쟁에선 금융팀의 변호사들이 송무팀의 변호사들과 함께 은행 쪽을 맡아 활약했다. 키코 분쟁은 환(換) 헤지(hedge) 통화옵션상품인 키코에 가입하는 계약을 맺었다가 환율이 급등하며 손실을 입게 된 수출기업들이 키코계약의 무효, 취소 등을 주장하며 상품을 판매한 은행을 상대로 수백 건의 소송을 제기한 사건인데, 거의 대부분의 소송에서 김앤장이 변론을 주도한 은행 측의 승소로 마무리되었다.

　정계성 변호사가 총괄 지휘하는 김앤장 금융 그룹은 역사도 오래 되었지만 관련 전문가 층 또한 매우 두텁게 형성되어 있다. 기업 활동에서 금융과 관련되지 않은 분야가 없을 만큼 워낙 영역이 광범위한데다 새로운 금융상품, 금융기법이 꾸준히 개발되고 있어 다른 어느 분야보다도 발빠른 대응이 요구된다.

　1976년 입사해 40년 넘게 금융 분야를 이끌어온 정계성 변호사는 1970년대의 차관도입 업무를 시작으로, 웬만한 금융거래치고 그의 손을 거치지 않은 것이 드물다고 할 만큼 이 분야의 전문가로 통한다. 1979년 금융과 일반 기업자문 분야로 김앤장의 업무분야가 갈라지며 금융 쪽을 맡아 이후 수많은 후배들을 길러내며 활약하고 있다.

1979년 대한항공이 항공기를 직접 저당잡히는 새로운 방식으로 추진했던 5억 달러 차관도입이 그가 김앤장에 입사한 지 얼마 안 지나 수행한 대표적인 거래로 소개된다. 이후 1980년대 초까지 ABN 암로, 파리국립은행(BNP), 크레디리요네 등 외국 은행의 국내 진출 업무를 도맡아 처리했다. 외환, 산업, 수출입은행 등이 도입한 수억 달러짜리 점보론(거액차입)에도 관여했으며, 1986년 대우중공업과 유공이 추진한 해외전환사채 발행, 국내 기업으로는 처음인 1989년 삼미특수강의 5,000만 달러 해외신주인수권부사채 발행, 마찬가지로 국내 최초인 1990년 산업은행의 3억 달러 양키본드 발행, 1990년 삼성물산 최초의 주식예탁증서 발행 등의 거래가 모두 그의 지휘 아래 성공적으로 이루어졌다. 또 1995년 한누리살로먼증권, 1996년 환은스미스바니증권의 설립과 관련해서도 자문했다. 1982~1983년 해외연수를 떠나 씨티은행 고문으로 유명한 Shearman & Sterling 뉴욕사무소에서 1년간 근무하며 해외 로펌의 금융 업무를 직접 경험하기도 했다.

정계성 변호사에 이어 프로젝트 파이낸싱 거래에 다양한 자문 경험을 보유하고 있는 조대연 변호사와 허익렬 변호사, 1982년 제

24회 사법시험에 합격하고 공군 법무관 근무를 마친 1988년 일찌감치 김앤장에 입사해 금융 한우물을 파고 있는 이상환 변호사, IMF 외환위기 때 조대연 변호사와 함께 법전 속에 잠자고 있던 화의제도를 되살려내 수많은 기업의 회생절차를 주도한 정진영 변호사 등이 포진하고 있다. 또 프로젝트 파이낸스와 항공기금융 전문가인 조영균 변호사, 선박금융 거래를 많이 수행하는 윤희선 변호사, 금융기관 M&A와 자본시장 거래에 자주 참여하는 허영만 변호사 등으로 김앤장 금융 그룹의 계보가 이어진다.

뉴욕주 변호사 자격까지 갖추고 뉴욕의 클리어리 가틀립(Cleary Gottlieb)과 일본 로펌에서도 경험을 쌓은 이상환 변호사는 다양한 일본계 금융기관에 대해서도 자문한다.

서울대 법대 재학 중 제25회 사법시험에 합격한 정진영 변호사는 공군 법무관 근무를 마친 1989년 김앤장에 합류했다. 분석적이고 명쾌한 자문이 트레이드 마크인 정 변호사가 최근 자문한 사안 중엔 주식시장 시장조성자인 증권사들이 시장에 유동성을 공급하는 과정에서 호가를 반복적으로 정정·취소하는 행위가 자본시장법상 규제되는 시장질서 교란행위에 해당하는지 여부가 다투어진 사건이 있다. 국내외 증권사 9곳에 총 487억 원의 과징금이 부과된 이 사건에서 가장 많은 5개사를 대리한 정 변호사 팀에선 자본시장조사심의위원회와 증권선물위원회에 직접 출석하여 적극적으로 변론을 수행, 시장질서 교란행위에 해당하지 않는다는 판단을 받아냈다. 정진영 변호사는 1994년 예일 로스쿨에서 LL.M.을 취득하고 뉴욕주 변호사 자격도 갖추었다.

김앤장 금융 그룹은 주식과 채권 발행, IPO 자문을 주로 수행하는 자본시장 업무와 뱅킹과 파이낸스, 인수금융, 프로젝트 파이낸스, 항공기·선박금융 등 돈을 직접 조달하는 금융(Banking & Finance) 업무, 그리고 최근 들어 자문 수요가 빠르게 늘어나고 있는 금융규제의 세 분야로 업무를 다시 나눌 수 있다.

김용호, 고창현, 허영만, 윤태한, 정명재, 안보용, 선용승, 이선지, 권오현, 조명수, 박권의, 박상용, 김혜성, 유이환, 이학진 변호사 등이 자본시장 분야에서 활약이 큰 실무변호사 진용으로 소개되며, 금융 쪽엔 이상환, 정진영, 조영균, 윤희선, 박성하, 박찬문, 김건호, 구봉석, 채정원, 정다은 변호사 등이 포진하고 있다. 이화여대 로스쿨 교수로 옮겼다가 얼마전 다시 합류한 한민 변호사도 김앤장 금융 그룹의 오래된 전문가 중 한 명이다. 외국변호사 중에선 이호인, 남경아, 장한진, 송성화, 양자경, 임형선 변호사 등이 금융 분야의 딜 등에 자주 투입된다.

성범규, 양여원, 김성수, 이한진, 정영기, 김선민, 이정민, 이상수, 허은진, 김계정 변호사와 조익환 외국변호사는 최근 들어 업무가 빠르게 늘어나고 있는 금융규제 사건을 많이 다룬다.

이와 함께 박순성, 강상진, 박철희 변호사 등이 포진한 금융소송팀이 김앤장 금융 그룹의 별동대처럼 키코, 근저당권 설정비용 반환청구소송, 모뉴엘 사기사건, 분식회계를 막지 못한 회계법인 상대 게이트키퍼(gatekeeper) 소송 등 대형 금융분쟁에서 뛰어난 성과를 올리며 활약하고 있다.

박순성 변호사는 판사 시절 법원행정처 법정심의관, 대법원 재판연구관 등 요직을 두루 거친 송무 전문가로, 2005년 김앤장에 합류해 ELW·ELS 등 파생상품 관련 소송, 무역보험 등 각종 보험 관련 소송, 근저당권 설정비용 반환·자살면책·카드사 개인정보유출 등으로 인한 집단소송 등에 모두 관여했다.

강상진 변호사는 은행 측을 대리해 99% 승소 판결을 받아낸 키코 소송의 주심 변호사쯤 되는 주인공이다. 잠시 판사로도 근무한 그가 금융분쟁에 특화하게 된 것도 키코 소송 수행이 계기가 되었다고 한다.

박철희 변호사는 분식회계를 막지 못한 회계법인이나 IPO, 채권발행 등의 주관사 역할을 담당하는 증권회사를 겨냥한 게이트키퍼 소송에서의 활약이 돋보인다. 서울지법과 서울북부지법 판사를 거쳐 2005년 김앤장에 합류한 지 얼마 안 지나 수행한 코오롱캐피탈 분식회계 사건, 상장폐지된 소프트웨어 개발회사인 코어비트 분식회계 사건에서 투자자들이 낸 손배배상청구소송의 피고인 삼일회계법인을 맡아 원고들의 청구를 모두 막아냈다. 또 성원건설의 전환사채(CB) 발행과 관련해 투자자들이 주관사를 맡았던 키움증권을 상대로 낸 손해배상청구소송의 항소심부터 키움증권의 소송대리인으로 투입되어 1심에선 60%의 책임이 인정되었으나, 항소심에서 키움증권에 모집주선인으로서의 주의의무 위반이 있다고 할 수 없고, 성원건설의 문제점을 파악하여 이를 투자설명서 등에 반영하지 못한 데 어떠한 과실이 있다고 할 수 없다는 판단을 받아냈다. 이 판결은 대법원에서 그대로 확정되었다.

Practice

증권 및 자본시장

증권 및 자본시장 분야는 기업의 운영과 성장에 필요한 다양한 형태의 자금조달 지원이 주된 업무다. 현재 서울대 로스쿨 특임교수로 있는 박준 변호사가 김앤장에서 이 분야를 본격 개척했다.

김앤장은 1990년 국내 최초인 삼성물산의 해외주식예탁증서 발행에 자문한 데 이어 다양한 형태의 해외증권 발행업무를 수행하며 기업의 자금조달을 지원하고 있다. 전통적인 채권과 주식의 발행 외에도 하이브리드 증권, 파생결합증권 등 새롭고 다양한 형태의 증권 발행 업무를 취급한다.

2000년대 들어 활발하게 전개된 한국 기업의 해외증시 상장도 김앤장 자본시장 변호사들이 활약한 대표적인 업무사례로 꼽힌다. 김앤장은 뉴욕증권거래소(NYSE), 나스닥(NASDAQ), 런던증권거래소(LSE), 도쿄증권거래소(TSE) 등 해외거래소에 최초로 상장하는 수많은 기업의 기업공개 업무를 수행했다.

박준 변호사를 도와 이 분야의 여러 거래에 참여한 정명재 변호사는 "상장 자체에 관련된 국내외 증권법규에 대한 자문뿐만 아니라 기업의 전략적 목표를 감안한 기업법, 세법 등의 검토, 상장 이전의 사전정지작업, 상장 후의 기업지배구조 변경 등에 이르기까지 종합적인 자문을 제공한다"고 소개했다.

2007년 김앤장의 증권 및 자본시장 그룹은 또 하나의 중요한 거래를 수행했다. 국내외 동시 트렌치 방식으로 진행된 삼성카드의 기업공개 때 인수단 측을 대리해 국내 증시에만 상장하면서도 해외투자자의 투자를 이끌어낸 것이다. 이 방식은 기업이 필요로 하는 자금은 모두 조달하면서도 해외증시엔 상장할 필요가 없어 종래의 국내외 동시 상장 방식보다 기업공개와 상장유지 비용이 절반밖에 들지 않는다는 이점이 있다. 삼성생명보험과 미래에셋생명보험 상장에서도 김앤장이 발행사인 삼성생명과 미래에셋생명을 맡아 똑같은 방식으로 투자자를 모집했으며, 최근의 LG에너지솔루션 IPO에 이르기까지 주요 상장거래는 모두 이 방식을 통해 국내외 투자자를 모집한다.

2022년 1월 27일 첫 거래가 시작된 LG에너지솔루션 IPO는 기관 전체 주문 규모가 1경 5,203조 원에 이르는 대형 IPO로, 김앤장은 발행사인 LG에너지솔루션에 자문했다. 정관 및 내부규정과 상법, 자본시장법, 거래소 상장규정 등 상장회사에 적용되는 규제사항의 사전 검토, 해외인수계약, 총액인수계약, 비용부속계약 등 공모와 상장 절차에 수반되는 각종 계약서와 증권신고서, Offering Circular 등의 검토, 법률실사 등 포괄적인 자문을 제공했다. 정명재, 하지은 변호사와 손영진 외국변호사 등이 주도적으로 관여했다.

2021년 3월 뉴욕증권거래소에 성공적으로 입성한 쿠팡 IPO도 김앤장의 작품이다. 김앤장은 정명재, 김혜성, 안형준 변호사와 손영진, 유승재, 양자경 외국변호사 등으로 팀을 짜 한국 쿠팡의 100% 모회사인 Coupang, Inc.의 뉴욕증권거래소 Class A 보통주 상장을 통한 기업공개절차와 관련하여 Coupang, Inc.와 한국 쿠팡에 자문했다. NYSE 상장일 종가 기준 미화 840억 달러의 시가총액을 기록한 쿠팡은 2014년 중국 알리바바그룹의 NYSE 상장 이후 이루어진 외국 기업의 미국 IPO 중 최대 규모였다.

이른바 DCM(Debt Capital Market)에선 한국산업은행 글로벌 중기채권 프로그램 업데이트에 대한 포괄적인 자문, KT의 2022년 Global Bond 발행과 관련한 자문, 한국스탠다드차타드 은행의 원화 Tier 2 후순위 자본증권 발행 관련 자문 등이 주요 업무사례로 소개된다. 다른 어느 로펌보다도 다양한 해외증권 발행 업무를 수행하고 있으며, 각종 파생금융상품의 법적 규제에 대한 대응, 금융자산의 유동화작업 등 증권과 관련된 여러 업무를 앞장서 처리하고 있다.

김앤장은 한국주택금융공사의 거래에 참여하여 한국주택금융공사법에 따른 최초의 글로벌 커버드본드 프로그램을 설정하고, 이 글로벌 커버드본드 프로그램에 따라 여러 차례 커버드본드를 성공적으로 발행했다. 이 중 2022년에 발행된 스위스프랑화 커버드본드는 스위스프랑화로 발행된 아시아 최초의 소셜 커버드본드라는 의미와 함께 향후 스위스프랑 등 다양한 이종통화표시 커버드본드 발행의 발판을 만들었다는 점에서 의미가 큰 거래였다.

또 신용보증기금(KODIT)의 중견·중소기업(SMEs) 사채를 기초로 하는 글로벌 P-CBO(프라이머리 채권담보부증권) 발행 거래도 김앤장이 자산유동화 분야에서 수행한 주요 거래로 소개된다. KODIT의 글로벌 P-CBO 발행은 자체 자금조달이 여의치 않은 SMEs가 발행하여 pooling된 회사채를 기초자산으로 외화표시 P-CBO를 해외 발행하고, KODIT가 이러한 외화표시 P-CBO에 대해 지급보증을 제공함으로써 코로나19 이후 직접금융시장에서 자금조달이 어려웠던 SMEs의 자금조달을 도운 의미있는 거래라는 평가를 받았다.

1982년 김앤장에 합류해 25년간 금융 특히 증권 분야에서 활약한 박준 변호사는 로스쿨 개원을 앞둔 2007년 가을 교수가 되어 서울대 로스쿨로 옮겼다. 김앤장에 있을 때인 1987년 하버드 로스쿨로 연수를 떠나 미국 증권법을 연구했으며, 이어 증권 전문으로 유명한 미국의 Sullivan & Cromwell에서 경험을 쌓았다. 그가 UC 버클리에서 나오는 계간 법률잡지인 《International Tax and Business Lawyer》 1988년 겨울호에 기고한 논문 "한국 증권시장의 국제화에 관한 연구"(Internationalization of the Korean Securities Market)는 미국 교수들도 경탄한 명논문으로 전해진다.

최근 김앤장 자본시장 분야에서 활발하게 자문하는 변호사 중에선 2000년 같은 해에 합류한 정명재 변호사와 선용승 변호사가 먼저 소개된다.

정명재 변호사는 주식이든 채권이든 가리지 않고 자본시장에서 돈을 조달해 기업 등에 제공하는 자본시장 거래의 전문가 중 한 명으로, 상장규모가 5조 원에 육박하는 삼성생명 IPO와 상장규모 2조 6,617억 원의 넷마블게임즈 IPO, 마찬가지로 초대형 IPO로 분류되는 셀트리온헬스케어 IPO 등 김앤장이 수행한 주요 IPO 거래에서 대리인단 중 한 명으로 활약했다. 이에 앞서 2000년대 초반까지 포스코와 국민은행, 우리금융지주 등이 ADR·GDR의 형태로 해외에서 조달하는 IPO 거래에 참여하고, LG디스플레이가 효시가 된, 국내에서 원주를 한국거래소에 상장하고 해외에서는 ADR·GDR을 뉴욕증시나 런던증시에 상장하는 거래를 김앤장의 선배, 동료 변호사들과 함께 수행했다.

선용승 변호사는 특히 환경(Environmental), 사회(Social), 지배구조(Governance)를 의미하는 ESG 커버드본드와 ESG 자산유동화증권 발행 거래에서 활약이 크다. 한국주택금융공사(HF)의 5차례에 걸친 총 35.5억 유로 규모의 유로화 표시 소셜 커버드본드 발행에 자문하고, 이를 시중은행으로 확대해 하나은행과 KB국민은행의 소셜 커버드본드 발행에도 자문했다. 또 신용카드 매출채권 등을 담보로 영세·중소 가맹점에 대한 카드 결제대금 지급용 등으로 사용되는 소셜 유동화증권의 발행에도 앞장서고 있다.

Practice

프로젝트 파이낸스

　프로젝트 파이낸스(PF) 부문도 김앤장이 리더로 인정받고 있는 김앤장의 전통적인 업무분야 중 하나로 손꼽힌다. 민간업자가 건설해 무상 기부채납한 후 리스로 제공하는 BTL(Build-Transfer-Lease)이나 무상 기부채납한 후 직접 운영하는 BTO(Build-Transfer-Operate) 방식, 기타 변형된 형태의 다양한 거래에서 수많은 업무 실적을 축적하고 있다.
　국내 및 해외의 지역개발(도시, 산업단지, 리조트, 업무 및 주거시설, 부동산 등), 교통(공항, 항만, 철도, 도로, 터널, 운하 등), 물류, 통신, 발전, 자원, 플랜트, 상·하수도, 기타 사회기반시설 등 거의 모든 영역에 걸쳐 자문을 제공하며, 자문 상대방은 국내 및 해외의 사업주(출자자), 대주, 시공자, 설비공급자, 인프라펀드, 정부기관 등 관련 당사자가 망라되어 있다.

특히 한국 기업의 해외진출이 늘어나며, 해외에서의 사회기반시설 및 자원개발사업 등에 김앤장의 변호사들이 활발하게 참여하고 있다. 그동안 김앤장이 수행한 PF 거래 소재국엔 필리핀, 베트남, 인도네시아, 몰디브, 카자흐스탄, 우즈베키스탄, 알제리, 리비아, 나이지리아 등 아시아와 아프리카의 여러 개발도상국, 중국, 아랍에미리트 등 중동 국가, 베네수엘라, 칠레 등 중남미 국가가 망라되어 있다. 국내에서도 천안-논산고속도로 민간투자사업의 대출채권을 유동화해 민간투자사업을 위한 프로젝트 파이낸스에 ABS 구조를 최초로 도입하는 등 개별 프로젝트별로 차별화된 서비스를 추구하고 있다.

1979년 김앤장에 입사한 조대연 변호사가 1980년대 중반까지 각종 선박, 플랜트 수출계약을 주도적으로 처리한 초창기 멤버 중 한 명이다. 조 변호사는 사우디아라비아의 리야드(Riyadh) 대학 프로젝트, 이라크의 Al-Mussaib 화력발전소 공사, 태국의 Thai Olefins Plant 건설공사, 필리핀의 일리한(Ilijan) 복합화력발전소 공사 등 여러 프로젝트에 참여했으며, LNG선 건조와 BBHP 금융조달 등 선박금융, 항공기 도입에 관련된 금융도 주선했다.

조대연 변호사는 1975년 제17회 사법시험에 합격했으나 곧바로 예일대 로스쿨로 유학을 떠나 사시 동기들보다 2년 늦은 9기로 사법연수원을 마쳤다. 2008년 9월부터 2년간 세계한인법률가회(IAKL) 회장을 역임하는 등 전 세계에서 활동하는 한인 법률가의 교류와 네트워크 구축에도 앞장섰다.

조 변호사와 함께 허익렬, 조영균 변호사와 자본으로 산입할 수 있는 국내 최초의 상각형 조건부 자본증권 발행을 성사시킨 것으로 유명한 안상진 변호사, 김건호, 신빛나라 변호사 등으로 PF 자문 진용이 이어진다.

김앤장이 최근 수행한 PF 거래 중에선 열병합, 복합화력, 태양광, 풍력발전, 부생가스발전 등 발전사업 관련 PF가 여러 건 들어 있다. 불가리아 태양광 발전사업과 파나마 구리광산 개발사업 관련 금융, 모잠비크 Coral FLNG 프로젝트 금융 자문 등 해외 PF에도 활발하게 참여하고 있다.

선박금융, 항공기금융

2019년 현대상선이 대우조선해양과 삼성중공업에 발주한 23,000TEU 컨테이너선 12척에 대한 신조 선박금융 거래가 김앤장 선박금융팀이 수행한 대표적인 거래로 소개된다. 미래에셋대우와 메리츠 컨소시엄이 선순위 및 후순위 대주단으로, 한국산업은행과 한국수출입은행이 중순위 대주단으로 참여한, 선·후순위 대출액 합계가 약 1조 5천억 원인 거래로, 한국해양진흥공사가 후순위 대출에 대한 보증을 제공했다. 김앤장은 선순위·후순위 대주단을 대리하여 거래구조의 수립부터 조건 협의, 계약서 작성, 체결에 이르는 거래 전 과정에 걸쳐 자문했다.

또 코로나19 이후 발생한 물류대란으로 인해 HMM이 긴급하게 1만 7천 개의 컨테이너박스를 확보하는 것과 관련, 한국수출입은행이 HMM에 제공하는 컨테이너박스 금융 건에서 한국수출입은행에 자문하고, IMO2020 규제에 맞추어 기존 선박에 탈황장치(스크러버) 설치를 지원하기 위한 유류 공급 및 리스 거래에서 현대상선을 대리했다.

김앤장은 이외에도 파산한 국내 해운회사의 외국인 채권자들을 대리하여 선복사용료 정산금 채권과 터미날 운항 사용료 채권 등이 재단채권인지 여부를 확인하는 자문을 진행, 반선(返船)과 관련한 상계 법리를 제시하여 대법원에서 리딩케이스의 승소 판결을 받은 외에 의뢰인의 채권을 재단채권으로 인정받아 즉시 변제가 이루어지도록 했다.

서울대 법대에 이어 펜실베니아 로스쿨에서 LL.M.을 하고, 뉴욕주 변호사 자격도 갖춘 윤희선 변호사가 선박금융 거래를 많이 수행하는 에셋 파이낸스 전문가로 유명하다. 외국변호사 중에선 안정훈, 남경아 변호사가 선박금융 거래에 자주 참여한다.

구조조정과 회생 분야에서도 활발하게 자문하는 윤희선 변호사는 전 세계적인 해운경기 퇴조로 현대상선, 한진해운 사태가 닥쳤을 때 한진해운 채권자들을 상대로 자문하고, 김앤장의 해상팀과 함께 현대상선의 해외 용선주를 대리해 현대상선이 2억 5,000만 달러의 용선료를 감액받는 채무조정에서 활약했다. 이는 현대상선이 감액받은 전체 용선료의 절반에 해당하는 규모로, 현대상선이 유동성 위기에서 벗어나 정상 운항하는 데 일조한 셈이다.

코로나 팬데믹 기간 중에도 한진중공업이 필리핀에 설립해 운영하던 자회사가 필리핀 현지 법원에 도산절차를 신청하자 이 자회사에 대해 대출채권을 보유하고 있던 필리핀 현지 은행들에게 자문해 한진중공업이 보증한 보증채권이 출자전환을 통해 권리가 보전될 수 있도록 하는 등 채무조정에 관련된 자문을 많이 수행했다.

허익렬, 조영균, 김영민 변호사 등이 포진한 항공기금융 부문에선 국내외 금융기관과 항공사를 상대로 다양한 형태의 항공기 금융거래에 자문한다. SPC(특수목적법인)를 이용한 신규 상업용 항공기와 예비엔진의 국제 금융리스, 이중과세방지조약에 따른 국제 운용리스, 항공기 저당권이 설정된 신규 또는 중고 항공기의 구매를 위한 대출, 신규 및 중고 상업 항공기 매매, 재임차조건부매각(sale and leaseback), 항공기 모의비행장치의 리스 등 다양한 항공기 관련 거래를 수행한다. 보잉 737-800 항공기, 보잉 777-200ER 항공기 등의 신규 구매를 위한 금융거래와 에어버스 A321-200 항공기의 신규 구매를 위한 유럽 ECA 보증부 미 달러화 금융 등 수많은 업무사례가 축적되어 있다.

조영균 변호사는 서울대 법대를 졸업하던 해인 1985년 제27회 사법시험에 합격, 1988년부터 김앤장에서 활약하고 있다. 항공기금융과 함께 발전소 건설에 관련된 국내외 대형 프로젝트 파이낸스 거래를 많이 수행하며, 유로머니가 발행하는 IFLR1000에서 2018년부터 5년 연속 'Market Leader'로 선정된 항공기금융의 전문가다. 펜실베이니아대 로스쿨에서 LL.M. 학위를 받고, 지금은 합병을 통해 Dewey & LeBoeuf로 이름이 바뀐 Dewey Ballantine 뉴욕사무소에서 경력을 쌓은 그는 해외매체에 한국의 항공기금융과 프로젝트 파이낸스 분야의 한국편을 저술하고, 《금융혁명 ABS》에 공저자로 참여했다.

Practice

인수금융

기업들 사이에 M&A 거래가 활발하게 추진되면서 이에 비례해 인수금융 거래가 늘어나고 중요성도 갈수록 더해지고 있다. 엄청난 자금이 소요되는 M&A의 특성상 관련 자금의 조달을 담보하는 인수금융이 M&A의 성패를 가를 수 있는 중요한 요소로 중시된다.

M&A 분야의 최강자라고 할 수 있는 김앤장은 인수금융 분야에서도 압도적인 실적을 자랑한다. 특히 신디케이트론, 증권 모집, LBO 방식 등 고객과 거래의 특성에 맞는 각기 다른 금융구조를 개발해 적용함으로써 성공률을 한층 높이고 있다.

허익렬, 노영재, 이상환, 윤희선, 안보용, 명진아, 유이환 변호사 등으로 진용이 이어지는 가운데 SK텔레콤과 맥쿼리인프라자산운용의 ADT Caps 인수를 위한 금융 조달, KKR이 LS엠트론으로부터 자동차사업부문과 동박(Copper Foil, 전기차 배터리의 핵심 소재) 사업부를 나누어 인수하는 거래와 관련한 인수금융, MBK파트너스의 웅진코웨이 인수를 위한 금융 조달 등 김앤장이 수행한 M&A 거래 못지않게 여러 의미있는 인수금융 자문사례가 보고되고 있다. LS엠트론의 2개 사업부문 인수와 관련한 금융 조달은 3개의 차주가 cross collateralization 구조를 통하여 진행한 전례

없는 사례로 주목을 받았다.

이상환 변호사는 "인수·합병을 위한 금융 조달은 M&A 거래 못지않게 정교한 대처가 필요하다"고 지적하고, "김앤장은 외환, 조세, 기업지배구조, 담보권 설정, 조세 등 관련 문제에 효율적으로 대처할 수 있는 전문성을 보유하고 있다"고 설명했다.

김앤장은 최근 PEF(사모펀드)가 4척의 시추선을 삼성중공업으로부터 인수하는 거래에서 대주단을 대리하여 8,828억 달러 규모의 자금 조달을 포함한 전체 거래구조에 대해 자문했다. 건조 중인 시추선을 자금 조달 목적으로 해외에 등록하여 파이낸싱을 한 첫 사례이며, PEF가 직접 선박을 취득한 국내 첫 사례라는 의미도 있다.

김앤장은 또 PEF가 한국에 설립한 특수목적회사를 통해 싱가포르의 마이크로 모빌리티 회사가 발행한 주식 및 전환사채를 인수하는 거래와 관련, 국내에서 자금을 조달하는 파이낸싱에 자문하고, 싱가포르 현지 법률자문사와의 협의 등 협상 전반에 걸친 자문을 통해 해외 발행 증권에 대한 담보권 설정까지 거래를 성공적으로 완료했다.

Practice

핀테크

    2019년 11월 1일 설립되어 상거래 플랫폼 기반 결제 서비스를 제공하는 네이버 파이낸셜 주식회사의 설립과 혁신금융서비스는 김앤장 핀테크팀에서 주도했다. 2015년 출시한 네이버페이 고객들의 서비스 이용에 전혀 중단이 없도록 하고, 네이버 파이낸셜로의 원활한 고객 승계를 보장하였으며, 네이버 파이낸셜의 사업수요에 맞는 AML(자금세탁방지) 컴플라이언스 시스템 구축에도 일조했다. 네이버 파이낸셜은 나아가 2021년 초 김앤장의 자문을 통해 현행 법상 제한에도 불구하고 금융위원회로부터 혁신금융서비스(샌드박스) 지정을 받아 소액 후불결제서비스를 개시했다. 소비자가 상품·서비스 구매에 필요한 네이버 포인트의 잔액이 부족할 경우 네이버 파이낸셜이 소액 한도(최대 30만 원) 내에서 가맹점에 먼저 대가를 지불하고 나중에 해당 소비자로부터 부족분을 상환받는 내용으로, 학생이나 주부 등 이른바 '씬파일러'(thin filer · 금융이력이 부족한 사람)의 편의성을 제고하는 내용이다.

    핀테크팀의 일원으로 주도적으로 자문에 참여했던 성범규 변호사는 "소액 후불결제의 조기 허용으로 인한 규제 공백 내지 부작용에 대한 금융감독당국의 우려를 감안하여 서비스 제공 범위, 이용자별 후불결제 한도, 발생 가능한 부정거래 방지 조치 등을 감독당국과 협의하였다"며 "당시 협의했던 주요 조건들은 이후 전자금융거래법 개정안에도 반영되어 선불전자지급수단 발행·관리업자가 소액후불결제 업무를 겸영하기 위한 주요 의무사항으로 구성되어 있다"고 소개했다.

성 변호사 외에도 이상환, 박찬문, 김준영, 이정민, 최은경, 김세중, 김계정, 송근철 변호사 등이 포진한 핀테크팀에선 금융회사, 전자금융업자의 IT와 정보보호 등 관련 의무 준수에 대한 자문, 금융감독당국의 규제에 대한 대응 및 인허가 등의 업무를 수행한다. 특히 산업 동향과 규제 이슈를 종합한 스마트금융, 블록체인, 가상자산에 대한 자문을 확대하고 있다.

김앤장 핀테크팀은 블록체인 전문 기업인 두나무와 엔터테인먼트 기업 하이브가 합작하여 추진한 글로벌 블록체인 플랫폼인 레벨스(Levvels Inc.)의 설립 및 서비스 개시에도 법적 구조의 검토, NFT의 발행, 구매, 매각 등의 과정에서 야기될 수 있는 가상자산 관련 규제, IP 이슈, 전자금융거래 등과 관련해 포괄적인 자문을 제공했다.

Practice

보험

안재홍, 백재호, 신현욱, 김준영, 최병민, 최규선, 백상미 변호사 등이 포진한 김앤장 보험 그룹은 1980년대 말 국내 보험시장이 개방되어 외국의 생명보험 회사가 국내에 진출했을 때 처음 만들어졌다. 국내 로펌 중 가장 먼저 구성된 보험 전문 그룹으로, 안재홍 변호사 등이 주축이 되어 합작 생보사 설립 등을 주도했다.

김앤장 보험 그룹은 특히 1990년대 말 IMF 위기가 닥쳤을 때 안재홍, 김진오 변호사 등이 나서 구조조정의 태풍이 불어닥친 보험업계의 수많은 M&A 거래에 자문하며 활약한 것으로 유명하다. ING생명의 지분 일부 매각, AXA의 교보자동차보험 인수, HSBC의 하나생명 지분 인수 등 국내에서 이루어진 보험회사 인수·합병 거래의 대부분이 김앤장 보험 그룹의 손을 거쳐 마무리되었다.

김앤장 보험 그룹은 한국 기업의 해외기업 인수 때 필요한 보험 자문활동에도 적극 나서고 있다. 두산그룹이 미국의 밥캣을 인수할 때 국제적인 보험중개인을 지휘하며 인수회사의 리스크 관리 업무를 지원한 것이 대표적인 예다. 또 변액보험, 부동산권원보험, 모기지보험 등 선진 보험상품을 도입할 때 국내법에 맞게 구성하도록 필요한 자문을 제공하고, 방카슈랑스 제도가 도입되자 그 효용성의 홍보와 함께 국내 금융환경에 맞는 제반 규제를 수용할 수 있도록 자문하는 등 신규 보험상품이나 제도의 도입에 적극 관여하고 있다.

1989년 해군 법무관 근무를 마치고 김앤장에 입사한 안재홍 변호사가 보험 그룹이 발족할 때부터 관련 업무를 리드하고 있다. 이어 백재호 변호사가 안재홍 변호사 다음으로 여러 보험 사건에 단골로 투입되어 활약하는 보험 전문가로 소개된다.

판사 출신의 여훈구, 이윤식, 박성하, 변동열 변호사 등은 보험팀의 변호사들과 함께 다양한 보험금 소송에서 활약하고 있다.

수천 명의 보험 가입자가 제기한 이른바 백수(白壽)보험 소송이 김앤장 보험 그룹이 수행한 대표적인 사건으로 소개된다. 박성하 변호사 등이 나서 사실관계를 파헤치고 탄탄한 법리를 세워 보험회사의 승소를 이끌었다.

또 매달 받는 연금액이 당초 약관에서 안내한 금액보다 적다며 보험계약자들이 생보사를 상대로 차액의 지급을 청구한 즉시연금 소송도 김앤장이 삼성생명 등 8개 생보사를 대리해 치열한 법정공방을 벌이고 있다. 김앤장은 소송 규모가 가장 큰, 삼성생명을 상대로 제기된 미지급 연금액 청구소송의 항소심에서 2022년 11월 원고들의 청구가 인용된 1심 판결을 뒤집고 보험사 승소 취지의 판결을 받아냈다. 삼성생명은 즉시연금 상품을 처음 개발한 생보사로 알려져 대법원의 최종 판단이 한층 주목되고 있다.

김앤장은 백내장 수술을 받은 환자의 입원의료비도 실손보험으로 커버되는지 여부가 쟁점이 된 백내장 실손보험 소송에서도 보험사를 대리해 입원의료비는 지급할 의무가 없고, 통원의료비만 주면 된다는 대법원 확정판결을 받아내는 등 선례의 가치가 있는 판결을 잇따라 이끌어내며 보험소송을 주도하고 있다.

여훈구 변호사는 법원에 있을 때 사법연수원 교수, 서울중앙지법 부장판사 등을 역임했다. 이윤식 변호사도 법원도서관 조사심의관, 사법연수원 기획총괄교수 등 법원 내 요직을 거쳤으며, 변동열 변호사는 법원도서관 조사심의관을 끝으로 2004년 김앤장에 합류했다.

ANNOUNCEMENT

The Law Office of YOUNG MOO KIM
is pleased to announce that
SOO KIL CHANG
Member, Seoul Bar Association
Korean Patent Association
has become a partner of our firm
effective December 1, 1973
The Law Office will henceforth be known as
KIM & CHANG
The Law Office has moved to new office at
6TH FLOOR, KUKDONG SHELL HOUSE

K. P. O. Box 732　　　　　　　　Tel. ; 73-0731
58, I-Ka, Sinmoon-Ro,　　　　　　　 73-6409
Chongro-Ku, SEOUL,　　　　Cable Address
KOREA　　　　　　　　　"LAWKIMCHANG SEOUL"
December 20, 1973.

장수길 변호사의 합류로 법률사무소 이름을 'KIM & CHANG'으로 바꾸고, 사무실도 신문로 1가의 극동쉘하우스로 옮긴다는 내용의, 1973년 12월 20일자로 외국 클라이언트에게 알린 김앤장의 Announcement. 장수길 변호사가 12월 1일자로 파트너로 합류했다는 내용과 텔렉스 등에 사용했던 김앤장의 전신 주소, "LAWKIMCHANG SEOUL"도 들어 있다. 지금으로 치면 외국 클라이언트에게 보낸 개업 인사장 같은 것으로, 두꺼운 종이에 인쇄해 오프라인으로 전달했다.

1989년 유로머니 컨퍼런스에 참석해 발언하는 김영무 변호사(맨 우측). 왼쪽부터 현천욱, 정계성 변호사와 외국변호사인 제프리 존스(Jeffrey Jones)의 모습이 보인다.

KIM & CHANG Bulletin

A QUARTERLY REVIEW OF KOREAN LAW & POLICY

AUGUST 1985　　김앤드장 법률사무소　　SEOUL, KOREA

VOLUME 1
NUMBER 1

CONTENTS

CORPORATE
- *133 new business categories may be opened to foreign investment* — 1
- *New trademark license guidelines emerging* — 2
- *Fair Trade Office to increase actions to correct unfair business practices in import agency agreements* — 3

BANKING
- *Trust business to be allowed for foreign bank branches* — 4
- *Syndicated debenture payment guarantees allowed* — 5

TAX
- *Korean branches of foreign banks investigated* — 6
- *Korean liaison offices of foreign corporations investigated* — 6
- *Changes in standard commission rates applicable to selling or buying agents* — 6
- *Foreign invested enterprises scrutinized* — 7
- *Bill introduced to revise the Tax Exemption and Reduction Control Law* — 7

TRADE & FOREIGN EXCHANGE
- *Import liberalization expanded* — 8

GENERAL
- *List of potential Korean partners for foreign investment published* — 8

INTERNAL NEWS — 8

Published by
Law Offices of Kim & Chang
Seoul Building
114-31, Uni-Dong, Chongro-Ku
Seoul 110, Korea
TELEX: "LAWKIM K26588"　TELEPHONE:
CABLE: "LAWKIM CHANG"　　765-0021~6
FAX: (02) 741-0328　　　　784-1161~5

133 New Business Categories May Be Opened to Foreign Investment

Foreign investment regulations in 133 business categories of the 339 in which such investment is presently prohibited or restricted are expected to be liberalized soon.

The Ministry of Finance ("MOF"), which is responsible for foreign investment related matters, announced its draft amendment ("Draft Amendment") to the current Guidelines for Foreign Investment on June 14, 1985 (MOF Notification 84-10 of July 2, 1984, "Guidelines"). This Draft Amendment is directed primarily to the Negative List included in the Guidelines. The Negative List categorizes the various industries as to whether and under what conditions foreign investment will be allowed. Although the Draft Amendment will be subject to review and comment by other relevant ministries it seems unlikely that substantial modifications will be made before it is officially promulgated. When the Draft Amendment is implemented, out of a total of 999 recognized industries, the number of prohibited or restricted businesses will be reduced from 82 to 28 and from 257 to 178 respectively.

According to the Draft Amendment, the industries which will be newly opened are as follows (classified in accordance with Korean Standard Industrial Classification system):

1. Agriculture, Hunting, Forestry and Fishing: 11 industries including horticultural and fishing services.
2. Mining: 12 industries including anthracite mining and gold, silver and platinum group metal and ore mining.
3. Manufacturing:
    a. Manufacture of Food and Beverages: 12 industries including butter and cheese manufacture and refining of edible oils.
    b. Textile, Wearing Apparel and Leather Industries: 6 businesses including wool spinning and dressing of furskins.

1985년 8월에 나온 '김앤장 회보' 첫 호. 김앤장은 이때부터 한국의 법과 정책을 소개하는 회보를 계간으로 발행해 왔으며, 지금은 웹버전으로 발행하고 있다. 코퍼릿, 뱅킹, 조세, 외환 등으로 나눠 내용을 구성하고 있는 가운데 버터와 치즈 제조 등 133개의 새로운 사업이 5월부터 외국인투자자에 개방되었다는 소식이 톱뉴스로 게재되었다.

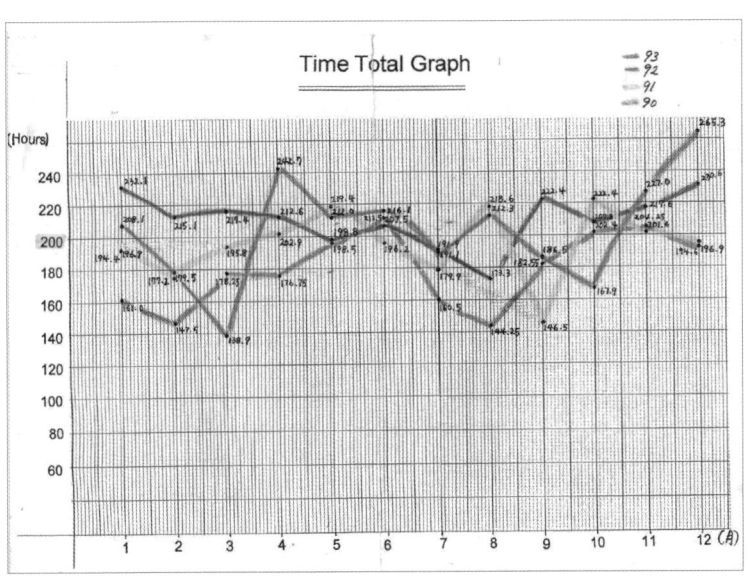

회사법 분야에서 활동하는 김용갑 변호사의 1990~93년 4년간의 월별 업무시간 그래프(Time Total Graph). 가장 많은 시간을 쓴 달은 1992년 12월로 265.3시간을 사용했다. 반면 그해 3월엔 138.9시간을 쓰는 데 그쳤다. 시기별로 월별 업무시간에 편차가 적지 않은 것을 알 수 있다.

광화문 일대에 위치하고 있는 김앤장의 여러 사무소 중 메인 사무소라고 할 수 있는 세양빌딩 전경. 아시아 최고, 한국의 글로벌 로펌을 배출한 곳이다.

세양빌딩의 1987년 내부. 변호사방과 마주보고 위치한 비서들의 책상에 브라운관 PC 모니터가 놓여 있다. 팩스도 보인다.

오래전부터 전담기구를 두고 체계적으로 공익활동을 추진해 온 김앤장 법률사무소가 2017년 5월 영국의 후즈후리걸(Who's Who Legal)이 주관하는 'WWL Pro Bono Survey'에서 '올해의 베스트 프로보노 로펌'으로 선정됐다. 왼쪽부터 시상식에 참석한 정계성 변호사와 목영준 김앤장 사회공헌위원회 위원장.

기업일반

　기업일반 또는 일반 기업자문 분야는 어느 로펌에서나 금융과 함께 양대 축을 이루는 로펌의 주요 업무분야로, 회사법(corporate) 분야라고도 한다. 금융 못지않게 역사가 오래되었으며, 로펌에서 차지하는 업무 비중도 금융 이상으로 높다. 한국 로펌들의 경우 외자유치를 위한 은행론(loan)에서부터 국제변호사 업무가 시작되었다는 연혁적인 사정이 있지만, 기업법무 하면 회사법 분야를 빼놓고 이야기할 수 없다. 한마디로 금융을 제외한 기업 활동 전반을 다룬다고 할 수 있다. 기업의 활동범위가 확대되면서 로펌의 코퍼릿 분야도 갈수록 영역이 확대되며 더욱 깊게 전문화가 진행되고 있다.

1979년부터 금융과 기업일반 즉, 회사법 분야로 업무가 나뉜 김앤장의 경우 기업 M&A와 함께 기업지배구조·경영권분쟁, 기업구조조정, 부패방지·준법경영, 사모투자, 환경, 외국인투자, 해외투자 등의 업무가 회사법 분야의 주요 업무로 소개되며, 이미 독립된 업무분야로 구축된 공정거래, 인사·노무, 건설·부동산, 방송·통신 등의 분야도 기업일반의 연장선상에서 파악할 수 있다.

기업일반이란 큰 그룹으로 묶여 있지만 회사법 분야는 금융 그룹보다 개별 분야의 업무 독립성이 상대적으로 강하다고 할 수 있다. 또 M&A와 공정거래 등은 별도의 전문분야로 굳어졌다고 해도 될 만큼 업무의 비중이 크고, 관련 법률서비스 또한 매우 전문적인 수준으로 발전하고 있다.

도산·구조조정 등에 관련된 업무를 다루는 기업구조조정 분야나 사모투자 부문 등은 기업일반과 함께 금융 쪽으로 분류할 수도 있는데, 그만큼 양쪽 업무의 성격을 모두 갖고 있기 때문이다. 도산·구조조정 업무는 법원과 관련된 일이 많아 송무 그룹에서도 업무분야의 하나로 중시하고 있다. 변호사들도 금융과 회사법을 넘나들며 자문한다.

기업일반 내에서도 여러 업무분야에서 중첩적으로 활동하는 변호사가 적지 않으며, 금융이란 한울타리로 묶는 게 상대적으로 용이한 금융 그룹 내에서도 많은 변호사들이 여러 분야에 걸쳐 업무를 수행한다. 김앤장 변호사들의 경우 보통 2~3개 이상의 업무분야에서 각각의 전문성을 심화하고 있다.

금융 전문 변호사는 분석적인 사고가 중요한 반면 회사법 전문 변호사에겐 전반적으로 기업활동을 꿰고 앉아 필요한 때 지혜로운 답을 줄 수 있는 탄력적인 사고가 요구된다는 말도 있으나, 이 또한 절대적으로 구분 지을 일은 아니다. 중요한 것은 결국 업무 전문성이다.

일찌감치 금융과 기업일반으로 업무가 나뉜 김앤장엔 김용갑, 정경택 변호사와 현천욱, 최동식, 오연균, 김원정, 노영재, 박성엽, 김기영, 박종구, 정영진, 김진오 변호사 등 쟁쟁한 변호사들이 기업일반 쪽에서 후배들을 지휘하고 있다. 이어 기업 M&A, 공정거래, 인사·노무, 건설·부동산, 방송·통신 등의 분야로 세부 업무분야가 갈라지며 변호사 군단이라고 불러도 될 만큼 많은 변호사가 두텁게 층을 이뤄 활약하고 있다.

서울대 로스쿨 교수를 거쳐 대한상사중재원 국제중재센터 의장을 역임한 신희택 변호사도 김앤장 시절 수많은 M&A 거래를 지휘하며 회사법 분야에서 활약한 김앤장의 간판스타 중 한 명이었다.

Practice

기업 인수·합병

한국은 물론 아시아·태평양 지역에서도 선두권을 달리고 있는 김앤장 M&A 그룹은 1990년을 전후해 만들어졌다. 국내 로펌 중 최초이며, 당시엔 아직 M&A라는 용어 자체가 생소했을 만큼 기업들 사이에 M&A 시도가 활발하지 않았다. 물론 김앤장은 그 이전에도 GM과 대우자동차의 합작투자 등 의미있는 M&A 거래를 여러 건 수행했다. 김앤장은 많은 변호사가 투입되어야 하고 복잡한 법률 이슈가 하나둘이 아닌 대형 M&A 거래를 수행하면서 앞으로 수요가 늘어날 것에 대비해 M&A 전문그룹을 발족했다.

김앤장에 따르면, 외국의 사례를 집중 연구하고, 젊은 변호사를 외국에 보내 외국의 발달된 M&A 기법을 배워오도록 하는 등 다가올 M&A 시대에 미리 대비했다고 한다.

1991년 김영무 변호사가 전강석 변호사와 함께 《경영의 高度 技法 M&A, 중앙일보사》라는 책자를 발간한 것만 보아도 김앤장이 M&A 업무에 얼마나 신경을 써 왔는지 잘 알 수 있다. 두 저자는 이 책에서 "국내 기업의 해외진출 형태 중 가장 보편적인 방식은 해외의 기업을 인수하는, 소위 M&A라고 불리는 방식"이라고 해외진출의 방식으로 M&A를 추천하고 있다. 또 "M&A는 그 복잡성과 다양성으로 인해 많은 법률문제를 지니고 있다. 이러한 모든 문제에 대한 정확한 판단이 충족되지 않으면 효과적인 기업인수라는 것은 사실상 불가능한 것"이라고 M&A 실무의 중요성을 강조했다.

김앤장이 예견한 대로 IMF 외환위기를 전후해 M&A 거래가 활성화되기 시작했다. '자본주의의 꽃'으로 불리는 M&A 시대가 본격 열린 것이다. 김앤장 변호사들이 물 만난 고기처럼 수많은 M&A 거래의 법률대리인으로 나섰다. 이어 한국 경제의 발전과 함께 M&A 그룹이 김앤장 내에서도 가장 주목받는 전문그룹의 하나로 발전을 이어가고 있다. 김앤장이 국내는 물론 일본을 제외한 아시아·태평양 지역의 M&A 자문 리그테이블에서 최정상의 위치를 차지하고 있는 것은 결코 우연한 일이 아니다. 미리 시장의 변화를 내다보고 체계적으로 준비한 결과라고 할 수 있다.

김앤장 M&A 그룹에선 무엇보다도 투자기회의 모색부터 거래의 성공적 종결뿐만 아니라 M&A 이후 통합과정을 의미하는 PMI(Post Merger Integration)까지 M&A의 모든 단계에서 높은 전문성의 자문이 가능한 원스톱 서비스를 가장 큰 강점으로 내세운다. 김앤장 관계자는 "김앤장은 법률실사, M&A 계약서 작성 등의 좁은 의미의 M&A 법률자문에만 그치는 것이 아니라, 기업의 인수, 통합 및 운영 과정에서 필요한 조세, 인사·노무, 기업회생, 기업구조조정, 공정거래, 형사, 소송, 환경, 지식재산권, 부동산, 산업별 규제와 인수금융 등 M&A와 관련된 제반 분야에서 최고의 전문그룹을 보유하고 있다"고 강조했다. 또 "방송·통신, IT, 기계, 제약, 화학, 자동차 등 각 산업별 전문그룹과 유기적으로 협업함으로써 투자대상의 해당 산업과 관련된 법규, 규제뿐만 아니라 주요 이슈와 동향, 향후 전망 등 실무적인 부분에 있어서도 실질적인 조언을 제공할 수 있는 역량을 갖추고 있다"고 거듭 힘주어 말했다.

김앤장 설립 초창기부터 합작투자 등의 굵직한 거래에서 활약한 정경택 변호사가 좌장을 맡아 후배들을 이끌고 있다. 실무팀에선 노영재, 박종구, 허영만, 이경윤, 정명재, 안보용, 김진오, 정재훈, 박종현, 권형수, 임신권, 이영민, 강은주, 최희준, 김완석, 권창섭, 김태오, 박상택, 안희성, 박재홍 변호사 등으로 김앤장 M&A 그룹의 진용이 길게 이어진다. 또 서동천, 이정철, 이상구, 김범준, 이순

열, 김재명, 장윤경, 이은비, 나진강, 안세영 변호사가 한국변호사들을 도와 크로스보더 M&A에서 활약하는 주요 외국변호사들로 소개된다.

정경택 변호사는 1983년 GM과 대우자동차의 합작투자, 1991년 사우디 아람코와 쌍용정유의 합작투자, 미 AT&T와 LG의 광통신 케이블 사업, GE와 삼성의 의료기기 사업, P&G의 쌍용제지 인수 등 한국 경제사에 한 획을 그은 수많은 거래를 주도했으며, 인터브루의 OB 합작투자, Abitibi, Norske의 한솔제지 합작투자, Duracell의 로케트전지 사업인수 등의 거래도 그가 후배들과 함께 수행한 김앤장의 주요 M&A 업무철에 포함되어 있다. 공정거래법의 전문가이기도 한 그는 1985년 미 하버드 로스쿨로 연수를 다녀왔으며, 하버드 로스쿨을 마친 후 M&A 거래에서 공격자 대리로 유명한 스캐든 압스 뉴욕사무소에서 경험을 쌓았다. 정 변호사는 광화문의 크레센도빌딩에서 김앤장의 M&A와 회사법, 공정거래 업무 등을 지휘한다.

김앤장에서 정경택 변호사 다음으로 M&A 거래를 많이 수행한 노영재 변호사는 서울대 법대를 나와 예일대 로스쿨로 연수를 다녀왔다. 뉴욕의 Davis Polk & Wardwell에서 경험을 쌓았으며, 항도종금, 신성무역 M&A와 미 제미니스(Seminis)의 흥농종묘, 중앙종묘 인수, 페어차일드의 삼성전자 사업인수, Amkok의 아남반도체 광주공장 인수 등이 그가 관여한 대표적인 M&A 사례로 소개된다. 노 변호사는 외국 펀드의 국내 기업에 대한 투자에서도 수완을 발휘했다. 살로몬 브라더스, 스미스 바니 등 외국 금융기관의 국내 합작투자 증권사, 투자신탁 회사의 설립 때도 자문했다.

IMF 외환위기 때인 1998년 대상그룹이 라이신 사업부문을 독일 바스프에 매각할 때 대상 측을 맡아 맹활약한 박병무 변호사도 김앤장에 근무할 때 수많은 M&A 거래에 참여한 김앤장 M&A 그룹의 핵심 구성원 중 한 명이었다. 그는 그 후 기업의 CEO가 되어 기업경영을 직접 체험한 후 김앤장에 복귀했다가 지금은 다시 사모펀드인 VIG파트너스의 대표로 활동하고 있다.

김앤장 M&A 그룹의 사건파일을 들춰보면, IMF 때인 1998년 볼보가 삼성중공업의 건설중장비 부문을 인수하는 거래를 성공적으로 처리한 것을 비롯해 대상그룹의 라이신 사업부문 매각(1998), 씨티그룹의 한미은행 인수(2004), 두산그룹의 밥캣 인수(2007), 금호 아시아나의 대우건설 인수(2006), 한국투자공사의 미국 메릴린치 투자(2008), MBK 파트너스의 C&M 인수(2008), 두산중공업이 체코의 발전소 터빈 원천기술업체인 스코다파워 지분 100%를 4억 5,000만 유로에 인수한 거래(2009) 등 한국 기업사에 큰 획을 그은 수많은 거래가 시간의 순서대로 소개되어 있다. 그만큼 한국 경제의 발전에 큰 역할을 해온 법률회사가 김앤장임을 확인할 수 있다.

최근에도 김앤장 M&A 그룹은 센트로이드인베스트먼트파트너스의 Taylor Made Golf Company 인수(거래규모 2조 1,000억 원), 이마트가 이베이코리아를 약 3조 4,000억 원에 인수하는 크로스보더 거래에서의 매도인 측 자문, 포스코 물적분할 및 지주회사 설립(39조 원), Cigna의 라이나생명보험을 포함한 7개 아시아-태평양 시장의 개인상해, 건강 및 생명보험사업 회사 매각(6조 6,000억 원), 현대자동차그룹의 미국 Aptiv와의 자율주행기술 JV 설립(4조 4,000억 원), 포스코인터내셔널의 포스코에너지 흡수합병(3조 9,000억 원), 삼성바이오로직스의 삼성바이오에피스 지분 인수(2조 7,000억 원), 디티알오토모티브의 두산공작기계 인수(2조 4,000억 원), 베인캐피탈의 휴젤 매각(1조 5,000억 원) 등 조 단위 거래만 해도 주요 M&A의 어느 한 쪽 대리인란에 빠지지 않고 이름을 올리고 있다.

특히 2007년 두산 쪽을 맡아 전 세계 27개국에 73개 법인을 운영하는 글로벌 기업 잉거솔랜드의 밥캣을 인수한 거래는 한국 로펌이 외국 로펌을 지휘하며 자문을 주도한 사실상 최초의 사례로, 거래 당시부터 뜨거운 관심을 끌었다. 거래규모가 49억 달러에 달했던 이 거래에서, 김앤장은 23개의 현지 로펌을 지휘하는 주대리인(lead counsel)으로 활약했다.

김앤장은 이런 실적을 바탕으로 국내는 물론 일본을 제외한 아시아·태평양 지역의 M&A 리그테이블에서 최상위 그룹에 랭크되고 있다. 또 김앤장의 M&A 변호사들은 체임버스앤파트너스, Legal 500 등 유명 법률잡지에서 한국의 M&A 분야를 대표하는 리딩로이어로 단골로 소개된다.

IMF 외환위기 직후인 1998년 김앤장에 합류해 26년째 M&A 한우물만 파고 있는 이경윤 변호사는 한국 M&A의 산증인과 같은 변호사로, 항상 조용하게 상대방과 우호적으로 대화하면서 협상을 진행하면서도 챙길 것은 다 챙겨 웃는 암살자란 의미의 'Smiling Assassin'이란 별명을 가지고 있다.

이경윤 변호사보다 1년 늦은 1999년 김앤장에 합류한 안보용 변호사는 처음 3~4년은 금융 관련 업무를 주로 수행했다고 한다. 그러나 이때의 경험이 안 변호사가 M&A 변호사로 성공하는 데 크게 도움이 되었다. 안 변호사는 금융 이슈 등을 포함해 종합적으로 사안을 분석하는 능력이 탁월하다는 평, 상업적인 부분에 있어서도 클라이언트보다 오히려 더 잘 알 정도로 이해가 빠르다는 말을 많이 듣는다.

공정거래 업무에서도 활약이 큰 김진오 변호사도 김앤장 M&A 그룹의 핵심 변호사 중 한 명으로, 그는 삼성물산과 제일모직의 합병, 삼성전자의 미국 하만인터내셔널 인수 등 굵직한 거래들에 자문했다. 적시의 세련된 자문으로 클라이언트를 항상 업데이트 된 상태로 보좌하는 능력을 지녔다는 평가를 받고 있다.

기업구조조정

임치용, 정진영, 배현태, 정영식, 오상진, 조현덕, 김지평 변호사 등이 포진하고 있는 기업구조조정 그룹도 IMF 외환위기 때부터 이름을 날리고 있는 김앤장의 주요 업무분야 중 하나로 꼽힌다. 그동안 기업구조조정, 기업회생, 파산 사건 등에서 경영위기에 몰린 기업이나 채권자, 투자자 기타 이해관계인을 대리해 자타가 인정하는 경쟁력을 쌓아왔으며, IMF 위기 때 법전 속에 잠자고 있던 화의제도를 실무적으로 활용해 수많은 기업을 위기에서 구출한 사례가 지금도 관련 업계에서 이야기되고 있다.

김앤장 기업구조조정 그룹의 업무사례는 크게 채무자 대리, 채권자 대리, 투자자 대리로 나눠 볼 수 있다.

팬택의 워크아웃 자문, 삼선로직스의 구조조정을 위한 회생절차 신청과 외국에서의 승인을 위한 자문, 아도니스CC 등 골프장 소수주주의 회생신청 사건에서 채무자 회사를 대리하여 회생신청을 방어한 사례 등이 채무자를 대리한 주요 업무사례로 소개된다. 또 채무자 회사를 대리한, 해당 기업의 회생절차 신청은 물론 사전적 구조조정 또는 회생방안에 관한 자문 등 해당 회사가 계속기업으로 지속할 수 있는 방안에 대한 자문까지 업무범위가 확대되어 있다.

반대로 투자자 자문은 부실기업의 구조조정이 투자자에게 매우 유리한 M&A 기회라는 점에서 주목을 끌고 있다. 정진영 변호사는 "부실기업 M&A엔 일반적인 M&A에는 없는 여러 법적 위험과 제약 등이 포함되어 있고, 이에 대한 세밀한 분석과 대비가 필요하다"고 설명하고, "김앤장에선 채권단과의 협상, 법원과의 협의도 진행한다"고 소개했다.

리솜리조트 회생절차에서 인수인을 대리하여 Stalking Horse 방식의 회생절차 M&A에 자문하고, Bank of America Merrill Lynch 등을 대리하여 STX팬오션(현재 팬오션)의 회생채권 거래를 수행한 것이 대표적인 업무사례로 소개된다.

임치용 변호사는 대법원 재판연구관을 거쳐 서울중앙지법 파산부 부장판사를 역임한 기업구조조정과 파산 관련 업무의 전문가로, 특히 법원 실무에 해박하다. 2017년부터 서울지방변호사회 도산법연수원장을 맡고 있으며, 법무부 도산법 개정위원장, 금융위원회 공적자금관리위원회 위원, 법원행정처 회생·파산위원회 위원 등도 역임했다. 임 변호사의 고객사엔 건설사, 골프장, 해운회사 등 경영위기에 빠진 다양한 업종의 기업과 이러한 기업에 받을 돈이 있는 금융기관, 외국 채권자 등이 망라되어 있다.

서울대 경영학박사인 조현덕 변호사는 기업지배구조 개편 업무에서 두각을 나타내고 있다. 10개 주력 계열사를 쪼개어 합치고

70여 계열사의 순환출자를 해소한 롯데그룹의 지주회사 체제 구축, 주택사업업체인 현대산업개발과 편의점 CU로 유명한 BGF 리테일의 지주회사 전환 등이 그가 주도적으로 관여해 성공적으로 마무리한 주요 딜로 소개된다. 골프존의 지주회사인 골프존뉴딘홀딩스 설립도 그가 공을 들여 완성한 거래 중 하나다.

기업지배구조 개편은 경영상 어려움에 빠진 기업에서 위기를 타개하기 위해 시도하는 구조조정과는 결이 다른 업무로 분류된다. 조 변호사는 기업지배구조 개편의 방향은 경영의 투명성 제고를 통한 기업의 경쟁력 강화여야 한다고 강조했다.

공정거래

김앤장 공정거래 그룹도 오랜 역사와 풍부한 경험을 자랑한다. 설립 이래 공정거래와 소비자 관련 다양한 사건을 성공적으로 수행해왔으며, 외국 기업이 관련된 사건, 한국 기업의 해외 공정거래 사건에서도 탁월한 역량을 발휘하고 있다.

변호사, 회계사, 경제학박사, 산업 전문가 등 다양한 경력의 140명이 넘는 전문가가 포진한 김앤장 공정거래 그룹에 대해, 해외 법률매체에선 '최고 중의 최고'(the best of the best), '나머지 로펌보다 한 수 위'(head and shoulders above the rest), '항상 효율적이고 창조적인 솔루션을 제공하는, 다른 로펌의 벤치마킹 대상'(a benchmark for the other local firms, always providing effective and innovative solutions) 등의 탁월한 평가를 내놓고 있다. 김앤장은 경쟁법 전문 매체인 Global Competition Review에서 선정하는 공정거래 분야 100대 로펌(GCR 100)에서 가장 높은 등급인 'Elite Team'에 14년 연속 이름을 올리고 있다.

한국의 공정거래법 입안에 참여하기도 한 정경택 변호사가 총괄 지휘하는 가운데, 실무팀장을 맡은 정영진, 김진오 변호사와 장지수, 윤성주, 윤인성, 최기록, 최철환, 김봉석, 강상욱, 권정훈, 정재훈, 양대권, 이민호, 홍기만, 이한일, 김동국, 김기태, 고경민, 박찬익, 정영식, 진상훈, 강동근, 김경연, 전기홍, 김정훈 변호사 등 공정거래 실무에 전문성을 갖춘 많은 변호사들이 포진하고 있다. 전 세계의 뛰어난 변호사들을 소개하는 Who's Who Legal에서 선정한 2022년 공정거래 분야 한국 변호사 중 절반가량이 김앤장 소속일 정도로 우수한 인적 자원을 많이 보유하고 있는 곳이 김앤장 공정거래 그룹이다.

김앤장 공정거래 그룹은 최근 검찰의 공정거래법 위반 사건에 대한 수사 강화와 관련, 김병화, 권정훈, 강동근 변호사 등 공정거래 사건을 많이 수행하는 검찰 출신 변호사들과의 협업을 통해 관련 형사사건에 대한 대응시스템을 가동하고 있으며, 공정거래 관련 소송 업무는 판사 출신의 윤인성, 최철환, 양대권 변호사가 지휘한다. 또 박상혁, Luke Shin, 정태현, 현정원, 류경선, Maria Hajiyerou, 정승환 외국변호사 등이 해외기업결합신고 등 외국 관련 업무에서 활약하고 있다.

검찰에 있을 때 정부합동 의약품리베이트 전담수사반 전담검사로 활동한 강동근 변호사는 골프시뮬레이션 시스템 사업자의 차별취급 공정거래법 위반 고발사건 무혐의 처분, 2019년 이후 두 차례에 걸친 대형 조선사의 하도급법 위반 고발사건 무혐의 처분, 외국계 대형 IT 기업의 조사방해 고발사건 무혐의 처분을 받아내는 등 특히 검찰 수사단계에서 성과를 올리고 있다.

법관 시절 헌법행정조 조장을 포함해 대법원 재판연구관으로 5년간 근무하고 서울행정법원 부장판사 등을 역임한 윤인성 변호사는 과징금 취소소송과 경쟁법 위반을 이유로 한 민사 손배소, 형사재판은 물론 집행정지 등 가처분에 이르기까지 주요 분쟁 사건에 빠지지 않고 관여하는 공정거래 송무 전문가로 유명하다. 윤 변호사는 서울대 대학원에서 경제법을 연구해 법학석사 학위를 받았으며, 캠브리지대에서도 연구했다.

경쟁법에 특화한 몇 안 되는 여성변호사 중 한 명인 김경연 변호사는 뛰어난 영어실력과 함께 외국 클라이언트에 대한 자문이 돋보인다. 정영진 변호사는 사시, 행시, 외시에 모두 합격한 '고시 3관왕' 출신으로, 미중 무역전쟁 등 자문 수요가 급증하고 있는 통상 분야에서도 손꼽히는 전문가로 통한다. 예일대 로스쿨에서 LL.M.에 이어 법학박사(J.S.D.) 학위를 받고 뉴욕주 변호사 자격도 갖춘 정영진 변호사는 한국 유일의 IBA(세계변호사협회), ABA(미변호사협회) 공정거래 전문위원회 임원이며, 영어로 된 공정거래에 관한 여러 권의 공저와 논문을 발표했다.

제25회 사법시험에 차석합격한 박성엽 변호사도 김앤장 공정거래 그룹의 오래된 전문가 중 한 명이다. 또 공정위 조사 대응부터 경쟁법 위반 민사 손배소 대리 등 경쟁법 집행의 전 분야에서 활동하는 전기홍 변호사는 김앤장 공정거래그룹의 차세대 주장 중 한 명으로 주목받고 있다.

김앤장 공정거래 그룹은 '몰아주기' 등 부당내부거래 규제, 카르텔, 시장지배적 지위 남용, 불공정거래, 대리점 및 가맹사업거래, 하도급, 기업결합, 표시광고법 위반행위 등으로 세부 업무를 나눠 안내하고 있다.

높은 승소율이 주목받고 있는 가운데 김앤장이 최근 받아낸 판결 중에선 미국 첨단소재기업의 특정 브랜드 제품에 대한 대형마트 유통 제한 관련 공정위 처분의 서울고법 취소 판결과 대법원의 공정위 상고 기각, 국내 사료회사를 대리한 부당한 공동행위에 대한 공정위 처분 불복 행정소송에서의 대법원 최종 승소, 항공운송사업자의 특수관계인에 대한 부당한 이익제공 혐의 관련 공정위 처분에 대한 서울고법에서의 공정위 처분 전부 취소와 대법원의 공정위 상고 기각 등 승소 사례가 이어진다.

김앤장은 글로벌 반도체 선도기업의 시장지배적 지위 남용 혐의에 대한 공정거래위원회 조사 건에서 해당 기업을 대리하여 약 3년에 걸친 공정위 조사기간 동안 방대한 양의 근거 자료를 수집하고 이에 기반한 심도 있는 분석을 진행, 경쟁사의 주장에 대한 반박 논리를 개발해 공정위에 전달함으로써 2022년 무혐의 결정으로 심의절차를 종료했다.

또 공정위가 글로벌 온라인 숙박예약사업자(OTA)를 상대로 숙박업체와 체결하는 계약서에 가격동일성 조항(MFN 조항)을 사용하는 것의 불공정 여부를 조사한 사건에서, OTA를 대리하여 MFN 조항을 일률적으로 삭제하는 대신 넓은 의미의 MFN 조항을 삭제하고 좁은 의미의 MFN 조항을 유지하겠다는 시정방안을 제시하고, 이행함으로써 시정조치의 실익이 없다는 이유로 심의절차 종료 처분을 받았다. 공정위 조사와 후속 처분이 장기화될 가능성이 높았으나, OTA 시장과 산업에 대한 전문지식을 바탕으로 MFN 조항의 경쟁법적 함의를 분석, 대응방안을 마련해 조사를 조기에 종결한 사례다.

김앤장은 유럽과 미주노선 승인이 주목받고 있는 대한항공의 아시아나항공 인수 관련 global merger filing을 수행하는 등 기업결합신고에서도 역량을 발휘하고 있다. 김앤장은, 딜리버리히어로가 국내 배달앱 1위 업체인 배달의민족 운영사인 ㈜우아한형제들을 인수한 것과 관련, 딜리버리히어로를 대리해 2020년 12월 공정위 승인을 받아냈다.

인사·노무

 김앤장 인사·노무 그룹은 사법연수원 8기의 현천욱 변호사가 주춧돌을 놓았다. 그 이전에도 노동법 자문을 안 한 것은 아니지만 1987년 6.29 선언 이후 전국적으로 노사분규가 봇물 터지듯 이어지면서 노동법 수요가 급증, 노동팀이 꾸려지고 노동법 자문이 본격적으로 활성화되었다. 이때가 1988년으로, 1981년 김앤장에 입사한 현 변호사는 1987년 미 하버드 로스쿨로 연수를 떠나 LL.M. 과정을 마치고 미 로펌 Sullivan & Cromwell 뉴욕사무소에서 약 9개월간 근무한 후 업무에 복귀했다.

 "미국에서 돌아오니 근로자들도 노동기본권에 대한 인식이 확고해지기 시작했고, 근로자의 권리 주장과 노동조합 설립, 노동운

동이 활발하게 전개되고 있었어요. 김앤장이 노동팀을 발족한 건 당연한 수순이었지요."

현 변호사는 1990년 서울지방노동위원회 공익위원을 시작으로 고용노동부 자문변호사, 노동법개정특별위원회 공익위원, 주한미국상공회의소 HR분과위원회 위원장 등을 역임하고, 기업자문은 물론 정부의 노동정책 성안, 노동법 개정에도 활발하게 참여하고 있다.

김앤장 인사·노무 그룹에선 기업 인력 운영 전반에 대한 노동법 자문은 물론 단체교섭과 단체협약, 조정절차, 쟁의행위 등 전반적인 노사관계에 관한 자문, 부당해고, 임금소송 등 노동법 관련 다양한 분쟁사건을 수행한다. 또 직장 내 괴롭힘과 성희롱, 개인정보 보호와 영업비밀, 인재 유출 방지 등 사규와 법규 위반행위에 대한 준법 및 내부조사에 관한 자문을 제공하며, 성과주의 도입과 산업안전, 중대재해, M&A 이후의 조직과 근로조건 통합 등에 관련된 노동법 자문까지 폭넓게 업무범위가 형성되어 있다.

제약, 자동차, 화학, IT, 금융 등 산업 전문가들과의 협업을 통해 특성화된 솔루션을 제공하며, 미국을 비롯해 프랑스, 독일, 중국, 일본 등 나라별로도 전문가들로 구성된 지역팀을 가동하고 있다.

김앤장 인사·노무 그룹은 이러한 뛰어난 전문성을 평가받아 Asialaw, The Legal 500, Chambers와 같은 다수의 해외 법률매체로부터 지속적으로 한국 내 최고 HR 전문가 그룹으로 선정되고 있다.

한국 로펌 중 가장 큰 규모인 김앤장 인사·노무 그룹엔 현천욱 변호사에 이어 김원정, 주완, 김기영, 최승욱, 이제호, 김학준, 홍준호, 배현태, 박정택, 김춘호, 권순하, 이도형, 하홍영, 윤성일, 이승재, 박현제, 류지효, 김대엽 변호사와 공인노무사, 회계사, 전문위원 등 130명이 넘는 전문가들이 포진하고 있다. 또 인사·노무 분야에서 활약하는 외국변호사 중에선 조현우, 서덕일, 원성민, 이헌엽, Mattew Jones, 이호인, Robert Randolph Flemer 외국변호사 등이 먼저 소개된다.

제23회 사법시험에 합격한 김원정 변호사는 김앤장에서 현천욱 변호사 다음으로 경력이 오래된 노동변호사로, 법원 소송과 노동위원회 사건, 고용노동부와 검찰에서의 형사사건 대응은 물론 국가인권위원회 사건까지 폭넓게 업무를 수행한다. 또 국내 기업, 글로벌 기업의 인수합병, 인수합병 이후의 통합작업이나 기업의 구조개편, 회생작업과 관련해서도 인사·노무에 관련된 다양한 자문을 제공하며 활약하고 있다.

2019년부터 한국노총 조직분쟁 조정위원회 위원을 겸하고 있는 주완 변호사는 노동계와도 말이 통하는 변호사로 알려져 있다. 주 변호사는 2014년부터 서울지방변호사회 노동법연수원장을 맡고 있다.

엔터테인먼트 분야에서도 많은 사건을 수행하는 김기영 변호사도 김앤장의 오래된 노동법 전문가 중 한 명이다. 산업과 자문 회사의 사정에 맞는 솔루션을 제시하여 해당 기업이 처해 있는 법적 환경에서 실질적인 최선의 결과가 도출되도록 한다는 평가를 받고 있다.

김앤장 합류 전 판사로 재직했던 최승욱, 이제호, 김학준, 홍준호, 배현태, 김춘호, 이도형 변호사 등은 노동법 소송 등 분쟁사건에서 역량을 발휘하고 있다. 얼마전 부산고법에서 조정을 통해 원만하게 마무리된 현대중공업의 6,300억 원대 통상임금 소송, 2022년 5월 대법원 판결로 확정된 근로자파견관계가 인정되지 않아 현대차에 직접고용 의무가 없다는 내용의 현대차 대리점 카마스터 사건, 타다 기사는 근로자가 아니라는 판결 등 주로 사용자 측을 대리해 받아낸 여러 승소 사례가 인사·노무 그룹의 업무파일에 이어지고 있다.

이도형 변호사는 2013년 12월 18일 선고된 정기상여금도 통상임금에 포함된다는 취지의 대법원 전원합의체 판결에서 피고 측 대리인의 일원으로 직접 사건을 수행했음은 물론 판결 선고에 앞서 진행된 대법원 공개변론에서 직접 변론한 것으로 유명하다.

영어와 독일어, 프랑스어 등 5개 국어를 구사하는 박정택 변호사는 다양한 글로벌 기업에 대한 자문에서 두각을 나타내고 있다.

프랑크푸르트 소재 독일 로펌에서도 근무한 경험이 있다.

김앤장 인사·노무 그룹은 이미 오래전에 D&H(Discrimination & Harassment)팀을 구성하여 직장 내 괴롭힘, 성희롱, 차별 등 직장에서 일어날 수 있는 다양한 갈등관계와 관련된 법적 이슈와 그 대응방안에 대해 자문하고 있다. 고용노동부, 법원, 수사기관, 민간기업 등에서 경험을 쌓은 여러 전문가가 포진한 가운데 사내변호사 경험이 풍부한 송미지 변호사와 경찰 출신의 김대영 변호사, 한국IBM과 한국GM 법률고문을 역임한 David Waters 외국변호사 등이 활발하게 자문에 나서고 있다.

D&H팀은 지금까지 글로벌 기업을 포함한 여러 기업에서 발생한 직장 내 성희롱 내지 괴롭힘 신고 사건을 철저히 조사하여 사실관계를 규명함으로써 신고 사실의 성립 여부를 정확하게 분석한 뒤 후속 인사조치에 대해 자문하고, 다수의 기업을 상대로 조직문화 진단, 성희롱 등 예방교육과 사내 규정 정립 등 갈등 예방을 위한 솔루션을 제공했다. 또 직장 내 갈등에서 비롯된 다양한 분쟁을 해결하고, 최근에는 ESG 경영을 위한 인권영향평가 등 인권 경영에 대한 자문으로 업무영역을 늘려가고 있다.

Practice

환경

최근 들어 ESG 이슈가 부각되며 환경 문제에 대한 대응이 한층 중요해지고 있다. 환경 이슈가 M&A 거래의 전제조건으로 일컬어질 만큼 중요성이 더해지고 있으며, 1990년대 초 발족한 김앤장 환경 그룹에선 대기, 수질, 폐기물, 토양오염, 유해화학물질 및 환경규제, 온실가스, 기후변화 문제까지 커버한다. 다수의 수입자동차 회사를 상대로 한 배출가스 인증 및 관련 행정처분에 관한 자문, 정수기 제조업체에 대한 먹는물관리법 인허가 자문, 소비재 제조업체 등 다수의 기업을 상대로 한 화학물질의 등록 및 평가 등에 관한 법률(약칭 화학물질등록평가법) 위반 사건 자문 등 다양한 업무사례가 축적되는 가운데 갈수록 업무범위가 확대되고 있다.

노경식, 이윤정 변호사가 팀을 이끄는 가운데 공정거래, M&A 분야에서도 비중 있는 역할을 수행하는 황창식 변호사와 서울대에서 에너지법에 관한 연구로 법학박사 학위를 받은 황형준 변호사, 이준용 외국변호사도 환경 관련 자문을 많이 수행하는 환경법 전문가들이다. 황창식 변호사는 하버드 로스쿨에서 환경법을 연구해 LL.M. 학위를 받았으며, 이준용 변호사는 하버드대 진화생물학 박사다.

ESG와 중대재해 관련 사건도 많이 수행하는 노경식 변호사는 서울지법 등에서 약 9년간 판사로 활동한 후 2002년 김앤장에 합류했다. 제약과 의료기기·식품·화장품, 보건의료 등 헬스케어 분야의 전문가로도 이름이 높으며, 판사 재직 시절 펜실베니아대 로스쿨에서 LL.M. 학위를 취득했다.

사법연수원을 마친 1999년 곧바로 김앤장에 합류한 이윤정 변호사는 24년째 환경법 분야에서 활동하고 있다. 2005년 런던대 SOAS 칼리지에서 환경법을 전공해 LL.M. 학위를 받았다. 기후변화와 배출권거래제 자문, 폐기물과 화학물질 관리 등이 이 변호사의 주요 업무영역으로 분류되며, 최근에는 ESG 관련 자문을 많이 수행한다.

김앤장 환경 그룹은 한국 정부가 1993년의 기후변화에 관한 유엔 기본협약과 2002년 교토 의정서를 비준한 이후 관련 법령과 프로젝트를 체계화하는 과정에 참여하는 등 기후변화 프로젝트에 자주 이름을 올리고 있다. 세계에서 가장 큰 CDM(청정개발체제) 프로젝트 중의 하나로 평가되는 로디아 에너지 코리아의 경남 온산공장에서의 이산화질소(N2O) 경감 프로젝트, 국내 최초의 탄소기금 프로젝트에서도 법률고문으로 활약했다.

여러 차례 환경부 고문변호사로 활동한 이윤정 변호사는 "로디아사가 실시하고 있는 청정개발 프로젝트인 이산화질소 감축 사업이 한국의 규제에 맞도록 법률자문을 제공하고, 세제 혜택 가부 등에 대해 검토했다"고 소개했다. 이어 "탄소기금 프로젝트의 쟁점 중 하나가 탄소가 법률적으로 투자의 대상에 해당하는지 여부"라며 "국내에서도 환경펀드에 대한 관심이 증가하고 있다"고 주목했다.

이 변호사는 국가생물다양성위원회 위원, 대한변협 기업의 ESG 경영 확대 추진 TF 위원 등을 맡고 있다.

부동산

상업용 건물의 매매와 부동산 건설, 개발 등의 업무를 수행하는 부동산 그룹은 오연균 변호사가 총괄 지휘하는 가운데 권형수, 조근아, 송진호, 오흥석, 이상민, 염승훈, 정승환, 안희성, 오민영, 권익현 변호사 등으로 이어지는 탄탄한 진용을 자랑한다. 한국 로펌 중 가장 큰 인적 규모이며, 업무 전문성이나 자문실적에 있어서도 한국 최고의 경쟁력을 갖추고 있다. 외국변호사 중에선 김미아, 변현서, 백유흠 변호사가 부동산 거래에 많이 참여한다.

김앤장 부동산 그룹은 처음엔 외국 회사가 국내에 짓는 플랜트, 공장에 관련된 자문을 주로 담당했다. 지방자치단체와 협조해 새로 산업단지를 개발해 입주시키거나 공장입지 승인을 받아 공장 플랜트를 건설하고, 공유수면 매립지에 공장을 유치하는 업무 등을 많이 수행했다. 바스프, 듀폰과 아코, 모토로라, 화이자 등이 김앤장 부동산 변호사들의 도움을 받아 한국에 관련 공장을 지어 진출한 대표적인 외국 회사들로 소개된다. 권형수 변호사는 "공장이나 플랜트 건설은 보통 3~4년 정도의 기간을 필요로 하는데다 부지 취득과 개발, 설계, 건설, 토목, 장비와 기자재의 반입, 준공, 시운전, 가동 등 단계마다 법률적 검토와 자문이 필요한 대목이 하나둘이 아니어 김앤장 부동산 그룹의 변호사들이 현장에 나가 살다시피 했다"고 소개했다.

2000년대 들어 부동산 그룹의 변호사들은 금융기관이 보유하고 있는 저당권과 저당권부 채권을 유동화하는 일을 많이 했다. 또 기업의 부동산을 수익자산으로 변경하거나 처분해 유동성을 확대하는 일을 지원했다. BIS 비율을 맞춰야 하는 은행들도 이에 대한 수요가 커 관련 업무가 이어졌다.

최근 들어서 웨스트게이트타워 매입, 이마트 본점 매각, 인천 항동 소재 물류센터 매수, 프랑스 파리 Eiffage 본사 사옥 선매입 거래 등 국내외 상업용 부동산 거래에 대한 자문이 단연 많은 비중을 차지하고 있다. 서울의 강남, 강북에서 가장 큰 오피스 건물인 서울파이낸스센터와 강남파이낸스센터 거래가 김앤장 변호사들의 손을 거쳐 이루어졌으며, 극동빌딩, 금호생명빌딩, 뉴코아 강남점 등은 부동산투자회사(REITs) 구조를 통해 매매를 성사시켰다. 최근 10여 년 사이에 국내에서 이루어진 대형 상업용 빌딩의 매매와 개발사업의 대부분이 김앤장을 거쳤다고 할 만큼 이 분야에서 독보적인 경쟁력을 확보하고 있다.

2016년에 이루어진 국내 부동산 거래 중 최대 규모였던 브룩필드(Brookfield)의 여의도 국제금융센터(IFC) 인수도 김앤장이 브룩필드를 대리해 성공적으로 완수한 거래로, 조근아 변호사, M&A팀의 안보용 변호사, 유창선 외국변호사 등이 나서 거래규모 2조 5,000억 원이 넘는 빅딜을 성사시켰다. 매도인인 AIG로부터 IFC를 소유한 5개 법인의 지분을 각각의 별개 법인을 설립해 인수하는 방식으로 추진된 이 거래에서 김앤장은 AIG가 서울시와 체결한 99년간의 토지 임대차계약, 5개 유한회사의 집합건물 구분소유 등과 관련한 부동산 고유 이슈는 물론 파이낸스, 세금, 임대차, 인허가 등의 이슈를 아우르는 종합 자문으로 딜을 깔끔하게 마무리했다.

부동산 개발 쪽에선 여의도 파크원 프로젝트, S-Oil의 울산 석유화학 플랜트 개발사업, SK하이닉스의 용인 반도체 클러스터 사업 등이 김앤장 부동산 그룹에서 주도적으로 자문해 완료되었거나 현재 진행 중인 주요 프로젝트로 소개된다. 이지스자산운용이 매입해 오피스 중심의 복합 개발로 추진 중인 밀레니엄 힐튼 서울 호텔도 김앤장이 매수 때부터 이지스자산운용을 대리해 자문하고 있다.

 오연균 변호사는 한국을 대표하는 부동산 변호사 중 한 명으로, 1980년 제22회 사법시험에 합격해 육군 법무관 근무를 마친 1985년 김앤장에 입사했다. 부동산 자문뿐만 아니라 김앤장에서 해외 에너지·자원 개발 업무를 개척한 주인공으로, 수많은 해외 프로젝트를 성사시켰다.

 송진호 변호사와 함께 실무팀장의 역할을 수행하는 권형수 변호사는 특히 부동산 자문의 '종합 결정판'이라고 불리는 대규모 복합개발 프로젝트에서 누구보다 많은 경험을 보유하고 있다. 2014년 현대차가 10조 5,500억 원을 주고 서울 삼성동의 부지를 매입할 때부터 자문하고 있는 현대차 GBC 프로젝트를 비롯해 국내 최초로 지상권에 기반한 복합개발 프로젝트로 진행되어 2020년 7월 말 준공된 여의도 파크원 프로젝트가 그의 자문을 거친 대표적인 개발 프로젝트로 꼽힌다. SK하이닉스의 용인 반도체 클러스터 조성사업에도 자문하고 있는 권 변호사는 인허가, 투자자 유치, 파이낸싱, 민원과 소송의 해결 등 보통 몇 년씩 걸리는 대규모 복합개발 프로젝트에서 발생하는 이슈들을 종합적으로 분석해 해결책을 제시하고, 이해관계자들의 다양한 이해를 조정하는 데 남다른 강점이 있다는 평을 듣고 있다. M&A 거래에도 자주 투입된다.

 송진호 변호사는 '이케아 대리인'이라고 불러도 손색이 없을 정도로 이케아가 광명점을 준비하던 2012년부터 매장 오픈 등 이케아의 한국내 사업을 도맡아 처리하고 있다. 외국계 투자자들의 국내 부동산 투자, 상업용 부동산 거래를 많이 수행, 외국자본의 국내 투자를 유치하는 부동산 변호사 중 한 명으로 불린다. 한남동 그랜드하얏트 호텔 매각, 남산스퀘어(구 극동빌딩) 취득과 같은 굵직한 거래에서 활약했으며, 이지스자산운용의 힐튼호텔 개발사업에도 주도적으로 관여하고 있다.

이상민 변호사는 '커피 한잔 값으로 건물주가 될 수 있다'는 표현으로 인기를 끌었던 공모리츠 상장에서 두각을 나타내고 있다. 특히 직접 부동산을 사는 것이 아니라 투자 대상 부동산을 보유하고 있는 펀드에 투자하는 재간접형 상장리츠나 Pre-IPO라고 공모 전에 미리 일정한 분량의 주식을 기관투자자한테 인수시키는 거래 등 복잡하고 어려운 리츠 상장거래의 해결사로 이름을 날리고 있다.

또 코로나로 인한 언택트의 영향으로 주목을 받은 물류창고 거래에서 활약, 미국의 인디애나, 오하이오, 노스캐롤라이나에 위치한 아마존 물류창고 3곳을 2,000억 원에 인수하는 거래를 성사시켰으며, 이마트가 점포 13개를 매각한 후 다시 임차해 사용하는 1조 원 규모의 세일앤리스백 거래도 그가 이마트를 대리해 2020년 말 성공적으로 마무리한 주요 거래 중 하나다. 당시 매매계약서에 들어가는 구체적인 계약조건을 놓고 매도인과 매수인

사이에 합의가 되지 않아 막판까지 애를 먹자 이 변호사가 가지고 있던 이면지를 반으로 잘라 이 변호사의 의뢰인과 상대방에게 주고 각자 생각하는 우선순위를 적은 다음 동시에 공개한 후 이를 기초로 다시 협상을 진행하자고 제안해 30분 만에 전격적으로 합의를 도출했다.

건설

　부동산 그룹이 상업용 건물의 매매와 부동산 개발 등의 업무를 주로 수행한다면, 건설 그룹에선 건설사나 부동산 개발회사 등을 대리한 다양한 건설 관련 분쟁의 예방과 해결, 이에 앞선 재개발·재건축 조합 등의 설립, 인허가와 시공사 선정 등에 관련된 자문이 주된 업무라고 할 수 있다. 다른 업무분야에 비해 비교적 최근에 출범한 업무그룹으로 분류되지만, 가장 성공한 업무그룹 중 하나로 김앤장 내에서도 기대를 모으고 있다.
　건설 산업에 관한 민·형사소송과 중재, 재개발·재건축, 지역주택조합에 관련된 분쟁의 수행과 자문, 추가공사, 공기지연, 공사방해 클레임, 중대재해 등 건설 안전사고에 대한 대응이 건설 그룹에서 제공하는 주요 서비스로 소개되며, 분야별로 의미있는 업무 사례가 이어지고 있다. 특히 건설 관련 국내외 소송이나 건설사가 관련된 형사사건의 수행과 함께 얼마전부터 도시개발사업이나 재개발·재건축 사업 등에 관련된 자문업무가 계속해서 늘어나고 있어 팀원들이 고무적으로 받아들이고 있다.

건설팀은 약 20년 전인 2004년 판사 출신의 류용호 변호사 등이 주축이 되어 창설되었다. 류 변호사는 해외의 유명 법률매체로부터 세계적으로 추천할 만한 건설 전문 변호사 7명 중 한 명으로 선정된 전문가로, 건설분쟁 사건의 수행에서 현장주의를 강조하는 것으로 정평이 나 있다. 아프리카의 가나에 건설 중인 복합화력발전소 공사 중 발생한 해저파이프 부상(浮上) 사고와 관련한 1,600억 원 규모의 대한상사중재원 중재에서 시공사 측을 대리한 류 변호사는 직접 가나 현지를 찾아 현지의 기후와 바다의 특성 등을 파악한 후 이를 토대로 상세히 설명하며 변론한 끝에 시공사의 책임을 절반가량 감액받는 성공적인 결과를 이끌어냈다. 또 2018년 3월 발생한 부산 해운대 엘시티 공사현장에서의 추락사고 관련 형사사건에선, 해운대에 호텔을 잡아놓고 동료변호사들과 함께 수개월간 체류하며 공사를 담당한 건설사의 밀착 방어에 나서 유죄 판결이 날 경우 영업정지 등 행정제재로 이어질 수 있는 산업안전보건법 위반 혐의에 대해 1, 2심에서 무죄를 선고받았다. 이

사건은 얼마전 대법원에서 상고 기각으로 무죄가 확정됐다.

류용호 변호사와 함께 박종욱, 안기환 변호사, 공사현장의 사고와 산업재해에 밝은 김삼범 변호사, 2014년부터 서울지방변호사회 건설부동산법연수원 강사로 활동하고 있는 이송호 변호사, 검사 출신의 김태호 변호사와 유상현, 장현주, 이재창 변호사 등으로 건설팀의 라인업이 구성되어 있다. 박종욱, 안기환, 김삼범, 이송호, 유상현, 장현주 변호사도 법원에서 판사로 재직한 분쟁해결의 전문가들로, 건설팀 내에 판사 출신 변호사의 비중이 높은 편이다.

이재창 변호사는 아파트의 분양계약서와 공급공고문에 '지하주차장'이라는 문구가 있는데도 불구하고 준공 후 입주해보니 지하주차장이 설치되어 있지 않아 수분양자들이 허위·과장광고를 이유로 분양회사를 상대로 제기한 분양대금의 반환과 손해배상청구소송, '연간 발전량', 발전소 가동에 따른 '유속, 퇴적량의 변화 수치'가 완공된 발전소의 실측치와 차이 난다는 이유로 수백억 원의 손해배상이 청구된 시화호조력발전소 분쟁 등 선례가 없는 새롭고 어려운 소송의 해결사로 주가를 올리고 있다.

김앤장에서 20년 넘게 건설과 부동산 관련 소송과 자문업무를 수행하고 있는 박종욱 변호사의 업무파일에서도 김앤장 건설그룹이 어떤 업무를 수행하는지 잘 알 수 있다. 서울시내 중심부의 다수의 대형 오피스 빌딩 개발에 관련된 분쟁, 도시정비사업과 도시개발사업, 지역주택조합 관련 민사, 행정소송에서 건설회사의 M&A 및 경영권분쟁까지 다양한 유형의 분쟁 사례가 포함되어 있다. 방배 13구역 재건축사업, 장위 4구역 재건축사업이 박 변호사 등 김앤장 건설 그룹의 변호사들이 관리처분계획의 하자 등에 관련된 소송을 성공적으로 수행, 중단될 뻔한 정비사업이 다시 진행될 수 있게 한 대표적인 승소 사례로 꼽힌다.

안기환 변호사도 서울지방변호사회 건설부동산법연수원에서 'PF 사업의 개요 및 법적 분쟁'을 주제로 수년간 강의하는 등 건설 분쟁의 해결사로 이름이 높다. 그는 인천청라지구 내 국제업무타운 사업과 관련하여 공모형 PF 사업의 특성을 부각하여 큰 폭의 손해배상 예정액의 감경을 이끌어냈으며, 공정거래법상 과징금 부과처분의 과징금 산정기준인 계약금액에서 건설폐기물 처리비용, 문화재 조사비용 등을 제외하여야 한다는 대법원 판결을 받아냈다.

에너지

김앤장의 부동산 분야를 개척한 오연균 변호사가 에너지·자원 개발 붐과 함께 이 분야로도 눈을 돌려 수많은 거래를 수행했다. 이어 현대중공업 법무실 국제법무 총괄팀장을 역임한 오동석 변호사, 한국가스공사와 한국석유공사 자문변호사로 활약하고 있는 황광연 변호사, 권창섭, 오민영 변호사 등으로 진용이 확대되며, 신창희, 박상호, 송성화, 이준용 외국변호사도 에너지 분야에서 활약이 돋보인다. 또 여러 명의 에너지 경제학자, 환경 전문가 등이 변호사들과 함께 포진해 에너지·자원 개발 프로젝트의 취득, 인수, 개발뿐만 아니라 관련 프로젝트에 관련된 금융, 인허가, 합작계약, 토지의 취득, 지역민원 해결 및 협상 참여 등 기업이 필요로 하는 일체의 법률서비스를 제공하고 있다.

이미 오래전에 자문한 영국계 석유회사인 브리티시페트롤리엄(BP)의 울산 석유공장 건설, 독일 바스프사의 여천 석유화학공장 건설 프로젝트를 비롯해 한국석유공사를 도와 중국에 거의 다 넘어갈 뻔한 카자흐스탄의 원유채굴권을 따낸 딜이 오연균 변호사 팀에서 수행한 대표적인 업무사례들이다. 특히 3억 3,500만 달러 (한화 약 4,000억 원) 규모의 카자흐스탄 원유채굴권 사업은 중국과의 자원전쟁에서 한국이 승기를 잡은 대표적인 사례로 자주 얘기된다.

　당시 중국 측에서는 무상으로 도로를 건설해주고, 대규모 차관을 제공하겠다는 등의 혜택을 내걸었다. 카자흐스탄 정부도 구두로 계약에 합의해 놓은 상태여서 한국으로서는 원유채굴권 확보가 쉽지 않은 상황이었다. 그러나 오 변호사는 이처럼 절대적으로 불리한 상황을 반전시켰다. 여러 차례에 걸친 현지 탐문과 전문가와의 논의를 통해 한국의 공정거래위원회에 해당하는 카자흐스탄의 반독점위원회가 계약 체결에 열쇠를 쥐고 있다는 사실을 알아냈다. 김앤장에선 곧바로 한국석유공사가 투자하는 프로젝트의 지분구조를 일부 수정해 다시 신청서를 제출했다. 카자흐스탄 반독점위원회의 승인 관문을 통과하기 위해 전략을 일부 수정해 추진한 것이다. 결과는 오 변호사 팀의 완승. 물량 공세와 함께 원유 채굴에 대한 독점적 권한을 고수해온 중국을 제치고 한국이 사업권을 따냈다.

　산업통상자원부의 전신인 지식경제부는 2009년이 끝나기 직전인 12월 29일 한국석유공사가 두 개의 개발·탐사 광구를 보유한 카자흐스탄의 숨베(Sumbe)사의 지분 85%를 인수했다고 발표했다. 숨베는 카자흐스탄 서부지역에 아리스탄(Arystan), 쿨잔(Kulzhan) 광구를 보유하고 있으며, 아리스탄 광구의 원유 매장량은 500만 배럴에 이른다.

　김앤장의 변호사들은 대체에너지 분야에서도 발 빠르게 움직여 태양열 발전소 투자자에 대한 전력판매권 인허가, 전북 최대 태양열 발전소 건설 프로젝트, 전남 연료전지 설비 건설, 가로림만 조력발전 건설 프로젝트 등을 맡아 자문을 수행했다.

김앤장 에너지 그룹에선 에너지·자원 개발 및 발전 프로젝트에 대한 종합 자문, 에너지·자원 회사 M&A와 자산 인수 거래, 국내외 정책 및 규제에 대한 자문과 함께 에너지 개발 등의 프로젝트 수행 과정에서 발생할 수 있는 분쟁 가능성을 사전에 검토하여 예방하고, 실제 분쟁이 발생하였을 경우 다양한 국가에서의 소송·분쟁 지원까지 원스톱 토털 서비스를 제공한다.

2001년 김앤장에 합류하기 전 판사로도 잠시 재직한 오동석 변호사는 조선과 건설 관련 중재를 개척한 변호사 중 한 사람으로, 그가 수행한 사건 중엔 분쟁 규모가 1조 원에 달하는 국내 대형 조선소들의 선박건조 관련 분쟁, 국내 건설사들의 해외건설 관련 분쟁 등이 주요 케이스로 들어 있다. 산업 플랜트, 화공 설비, 오일·가스, 사회기반시설, 민자사업, 신재생에너지 등에 관련된 해외 투자 프로젝트에서도 탁월한 역량을 발휘하고 있다.

해외투자

한국 경제가 발전하고 기업의 해외진출, 해외투자가 늘어나면서 관련 법률서비스에 대한 수요가 급증하고 있다. 김앤장은 1980년대부터 세계 각 지역의 업무특성을 고려한 지역별 전문그룹을 운영하고 있다. 1970년대 차관도입을 시작으로 외국 기업과 금융기관의 한국 진출을 대리한 김앤장이 한국 기업의 해외진출을 안내하고 지원하는 법률조언자의 역할을 수행하며 자문영역을 해외로 확대하고 있다.

전강석 변호사에 따르면, 김앤장은 이미 오래 전에 한국 기업의 해외진출이 새로운 추세가 될 것으로 예상했다.

"좁은 국토, 부족한 자원의 환경에서 국내의 기업이 성장할 수 있는 길은 해외의 자원과 국내의 자본, 기술력을 결합시켜 효율의 극대화를 노리는 것에 있다. 미국과 EC 등의 보호무역주의로의 회귀 및 고도기술 이전 회피 경향은 한국 기업의 이러한 지역 내의 직접 진출을 서두르게 하고 있으며, 더욱이 국내외 노동임금 상승 등의 기업환경 변화는 동구권이나 동남아시아권 등 저렴한 노동 인력의 확보가 가능한 지역으로의 국내 기업 진출을 요청하고 있다."

그가 1991년 김영무 변호사와 함께 펴 낸 《경영의 高度技法 M&A》에 포함된 내용으로, 전 변호사는 "한국 기업이 법제도가 낯선 외국에서 성공적으로 사업을 추진하기 위해서는 한국 로펌의 조력이 반드시 필요하다는 판단에서 해외투자에 대한 지원을 김앤장 내부적으로 준비해왔다"고 소개했다.

가장 먼저 발족한 해외 전문팀은 일본팀이다. 자타가 인정하는 일본통인 김용갑 변호사가 유창한 일본어 실력을 바탕으로 1980년대부터 한일 기업간 M&A 거래 등에서 맹활약했다. 사법연수원 6기인 그는 1984년 펜실베니아대 로스쿨에서 LL.M.을 취득한 후 Covington & Burling 워싱턴 사무소에 이어 1985년 일본의 유명 로펌인 Matsuo & Kosugi 법률사무소에서도 근무했다. 김앤장 변호사 중 가장 먼저 일본 로펌에서 경력을 쌓은 변호사다.

진로의 일본 진출에도 관여한 김 변호사는 특히 일본 기업의 동남아 진출 프로젝트 등 일본 기업을 대리해 여러 건의 해외진출과 관련해 자문한 것으로 유명하다. 일본 회사를 맡아 우리나라와는 직접 관련이 없는 일종의 3국간 거래에 자문했다는 이야기로, 한국 로펌의 대표적인 법률서비스 수출 사례의 하나로 평가받고 있다. 김 변호사는 다이이치그룹의 의뢰로 동남아 개발 프로젝트를 추진했으며, 일본 전자업체인 크라운의 필리핀 수빅만의 현지 직접투자에도 참여했다.

이런 활약이 알려지며 김용갑 변호사는 김앤장은 물론 한국 로펌 업계 전체에서 지역 전문 변호사의 개척자로 불리고 있다. 김 변호사의 뒤를 이어 일본에 유학했거나 일본 법률사무소에서 근무한 경력의 변영훈, 조귀장, 김기태 변호사와 여러 일본 로펌에서 근무한 박성희 외국변호사, 게이오대 불문학과를 졸업하고 HSBC Securities 도쿄사무소에서도 근무한 홍지연 외국변호사 등 일본 전문가들이 포진하고 있다.

김용갑 변호사와 마찬가지로 일본의 Matsuo & Kosugi 법률사무소에서 근무한 변 변호사는 하버드 로스쿨 LL.M.에 이어 뉴욕주 변호사 자격도 갖추고 있다. 한일변호사협의회 한국 측 회장을 역임했다.

법원에 있을 때 법원행정처 기획담당관, 서울고법 판사, 서울중앙지법 판사, 광주지법 부장판사 등을 역임한 조귀장 변호사는 일본에서 태어나 서울대 법대를 졸업했다. 판사 시절 일본 도쿄대

법학부로 연수를 다녀오기도 했다. 특히 일본 기업의 한국에서의 지식재산권, 영업비밀 관련 분쟁 등을 수행하는 일본 기업 분쟁 전문가로 이름이 높다.

박익수 변호사가 팀장을 맡고 있는 중국 쪽도 지속적으로 업무가 늘어나는 중요 지역으로 꼽힌다. 미국과 함께 G2로 거론되는 중국의 국제적 위상이 높아지면서 한국 기업의 중국 진출, 중국 기업의 한국 투자 등 김앤장의 대중국 업무가 갈수록 확대되고 있다. 1990년대 중반 팀이 발족되어 박익수 변호사와 함께 검사 시절 주중 한국대사관 법무협력관을 역임한 김종국 변호사, 오랫동안 상해에 상주하며 한국 기업의 중국 투자 등과 관련해 자문한 최원탁 변호사, 중국 현지 로펌에서 경력을 쌓은 김희정, 전기홍 변호사 등이 포진하고 있다. 또 중국 로펌 등에서 근무한 조선족 출신 변호사 등 여러 명의 중국변호사가 포진, 고객 기업의 다양한 자문요청에 응하고 있다.

중국 반독점법 전문가인 박익수 변호사는 김앤장에 합류하기 전 서울민사지법 등 여러 법원에서 판사로 재직했으며, 공정거래위원회에서 근무한 경력도 있다. 최원탁 변호사는 한국변호사로는 최초로 중국 사법부로부터 허가를 받아 상하이에 법률사무소를 세우고 9년 동안 한국 로펌의 상해사무소 수석대표로 활동했다. 상해교통대 로스쿨 겸임교수도 역임했다.

《중국 형사법》 책을 내기도 한 김종국 변호사는 중국 사업을 할 때 흔히 법보다 관시(關係)가 중요하다는 말을 하곤 하는데 전혀 사실이 아니라며, "한국 기업 등의 중국 사업과 관련한 법률자문 수요가 급증하고 있다"고 강조했다.

2000년부터 대리해 성공적으로 완수한 현대·기아차의 중국 합작프로젝트가 김앤장 중국팀이 수행한 대표적인 업무사례로 손꼽힌다. 이와 함께 베이징에 있는 한국 기업이 소유한 빌딩 중 하나로 유명한 현대자동차 빌딩 인수, 미래에셋자산운용의 상해 미래에셋타워 인수, 두산인프라코어의 밥캣 인수에 따른 밥캣의 중국사업 인수, 두산인프라코어와 중국의 유명 건설기계회사인 중국서주집단공정기계유한공사(서공그룹) 사이의 중국 엔진회사 설립 등 한국 기업의 중국 진출 역사에 있어서 기념비적인 여러 프로젝트가 김앤장 변호사들의 손을 거쳐 성공적으로 마무리되었다.

대출금액이 3,800억 원에 달했던, 2008년에 터진 우리은행의 이른바 화푸빌딩 프로젝트 파이낸싱 부실채권 회수 건도 김앤장이 주도한 대표적인 사안으로, 이 사건은 한국, 중국, 홍콩, 바베이도스에서 50여건의 민·형사소송이 진행되며 한국 금융사상 제일 복잡한 해외채권 회수 프로젝트로 뜨거운 주목을 받았다.

김앤장은 중국 반독점법의 시행과 관련, 중국 상무부 등에 적극 의견을 개진하는 방법으로 중국 반독점법의 세부 규정 마련에 참여해 주한 중국대사관으로부터 감사 서신을 받기도 했다.

김앤장 중국팀은 중국에 사무소를 두고 있는 세계 유수의 로펌은 물론 중국과 대만, 홍콩, 마카오의 법률사무소와도 긴밀한 협조관계를 맺고 있다. 또 소속 변호사를 중국 현지 로펌에 파견해 본사와의 연계 아래 현지에서 법률서비스를 제공하도록 하는 한편 중국법과 중국 실무를 익히는 연수기회로 활용하고 있다. 김희정 변호사는 상해 군합법률사무소와 북경 한쿤법률사무소에서 각각 경력을 쌓았다. 공정거래 사건을 많이 수행하는 전기홍 변호사는 북경 한쿤법률사무소에서 근무했다.

중국과 일본에 이어 최근 한국 기업들이 왕성하게 진출하는 지역은 베트남 등 동남아 지역이다. 김앤장은 2010년 7월 문을 연 홍콩사무소에 이어 베트남의 호치민과 하노이, 싱가포르에 현지사무소를 운영하고 있다. 인도네시아의 자카르타에도 얼마전 코리아 데스크 형태로 변호사를 파견했다.

금호산업이 2006년 베트남 호치민시에 조성한 대규모 복합건물 프로젝트와 2007년 캄보디아 프놈펜시 북쪽에 건설된 캄코시티 도시개발 프로젝트, 2007년 국내 은행과 부동산 개발회사 등이 참여한 아랍에미리트의 두바이 비즈니스 베이 지역에서의 부동산 개발사업 등이 모두 김앤장이 관여한 성공적인 해외투자 사례로, 김앤장은 그동안 축적된 프로젝트 파이낸스 기법을 활용해 국내외 채권단의 투자를 이끌어냈다.

김앤장은 이외에도 최근 한국 기업의 해외투자, 해외진출이 활발한 미국과 유럽 지역에 전담팀을 두고 관련 자문을 강화하고 있다. 대기업과 금융기관의 해외진출 관련 자문 경험이 풍부한 이경윤, 정명재, 김진오, 박종현, 조현덕, 이영민 변호사가 업무를 주도하는 가운데 한국 건설업체의 해외 프로젝트 수행 및 분쟁 해결 경험이 많은 임병우 변호사와 변섭준 외국변호사, 해외 프로젝트 파이낸싱 전문가인 유이환, 정다은 변호사 등이 포진해 투자부터 분쟁의 예방과 해결까지 종합적인 자문을 제공하고 있다.

김앤장은 2021년 SK하이닉스를 대리하여 미국 인텔사의 낸드 플래시 사업을 양수하는 10조 3,000억 원 규모의 딜을 성사시켰다. 또 센트로이드인베스트먼트의 미국 골프용품 브랜드인 테일러메이드의 지분 100% 인수, 하이브의 미국 종합미디어사 이타카홀딩스 인수, 현대차, 현대모비스, 현대글로비스가 소프트뱅크로부터 보스턴 다이내믹스의 구주와 신주를 인수하는 거래 등을 성공적으로 수행하며 트랙레코드를 지속적으로 추가하고 있다.

유럽 지역에서도 7,900억 원 규모의 CJ CGV의 튀르키예 마르스 엔터테인먼트그룹 인수, 한국타이어의 독일 타이어 유통사 라이펜-뮬러 인수, 호텔롯데의 네덜란드 현지법인인 롯데유럽홀딩스 인수, 케이스톤파트너스의 엘에스 이브이 폴란드 인수 자문 등 주요 해외투자 거래에서 늘 핵심적인 역할을 담당하고 있다.

이경윤 변호사는 "한국 기업의 다양한 아웃바운드 거래를 수행하면서 한국법과 현지법에 대한 자문은 물론 현지의 거래 관행, 실무, 규제 등을 종합적으로 검토하여 거래구조의 결정, 실사, 계약서의 준비와 협상, 체결과 거래종결의 준비, 인허가 취득, 각국 경쟁당국에 대한 해외기업결합신고 등 다양한 법률 이슈에 대하여 주대리인으로서 거래를 총괄해 성공시킨 다수의 경험을 축적하고 있다"며 "특히 세계 유수의 로펌에서 경험을 쌓은 김앤장 내 다수의 인력과 해외 톱티어(top-tier) 로펌과의 긴밀한 네트워크가 김앤장의 경험, 노하우, 전문성과 결합하여 탁월한 성과를 내고 있다"고 말했다.

Practice

조세

 기업법무의 어느 한 분야도 중요하지 않은 분야가 없지만, 기업의 현실적인 재정 부담으로 이어질 수 있는 조세 분야의 중요성을 빼놓을 수 없다. 1980년을 전후해 일찌감치 팀을 만들어 관련 자문과 소송을 수행해온 김앤장 조세 그룹은 한국 최대 규모, 국제적으로도 '글로벌 톱 10'의 높은 위상을 확보하고 있다. 특히 기업회계의 전문성으로 무장한 수십 명에 이르는 공인회계사, 세무사와 함께 세무진단부터 조세쟁송에 이르기까지 조세에 관한 한 '요람에서 무덤까지' 전 영역을 커버하는 김앤장의 조세 원스톱 서비스는 가히 독보적이라고 할 수 있다.
 먼저 김앤장 조세 전문 변호사들의 면면에서 조세팀의 뛰어난 경쟁력을 확인할 수 있다. 대법원에서 조세조 총괄재판연구관을 역임한 정병문, 조성권, 하태흥, 김희철 변호사와 초대 국세청 납세자보호관을 역임한 판사 출신의 이지수 변호사, 북한법 전문가로도 유명한 권은민 변호사, 하상혁, 양승종, 정광진, 이상우, 박필종, 박재찬, 민경서, 안재혁, 이재홍, 이종명 변호사로 조세 전문가들의 진용이 이어진다.

하상혁, 정광진, 박필종 변호사도 대법원 조세조 재판연구관 출신의 조세 전문가들이며, 서울대 경영학과를 나온 박필종 변호사는 공인회계사 시험에 먼저 합격해 회계법인에서 근무한 경력도 있다. 또 사법시험에 앞서 행정고시에 먼저 합격한 양승종, 이상우 변호사는 변호사가 되기 전 국세청에서 오랫동안 직접 과세실무에 종사했던 국세청 경력의 변호사로 유명하며, 박재찬, 이재홍 변호사는 사법시험 합격 전 회계법인에서 근무한 공인회계사 출신 조세변호사다. 민경서 변호사도 김앤장 합류 전 삼일회계법인에서 근무한 경력이 있다.

외국변호사 중에선 Paul Stephen Manning, 심윤상, 곽중운, 박소연 변호사가 조세 분야에서 활발한 자문에 나서고 있다.

김앤장 조세 그룹은 수요가 많고 법리가 복잡한 M&A 조세와 금융조세의 경우 별도의 팀을 두어 운영하고 있다. 또 구조조정, 상속과 증여, 경영권 승계 관련 이슈도 오래전부터 전담팀을 꾸려 최적의 방안을 의뢰인들에게 제시하는 등 조세팀 안에서도 더욱 깊게 들어가는 전문화를 추구한다. 조세 그룹의 한 관계자는 "건설, 제약, IT 등 산업별로도 전문팀을 구성해 업무분야별 접근과 병행한 크로스 체크를 지향한다"고 소개했다.

로펌 업계는 물론 회계법인들 사이에서도 정평이 나 있는 김앤장 조세팀의 높은 경쟁력은 구체적인 성과로 입증되고 있다.

2008년 3월 1조 7,000억 원의 과세예고 결정이 내려졌다가 한 달 뒤 취소된 이른바 하나은행의 역합병 사건이 김앤장 조세팀의 실력이 발휘된 대표적인 사건으로 소개된다. 국내 최대의 과세전적부심으로 유명한 이 사건에서, 김앤장은 조세부과가 신의칙에 위배된다는 주장을 펴 전부 승소에 해당하는 결정을 받았다. 국세청은 하나은행이 2002년 서울은행을 합병한 것은 탈세를 노린 역합병에 해당된다며 2008년 3월 하나은행에 역대 최고의 추징금인 1조 7,000억 원의 과세예고 통지를 보냈다. 그러나 한 달 뒤 하나은행은 국세청으로부터 과세예고를 취소한다는 통보를 받았다. 김앤장 조세 그룹의 변호사들이 국세청 과세전적부심의 대리인으로 나서 국세청의 과세방침을 뒤집어버린 것이다.

사건의 쟁점은 이월결손금이 6조 1,000억 원에 달했던 서울은행이 하나은행에 합병된 역합병에 법인세 감면 혜택을 노린 조세회피용 목적이 있었는지 여부였다. 서울은행은 하나은행에 인수될 때 법인세를 감면받아 이 대목이 집중적으로 논란이 되었다.

김앤장에선 먼저 두 은행의 합병이 정부가 서울은행에 투입된 공적자금을 회수하기 위한 허용된 수단이었다는 점을 강조했다. 신의성실의 원칙에 따라 이루어진 합병으로 조세회피용이 아니라는 주장을 폈다. 또 합병 후 서울은행의 가치가 증대됨에 따라 정부가 예금보험공사를 통해 투입한 공적자금을 회수하는 데 일조한 점 등을 소명해 과세예고 결정을 번복시켰다.

김앤장 조세 그룹은 휴면법인을 이용한 외국계 펀드의 국내 대형 빌딩 취득과 관련, 서울시가 거액의 등록세를 부과한 사건에서 2009년 4월 조세회피행위라고 하더라도 조세법률주의의 원칙상 법률의 명문의 근거 없이 과세할 수 없다는 취지의 대법원 판결을 이끌어냈다.

엔화정기예금과 선물환계약이 결합된 엔스왑 예금에 대한 이자소득세 부과가 위법하다는 최초의 판결을 받아낸 곳 역시 김앤장이며, 2009년 11월엔 소수주주(少數株主)가 있는 상장법인의 대표이사가 횡령했을 때 법인에 대한 소득세 원천징수 처분은 위법하다는 취지의 대법원 판결을 이끌어냈다. 이 판결은 대법원이 임원의 회삿돈 사외 유출 행위에 대한 소득세 원천징수의 범위를 엄격하게 해석한 판결로 주목을 받았다.

최근에도 김앤장은 조세조약상 이중거주자의 거주자성을 판단하는 기준인 '중대한 이해의 중심지'와 '일상적인 거소'가 어디인지가 다투어진 사안에서 과세관청과의 치열한 법리 다툼 끝에 납세자 승소 판결을 받았다. 또 룩셈부르크 펀드가 이자와 배당소득에 대해 한-룩 조세조약에 따른 제한세율의 적용을 주장하며 법인세법과 국세기본법을 근거로 경정청구를 한 사안에서 법인세법에 따른 경정청구권과 국세기본법에 따른 경정청구권은 그 요건 등을 달리하는 별개의 권리구제수단에 해당하므로, 납세자가 각각의 법령에서 정한 요건과 절차에 따라 경정청구가 가능함을 법리적으로 도출, 대법원에서 최종 승소했다. 국제조세 분야는 김앤장이 특히 강하다는 평을 듣고 있다.

법인세 분야에서도 김앤장 조세팀은 M&A 대상 회사의 주주로부터 주식을 100% 취득한 후 흡수합병을 하자, 과세관청이 전체를 하나의 합병거래로 보아 주식양도대가를 합병교부금으로 보아 과세한 사안에서 실질과세원칙과 단계거래원칙을 적용하여 하나의 합병거래로 거래를 재구성할 수 없다는 선례적 가치가 있는 판결을 이끌어냈다. M&A팀과의 협업을 통해 기존 주주를 축출하고 합병을 실행하기 위해 먼저 주식의 100%를 취득하는 것은 자연스러운 거래이고, 조세회피를 위한 비정상적인 거래가 아님을 재판부에 상세히 설명함으로써 최종적으로 납세자 전부 승소 판결로 분쟁을 마무리했다.

부가가치세 부문에선 홈쇼핑이나 영화관에서 사용(2차 거래)된 제휴사 포인트나 신용카드 청구할인 금액이 부가가치세법상 에누리로서 부가가치세 과세표준에서 제외된다는 대법원 판결이 김앤장 변호사들이 활약한 대표적인 사례로 소개된다.

김앤장 조세 그룹이 수행한 조세소송의 평균 승소율은 약 70%라고 한다. 전체 세금소송에서 기업이나 개인 등 납세자가 이기는 비율이 10% 조금 넘는 수준인 것과 비교하면 압도적인 성적이다. 소가(訴價)가 200억 원 이상인 큰 사건은 김앤장에서 맡아 청구세액 대비 취소 또는 무효시킨 승소금액의 비율이 90%가 넘는다는 얘기도 있다.

김앤장의 조세 그룹이 강한 이유가 무엇일까.

무엇보다도 뛰어난 인적 구성을 빼놓을 수 없다. 국내 최대, 최고라는 위상에 걸맞게 실력과 경험을 겸비한 쟁쟁한 변호사들이 두텁게 포진하고 있다.

이와 함께 공인회계사, 세무사 등 다양한 경력의 조세전문가들이 변호사들과 함께 팀을 이루어 사안의 해결을 모색하는 변호사와 조세전문가의 협업이 김앤장 조세 그룹의 강점으로 얘기된다. 공인회계사와 세무사들을 조세 관련 서비스에 적극 활용하기 시작한 곳도 김앤장이 처음으로 알려져 있다.

1983년 김앤장에 합류해 조세 실무 경력이 40년에 이르는 백우현 회계사는 "김앤장 조세 그룹은 과세전적부심에서 조세소송, 헌법소송, 조세형사에 이르는 조세쟁송 업무뿐만 아니라 세무진단과 전략 컨설팅, 세무조사 조력, 이전가격 분석 등 조세에 관련된 통합서비스가 자랑"이라며 "자문에서 걸러지지 않은 사건이 쟁송으로 비화되는 경우가 많고, 또 재판 결과에 따라 기업회계를 수정해야 하기 때문에 자문과 쟁송을 연계한 원스톱 서비스가 매우 중요하다"고 강조했다.

백 회계사 외에도 김앤장 조세 그룹엔 금융산업, 사모펀드 등 금융조세에 탁월한 김동소 회계사, 이전가격 전문인 남태연 회계사 등 수십 명의 공인회계사가 전문분야별로 포진해 변호사들과 높은 시너지를 내고 있다. 또 최임정, 류재영 회계사가 백우현 회계사와 함께 외국인투자 관련 조세 이슈를 많이 다루며, 이종광 회계사는 경영권 승계와 지배구조, 진승환, 박종현 회계사는 순서대로 부동산, PEF 관련 회계에 밝다. 서울대 경영학과를 나와 캘리포니아주 회계사 자격도 갖춘 박재홍 회계사도 다양한 영역에서 활동하는 김앤장 조세 그룹의 주요 회계사 중 한 명이다.

김앤장의 조세변호사들은 새로운 조세 이슈의 등장에 주목하고 있다. 2022년에 설립한 김앤장 신국제조세연구소(Research Center for International Taxation: RCIT)에선 기획재정부의 '필라2'(Pillar 2) 국내 입법 용역을 수행한 데 이어 글로벌 디지털세의 도입 등 국제조세의 새로운 동향을 연구 분석하며 기업들을 지원하고 있다. 필라2란 연결 매출 1조 원 이상의 다국적 기업 그룹에 대해 그 소속 기업이 진출한 국가별로 실효세율을 계산하여 국제

사회가 합의한 최저 세율인 15%에 미달하는 경우 그 미달 세액을 최종 모기업 등의 소재국가에서 징수하는 방안으로, 각국의 조세 정책 재량을 국제사회가 실효적으로 제약하는 의미가 있다.

2017년부터 연세대 로스쿨에 겸임교수로 출강하고 있는 조성권 변호사는 "세금과 관련해 어떤 문제가 발생할까 미리 따져보는 것이 이제는 선택이 아니라 필수라고 해야 할 만큼 거의 모든 거래에 조세 이슈가 등장하고 있다"며 "거래구조를 고쳐 사전에 과세를 피해 가는 방안을 마련하는 등 예방 차원의 자문을 강화하고 있다"고 김앤장 조세 그룹의 최근 업무 동향을 전했다.

관세 및 국제통상

김앤장의 관세 및 국제통상 그룹은 예일대 법학박사이자 외교통상부 통상교섭본부에서 외무관으로 공직생활을 시작한 정영진 변호사와 산타클라라대에서 LL.M.을 하고 Jones Day 파리사무소에서 경력을 쌓은 부준호 변호사가 이끌고 있다. 이어 황광연, 황민서 변호사와 산자부와 무역위원회 과장을 역임하고 미 버지니아주 경제개발공사 자문관 등으로 활약한 이진환 외국변호사, 미국 국제무역법원 변호사 자격도 갖춘 김주홍 외국변호사, 무역위원회 덤핑조사팀 조사관, 산업통상자원부 통상법무과, 통상분쟁대응과 과장을 역임한 신정훈 외국변호사 등으로 진용이 이어진다. 이와 함께 공인회계사, 관세사, 변리사 그리고 외교부, 기획재정부, 산업통상자원부, 관세청, 무역위원회 등에서 경력을 쌓은 수십 명의 관세통상 전문가들이 포진, 변호사들과 시너지를 도모하는 곳이 김앤장 관세 및 국제통상 그룹으로, 다양한 관세 이슈의 해결은 물론 정부간 협상이나 WTO 분쟁해결 절차 등에서 성공적인 업무성과를 축적하고 있다.

트럼프 대통령 시절 미 경쟁업체의 신청으로 미 상무부(DOC)와 국제무역위원회(ITC)가 덤핑 여부 조사에 나선 국내 자동차부품사의 덤핑 사건과 상무부의 한국산 철강후판에 대한 상계관세 연례재심 사건이 김앤장 변호사들이 활약한 대표적인 통상분쟁 승소 사례로 소개된다.

2017년 7월 국내 자동차부품사의 SOS 요청을 받은 정영진 변호사 팀은 미국 로펌과 긴밀하게 협력하면서 상무부의 덤핑조사 절차에선 덤핑수출을 하지 않았다는 근거 자료와 논리를 제공하고, ITC 조사에선 해당 회사의 자동차부품 수출이 미국내 산업에 피해를 주지 않았다는 점을 다각적으로 제시하는 투트랙 전략으로 맞섰다. 미국의 덤핑제도는 상무부에서 먼저 덤핑률을 판정하고, 이어 ITC가 미국내 산업피해 여부를 따져 덤핑 여부를 최종적으로 결정한다.

결과는 덤핑조사 초기 40% 가까이 되는 고율의 덤핑 예비판정을 내렸던 상무부로부터 마진율이 8%밖에 안 된다는 판정을 이끌어낸 데 이어 2018년 9월 ITC로부터 산업피해가 인정되지 않는다는 최종 판정을 받은 '완벽한 승리'였다. 산업피해가 인정되었을 경우 8%의 관세를 추가로 부담해야 하고, 매년 보통 15~20년간 계속되는 상무부의 연례재심에 나가 미국내 산업에 대한 피해가 없다는 점을 소명, 입증해야 하며, 만약 피해가 인정될 경우 또다시 상계관세를 물어야 하는데, 당장의 반덤핑관세 제재는 물론 이러한 장기간의 부담에서도 말끔히 벗어나게 된 것이다.

비슷한 시기에 한국 정부와 국내 기업을 대리해 상계관세가 부과되지 않는 최종 판정을 받아낸 철강후판에 대한 연례재심도 정영진 변호사가 김앤장 국제통상팀의 전문가들과 함께 방어에 성공한 케이스로, 제소자 측에서 보조금이라고 주장하는 한국의 각종 지원제도가 보조금 요건에 해당하지 않는다는 점을 적극적으로 소명하여 미 상무부로부터 상계관세가 부과되지 않는 0.11%의 미소마진 판정을 받았다.

사법시험에 이어 행정고시 국제통상직과 외무고시에도 합격한 '고시 3관왕' 출신의, 한국을 대표하는 국제통상 변호사 중 한 명인 정영진 변호사는 "무역을 단순히 관세라든가 제품을 생산해 외국에 내다 파는 것과 관련된 정도로 생각해선 곤란하고, 국가간의 경제관계 전반을 아우르는 보다 광범위한 개념으로 접근해야 한다"는 지론의 소유자로 유명하다. 통상 분야가 유명한 Steptoe & Johnson 워싱턴 사무소에서 근무한 경력도 있으며, 국제투자분쟁해결센터(ICSID) 중재위원에 이어 한미 FTA 분쟁해결기구 패널리스트도 겸하고 있다.

김앤장 국제통상팀은 수입급증에 따른 세이프가드 조치에 관련된 업무와 무역거래를 동반하는 지식재산권 침해행위에 대해 한국무역위원회가 잠정수출입금지조치 또는 최종적인 무역제한 및 제조금지조치를 결정하기에 앞서 실시하는 불공정 무역행위 조사와 관련된 업무도 수행한다. 무역위원회에서 진행된 중국, 일본, 싱가포르산 초산에틸 반덤핑 조사, 아르헨티나, 브라질, 미국산 대두유 반덤핑 조사, 중국산 플로트 판유리 반덤핑 조사 사건 등을 맡아 성공적으로 대응했으며, 스타크래프트와 디아블로의 상표전용사용권 침해와 관련된 게임 소프트웨어 수입·판매사건, 특허권 침해 스케이트보드 수입·판매사건 등 불공정 무역행위 사건도 수행했다.

관세 쪽에선 관세 심사와 불복, FTA 원산지 검증, 관세형사와 외환형사 등 조사사건 대응 등의 업무를 폭넓게 수행하고 있다. ACVA(Advance Customs Valuation Arrangement, 과세가격 결정방법

사전심사) 제도를 고안하여 입법화하는 과정에 직접 참여하여 관세청에 자문한 곳도 김앤장으로, ACVA 제도 출범 이후 다양한 고객을 대리하여 ACVA 신청 및 승인을 받아냈다.

주스로 분류되느냐, 음료수로 분류되느냐에 따라 관세율의 차이가 발생하는 사건을 맡아 전 세계적인 관행과 국제적인 기준을 적용함으로써 과세당국과 수입자에게 모두 만족스러운 품목분류 결정을 얻어냈으며, 로열티나 관계회사간의 경비 지원이 과세가격에 포함되어야 하는가가 쟁점이 된 여러 사안에서도 수입물품과의 관계성이나 조건성 기준을 확립하는 선례를 도출했다.

국제거래의 특수관계자간 거래의 증가로 인해 발생하는 이전가격 문제의 관세법적인 이슈에 대해서도, 제약회사를 대리해 특수관계가 이전가격에 영향을 미치지 않는다는 선례적인 확정판결을 이끌어냈다.

송무·형사

김앤장은 법원의 재판과 검찰 수사를 중심으로 변론활동이 전개되는 송무와 형사 분야에서도 막강한 경쟁력을 자랑한다. 법원과 검찰 출신 등 많은 수의 변호사가 배치되어 검경 수사와 민, 형사, 행정소송 등 클라이언트의 다양한 분쟁의 해결에 뛰어난 역량을 발휘하고 있다.

노벨상을 받은 미국의 유명 경제학자 등이 한국 법원에 전문가 증인으로 출석하여 증언하는 등 높은 관심을 불러일으켰던 키코 소송에서 김앤장은 씨티은행 등 대부분의 은행을 대리해 재판을 주도하고 사실상 거의 전부 승소하는 것으로 분쟁을 마무리했다.

또 해킹에 의해 개인정보가 유출된 인터넷 오픈마켓 옥션의 회원 14만 6,000여 명이 옥션 등을 상대로 낸 손해배상청구소송에서도 김앤장 변호사들이 옥션 측을 맡아 원고들의 청구를 성공적으로 막아냈다.

김앤장의 변호사들은 이에 앞서 삼성 에버랜드의 경영진이 이건희 삼성 회장의 자녀에게 삼성 에버랜드 전환사채를 헐값에 배정한 행위가 무죄라는 대법원 전원합의체 판결에서 변호인으로 활약하고, 한일합섬 인수와 관련 특정경제범죄 가중처벌 등에 관한 법률상의 배임 등 혐의로 기소된 현재현 동양그룹 회장을 변호해 대법원에서 무죄 확정판결을 받아냈다. 현재현 회장 사건은 특히 차입매수 즉, LBO(Leveraged Buy-Out) 방식의 M&A가 배임이 되느냐 여부를 놓고 기업과 법조계의 비상한 관심을 끌었던 사안으로, 대법원이 이에 대해 직접 판단하지는 않았지만 현재현 회장에게 무죄를 선고했다.

김앤장은 또 정몽구 현대자동차 회장과 박용성 전 두산그룹 회장, 최태원 SK그룹 회장, 김우중 전 대우그룹 회장, 신동빈 롯데그룹 회장, 조현준 효성그룹 회장 등이 기소된 형사사건에서도 검찰 수사 단계부터 변호인으로 활약하는 등 요컨대 언론에 보도되는 주요 사건의 소송대리인 또는 변호인 란에 빠지지 않고 이름을 올리고 있다. 실제로 회사의 커다란 이해관계가 걸려 있거나 최고경영자 등이 관련된 중대 사안인 경우 단연 어느 로펌보다도 많은 사건에서 소송대리인 또는 변호인으로 선택을 받는 곳이 김앤장이다.

 한국 주요 로펌들의 송무·형사 분야 대응은, 국제거래 등 기업 자문을 중심으로 법률서비스를 시작한 로펌 업계의 속성상 기업자문보다 출발이 늦었다고 할 수 있다. 김앤장만 해도 설립 6년 후인 1979년 대법원 재판연구관 출신의 이재후 변호사가 합류하며 본격적인 틀을 갖추기 시작했다고 볼 수 있다. 그러나 주요 로펌 중 가장 먼저 송무서비스를 시작한 곳이 김앤장일 정도로 일찌감치 송무 분야를 강화해 왔으며, 이후 대기업 등이 관련된 민·형사소송이 증가하고 판, 검사 출신 변호사들이 잇따라 합류하며 갈수록 업무반경이 확대되고 있다.
 김앤장 송무·형사 그룹은 법원과 검찰에서 판, 검사로 재직한 재조 출신 변호사들이 주축을 형성하고 있다. 매년 판, 검사 경력의 전관 변호사들이 합류하며 전직 대법관, 헌법재판관, 전직 법무부장관, 검찰총장부터 평판사, 평검사 출신에 이르기까지 웬만한 규모의 법원과 검찰청 규모를 능가하는 전직 판, 검사, 경찰 출신 변호사들이 포진하고 있다.

 김앤장에 가장 먼저 합류한 전직 대법관은 2000년에 김앤장의 일원이 된 이임수 전 대법관이다. 김영무, 장수길 변호사와 서울법대 동기인 이 전 대법관은 서울법대 재학 때인 1963년 제1회 사법시험에 합격해 법원행정처 기획담당관, 사법연수원 교수, 법원행정처 법정국장, 건설본부장, 기획조정실장 등 법원내 요직을 두루 거쳤으며, 지금도 김앤장에서 후배들을 이끄는 어른의 역할을 하고 있다.

이어 손지열 전 대법관이 김앤장에 합류한 두 번째 전직 대법관으로, 법원에 있을 때 법원행정처 처장과 차장, 대법원 수석재판연구관 등을 역임한 손 전 대법관은 2006년 김앤장에 합류해 2019년 작고할 때까지 많은 업적을 남겼다. 김앤장엔 현재 이임수 전 대법관과 이상훈, 김용덕, 박병대, 김소영 전 대법관 등 5명의 전직 대법관이 상주하며 후배들과 함께 상고심 사건 등에 관여하고 있다.

또 권오곤 전 유고국제형사재판소(ICTY) 재판관과 목영준 전 헌법재판소 재판관 등 최고법원 재판관 출신만 7명이 상주하고 있는 곳이 한국 최고 로펌 김앤장의 송무 부문이다. 권 전 재판관은 김앤장 국제법연구소장을 겸하고 있으며, 2017년 12월부터 2021년 2월까지 국제형사재판소(ICC) 당사국총회 의장도 역임했다.

2013년 김앤장에 합류한 목영준 전 재판관은 김앤장 사회공헌위원회 위원장을 맡고 있다. 목 전 재판관은 헌재 재판관으로 재직한 2006년부터 2012년까지 6년간 헤이그 국제상설중재재판소 재판관으로도 활동했다.

1979년 합류해 김앤장 송무 분야의 기틀을 다진 이재후 변호사에 이어 김앤장 송무 그룹을 크게 발전시킨 변호사 중 한 명은 1998년 서울지법 의정부지원장을 끝으로 김앤장에 합류한 사법연수원 6기의 한상호 변호사다. 판사 시절 대법원 재판연구관과 법원행정처 기획담당관, 조사국장, 사법연수원 교수, 법원도서관장 등을 역임한 한 변호사는《민법주해》(1992)의 공저자 중 한 명이며, 해외매체로부터 아시아·태평양 지역 최고의 분쟁해결 변호사로 선정되기도 했다.

판사 출신 변호사만 160명 넘게 포진한 김앤장 송무 그룹은 법원장 출신부터 고등법원 부장판사, 지방법원 부장판사, 고법 판사 출신 등 다양한 경력의 송무 전문가들로 구성되어 있다. 이재홍 전 서울행정법원장과 이혜광, 원유석, 임시규, 김의환, 김용상, 유해용 변호사 등이 법원장 또는 고법부장으로 있다가 김앤장에 합류한 시니어 변호사들이며, 법원행정처 법정심의관, 사법연수원 교수 경력의 백창훈 변호사도 키코 소송 등에서 활약한 김앤장 송무 그룹의 오래된 멤버 중 한 명이다. 이와 함께 홍석범, 이윤식, 안정호, 김유진, 윤인성, 김동석, 김성욱 변호사 등이 주요 사건에 단골로 투입되는 김앤장 송무 그룹의 맹장들로 소개된다.

김앤장 송무팀의 변호사들은 대부분이 판사 시절 대법원 재판연구관과 법원행정처의 주요 보직, 사법연수원 교수 등 요직을 한, 두 개 이상씩 거친 법원내 최고 엘리트 출신들이다. 또 가장 복잡하고 중요한 사건을 다룬다는 서울중앙지법과 서울고등법원에서 재판 경험을 쌓은 변호사들이 많다.

법원행정처 송무심의관을 역임한 김유진 변호사가 대표적인 경우로, 1996년 서울지법 판사로 임용된 그는 서울지법 북부지원 판사, 춘천지법 판사 등을 거쳐 2007년 김앤장에 합류했다. 현재 법무부 민법개정위원회 위원을 맡고 있으며, 상법(회사편)개정특별위원회 위원으로도 활동했다.

2021년에 합류한 유해용 변호사는 대법원 재판연구관 중 최선임인 수석재판연구관 출신이다. 대법관 출신을 제외하면 수석재판연구관을 역임하고 김앤장에 합류한 첫 주인공이다.

최근 들어 고등법원 부장판사 출신이 늘어나는 편이긴 하나, 김앤장 송무 그룹은 특히 지방법원 부장판사나 고법판사, 대법원 재판연구관 출신 등 법원에서 한창 재판실무를 담당할 연조의 중견 법관 출신의 비중이 압도적으로 높다. 이들 두고 김앤장이 실무능력이 절정에 달할 시기인 대법원 재판연구관이나 고법판사 등을 선호한다는 얘기도 있는데, 김앤장 송무 그룹의 한 변호사는 이와 관련, "다른 업무분야도 그렇겠지만, 철저하게 일할 사람 위주로 변호사를 영입하고 있다"고 말했다.

김앤장의 첫 고등법원 부장판사 출신 변호사는 2008년에 합류했던 김수형 전 서울고법 부장으로, 당시 김앤장이 고등부장 출신을 영입했다고 화제가 되기도 했다.

김앤장 송무팀의 최근 업무파일을 들춰 보면 언론에 보도된 사건만 추려도 두산인프라코어를 대리해 "소수지분 투자자의 drag along 즉, 동반매도 요구에 협조 안 했다고 무조건 매매계약이 체결되었다고 의제할 것은 아니다"는 취지로 대법원 파기환송 판결을 받아낸 이른바 두산인프라코어 동반매도요구권 판결, 경쟁업체의 제휴 숙박업소 목록 등을 무단 복제한 혐의로 기소된 온라인 숙박 중개업체의 크롤링 형사사건에서의 1, 2, 3심 무죄판결 등 의미있는 판결이 이어진다.

또 신입 행원 부정채용 혐의로 기소된 시중은행 은행장에 대한 전부 무죄 확정, 내부통제기준 마련 의무 위반을 이유로 또 다른 시중은행장에게 내려진 중징계 처분 취소 판결, 승차공유 서비스인 타다 기사의 근로자성을 부정한 서울행정법원 승소 판결 등 김앤장 송무팀의 변호사들이 민사, 상사, 형사, 행정소송 등 분야를 가리지 않고 복잡한 분쟁의 해결사로 활약하고 있다.

형사 쪽을 담당하는 기업형사팀도 화려한 경력의 변호사들이 두텁게 포진하고 있다. 최경원 전 법무부장관과 송광수 전 검찰총장을 비롯해 이정수, 차동민, 김주현, 봉욱 전 대검차장, 서울중앙지검장과 서울고검장을 역임한 이종백 전 국가청렴위원회 위원장, 대검 중앙수사부장을 역임한 박상길 전 고검장, 황희철, 국민수, 이창재, 이금로 전 법무부차관 등 전직 고검장 이상만 10명이 넘고, 박정규, 정진영(사법연수원 13기), 신현수 전 청와대 민정수석,

국정원 2차장을 역임한 김회선 전 법무부 기획관리실장과 김병화, 정병두, 변찬우, 한찬식, 권익환 전 검사장 등 검찰 고위 간부 출신들이 두텁게 포진하고 있다. 유국현 변호사도 수원지검 차장검사 등을 역임한 검찰 출신 중 한 명이다.

이어 사법연수원 기수 순으로 최명석, 이준명, 이승호, 이병석, 권정훈, 김광수, 이완식, 이선욱, 최종무, 홍성원, 김성주, 김윤희, 권선영, 한정일, 이동현, 김남수 변호사 등으로 김앤장 기업형사팀을 구성하는 검찰 출신 변호사의 진용이 기다랗게 이어지고 있다. 이준명 변호사는 대검찰청 마약과장을 역임한 마약 수사 전문가이며, 이완식 변호사는 서울중앙지검과 일선 청에 근무하면서 특수, 조세·공정거래 형사, 건설사건 등을 주로 처리하고, 금융정보분석원(KoFIU)에서 자금세탁에 대한 기획 및 분석 업무를 담당한 경력도 있다. 또 서울중앙지검 과학기술범죄수사부장, 수원지검 산업기술범죄수사부장, 대전지검 특허범죄조사부장 등을 역임한 김윤희 변호사는 특허, 상표 등 지식재산과 산업기술, 영업비밀 관련 형사사건에 풍부한 실무 경험을 갖추고 있다.

김앤장은 검찰 출신 변호사가 100명이 넘는다. 경찰 수사가 확대되며 얼마전부터 경찰 출신 변호사들도 속속 합류해 기업형사팀의 한 축을 형성하고 있다. 기업형사팀에서 활약하는 외국변호사 중에선 국제노동기구의 법률자문역으로도 활동한 유형동 외국변호사의 이름이 먼저 나온다.

법원 출신 못지않게 검찰 출신 변호사들도 중간 허리층의 실무검사 출신이 많지만, 법원 출신보다는 상대적으로 검사장 이상 등 검찰 고위직 출신의 비중이 높은 편이다.

기업형사팀의 좌장을 맡고 있는 최경원 전 장관은 법무부차관을 마치고 김앤장에 합류해 후배들을 지휘하다가 법무부장관으로 발탁되어 다시 관가로 복귀했던 경우로, 당시 김앤장에서 법무부장관이 나왔다고 화제가 됐었다. 제8회 사법시험에 합격한 최 전 장관은 국립대학법인인 서울대 이사장을 역임했으며, 김앤장의 검찰 출신 변호사 중 사법시험 횟수가 가장 빠르다.

일반 형사범이나 특정범죄 가중처벌 등에 관한 법률, 특정경제범죄 가중처벌 등에 관한 법률 위반 사건 외에도 N사의 시장지배적 지위 남용 사건, A사의 공정위 조사방해 사건, 펀드 관련 자본시장법 위반 사건, 가상자산 관련 외환송금 사건, 가상자산 '김치프리미엄' 불법외환거래 사건 등 다양한 사건에서 김앤장 기업형사팀이 활약하고 있다. 이와 함께 광주 화정동 건물 붕괴 사건, 울산 공장 폭발 사건, 대전 소재 대형 쇼핑몰 화재 사건 등 다수 기업체의 중대산업재해 사건이 최근 김앤장의 변호사들이 자주 투입되는 업무사례로 소개되는 가운데 또 하나 주목할 대목은 디지털 포렌식 등을 담당하는 리걸테크팀의 활약이다.

2007년 한국 로펌 중 최초로 발족한 김앤장 리걸테크팀은 국내 최대 규모를 자랑하며, 포렌식과 함께 내부조사 대응, 미국 소송 등에 필요한 e디스커버리 업무 등을 수행한다.

자체 구축한 서버를 활용하고 있으며, AI 기술을 활용한 e디스커버리 문서 검토 기술(Technology Assisted Review), AI 음성인식 기술을 활용한 음성기록 검토 기술(Speech-to-Text)을 도입하여 서비스하고 있다. 김앤장 관계자는 "이처럼 진일보한 검토 기술을 통하여 불과 1주일만에 100만 건이 넘는 문서에 대한 리뷰를 성공적으로 수행하고, 최신의 검색 기술을 활용하여 임직원의 횡령 행위를 적발하는 한편 수백억 원의 회사 재산을 성공적으로 회수했다"고 소개했다.

김앤장 형사팀의 변호사들은 압수수색은 물론 이후의 압수물 선별과정에 참여하여 영장에 기재된 혐의사실에 관련이 없거나 기간이 맞지 않는 자료 등을 압수대상에 제외되게 하여 추가 수사 등의 위험을 차단하고 검찰 단계에서부터 성공적인 결과를 도모하고 있다.

김앤장은 외국계 기업의 형사사건에 전문적으로 대응하는 FCR(Foreign Criminal Defense)팀도 별도로 운영하고 있다. 유국현 변호사가 초기부터 총괄하여 왔으며, 법무부와 서울중앙지검 등에 근무하면서 OECD 반부패협약 체결에 실무단 대표로 참여한 최명석 변호사, 대검 검찰연구관 출신으로 다양한 외국계 사건의 변론을 담당하여 온 이승호 변호사, 유형동 외국변호사 등이 팀을 구성하고 있다.

김앤장 송무팀이 강한 이유는 무엇일까? 무엇보다도 법원, 검찰 출신을 주축으로 한 막강한 맨파워와 함께 약 50년에 걸쳐 축적된 기업자문에서의 노하우를 분쟁해결에 결합시킨 시너지가 보통의 법률사무소에선 쉽게 따라올 수 없는 김앤장만의 강점으로 얘기된다. 앞에서 소개한 키코 소송이나 옥션 개인정보 유출 소송이 송무와 자문, 즉 송무팀과 금융팀, 송무팀과 TMT팀의 협업을 통해 성공적인 결과를 도출한 대표적인 예로, 김앤장의 송무-자문 협업 시스템은 다른 로펌과 차별화되는 탁월한 업무성과로 이어지고 있다.

김앤장 송무 그룹은 일반 민·형사소송은 물론 행정, 금융, 공정거래, 노동, 조세, 지식재산권, 건설소송과 가사·상속소송 등 사건별로 다양한 전문팀을 가동하고 있다.

김앤장 송무 그룹은 승소율도 상당한 것으로 알려지고 있다. 실제로 한 국회의원이 분석한 자료를 토대로, 김앤장이 변호한 형사사건 피고인의 무죄율이 전국 법원의 형사사건 평균 무죄율의 14배가 넘는다는 보도가 나와 화제가 된 적도 있다.

변호사를 선임해 최고 수준의 방어를 해야 할 사건, 법원의 판결을 통해 의미있는 선례를 남길 필요가 있는 사안 등에서 우선적으로 선택하게 되는 법률사무소가 김앤장이라는 김앤장 변호사들의 높은 자신감은 과장된 표현만은 아니다.

국제중재

국제상사분쟁의 인기 있는 해결수단으로 각광받고 있는 국제중재 분야도 김앤장이 독보적인 경쟁력을 발휘하는 중요 업무분야로 꼽힌다. 1973년 김앤장 설립 당시부터 장수길 변호사가 주축이 되어 국제중재 분야를 발전시켜 왔다. 이후 서울형사지법 판사로 있다가 1992년 김앤장에 합류한 윤병철 변호사가 바톤을 이어받아 '글로벌 30'의 높은 경쟁력을 발휘하고 있다.

한국을 대표하는 국제중재 변호사 중 한 명인 윤병철 변호사는 중재를 전문으로 하는 변호사라면 누구나 경험하고 싶어 하는 세계은행 국제투자분쟁해결센터(ICSID)의 중재인으로 10년 넘게 활동하고, 싱가포르국제중재센터(SIAC) 이사, 국제상업회의소

Practice

(ICC) 국제중재법원 상임위원을 역임했다. 2020년부터는 런던국제중재법원(LCIA) 상임위원을 맡고 있다. 국제중재 실무 경력만 30년이 넘는 윤 변호사는 변호사만 60명이 넘는 김앤장 국제중재팀을 이끌며 시너지를 극대화하는 부드러운 리더십의 소유자로 정평이 나 있다.

2008년 8월 1일 뉴욕, ICC 중재판정부는 2년간의 심리를 끝내고 대한생명 인수를 둘러싼 예금보험공사와 한화 컨소시엄 사이의 국제중재에서 한화 측의 청구를 모두 인용하는 판정을 내렸다. 한화 측의 한국 측 법률대리인은 김앤장. 김앤장의 국제중재팀이 또 한 건의 승소를 추가하는 순간이었다.

이보다 1년 6개월 정도 앞선 2007년 2월. 싱가포르의 Grand Plaza Park Royal Hotel에서 진행된 SIAC 중재 재판의 신청인 측 자리에 앉아있던 윤병철, 최지현, 박영석 변호사와 미국변호사인 벤자민 휴즈의 표정이 환해졌다. 한국의 합작회사와 독일 투자자 사이에 벌어진 경영권분쟁에서 김앤장이 대리한 한국 회사가 이긴 것이다. 중재절차에 소요된 비용도 모두 상대방 당사자가 부담해야 하는 완벽한 승소였다.

이 사건은 김앤장의 국제중재팀에게 특히 의미있는 사건으로 남아 있다. 상대방 당사자가 한국 로펌과 미국 로펌 두 곳을 공동 대리인으로 선정해 김앤장과 마지막 순간까지 불꽃튀는 공방을 벌였으나, 신청인 측을 단독 대리한 김앤장이 승소 판정을 이끌어 낸 것이다.

윤병철 변호사는 "김앤장이 단독으로 미국 로펌 등을 상대로 청문절차(hearing)를 진행해 승소한 경우"라며 "김앤장 국제중재팀의 경쟁력은 외국 로펌들도 다 인정한다"고 힘주어 말했다. 준거법이 독일법인 이 사건에서, 김앤장은 중재인과 전문가증인을 독일인으로 선정해 대응했고, 이 전략이 주효했다. 보통 의장중재인을 포함해 모두 3명의 중재인으로 재판부가 구성되는 국제중재에선 신청인과 피신청인이 각각 중재인 1명씩을 선정할 수 있다.

김앤장 국제중재팀은 최근 들어서도 포스코에너지를 대리해 미국 퓨얼셀에너지(FuelCell Energy)와의 1조 원대 연료전지사업 분쟁에서 성공적으로 ICC 중재절차를 수행한 데 이어 조정을 통한 합의로 사건을 마무리했다. 국내 대형 발전소의 터빈에서 사고가 나자 발전소 측이 터빈을 제작해 공급한 외국 회사를 상대로 3,000억 원 이상의 손해배상을 청구한 국제중재 사건에선, 외국의 터빈 제작사를 대리해 상대방의 청구를 대부분 기각하는 판정을 받아냈다. 터빈에 사고의 원인이 된 하자가 존재하였는지 여부와 손해배상청구액이 적정한지, 그와 관련된 터빈 공급계약의 해석 등이 쟁점이 된 사건으로, 양측에서 모두 법률, 기술, 손해산정(quantum) 전문가 증인을 내세우는 등 치열한 공방을 벌였으나, 중재판정부가 김앤장 팀의 주장을 대부분 받아들인 결과다.

Practice

    김앤장은 투자자중재(ISDS)에서도 뛰어난 역량을 발휘해, UAE 아부다비 국영석유투자회사인 IPIC의 네덜란드 자회사인 하노칼이 현대오일뱅크 주식 매각에 대한 2,400억 원의 세금 부과에 대해 한-네덜란드 투자보호협정 위반이라며 한국 정부를 상대로 낸 국제투자분쟁해결센터 ISDS 사건에서, 한국 정부를 대리해 ISDS 제기 1년여 만인 2016년 7월 하노칼이 스스로 중재를 취하하는 완벽한 승리를 거두었다.

    한국 로펌의 국제중재 프랙티스(practice)를 선도적으로 개척하고 있다는 평가를 받는 김앤장 국제중재팀엔 윤병철 변호사 외에도 아시아 지역의 손꼽히는 국제중재 전문가로 인정받고 있는 김세연, 오동석, 임병우, 이철원 변호사와 대한상사중재원 국제중재센터 초대 사무총장을 역임한 임수현 변호사, 이형근, 노현식, 김혜성 변호사, 조엘 리차드슨, 매튜 크리스텐슨, 서성진, 변섭준, 조은아, 엘렌 킴 외국변호사 등 국제중재 전문가들이 두텁게 포진하고 있다. 또 이대웅, 황우철, 유원영, 박다미, 전동옥, 권재하 외국변호사가 최근 들어 활약이 돋보이는 김앤장 국제중재팀의 차세대 변호사들로 소개된다.

    여성 국제중재 변호사 중 가장 시니어에 속하는 김세연 변호사는 투자자중재, 군사시설이나 가스플랜트 건설과 관련해 불거진 건설중재, 종합무역상사와 철강 또는 석탄공급업체 사이의 공급계약을 둘러싼 분쟁 등 다양한 국제중재 수행 경험을 축적하고 있다. ICC 국제중재법원 위원(court member)이자 환태평양변호사협회(IPBA) 분쟁해결 및 중재위원회 공동위원장도 맡고 있다. 공격적으로 업무를 수행한다는 평을 듣는 김 변호사는 변호사가 되기 전 서울지법 등에서 판사로 재직했으며, 뉴욕주 변호사 자격도 갖추고 있다.

현대중공업 국제법무팀장을 역임한 오동석 변호사는 에너지, 조선, 건설 관련 사건을 많이 수행한다. 컬럼비아 로스쿨(LL.M.)을 거쳐 파리에 있는 ICC 국제중재법원에서 Visiting Attorney로 경력을 쌓았으며, 윤병철, 김세연 변호사와 마찬가지로 변호사가 되기 전 판사로도 근무했다.

임병우 변호사는 한국에서 해외건설 중재를 개척한, 해외건설 중재 국산화의 기수쯤 되는 변호사다. 해외연수도 건설중재가 발달한 허버트 스미스(Herbert Smith) 런던사무소에서 경험을 쌓았다. 해외건설팀 소그룹장을 맡고 있는 그는 2000년대 후반부터 UAE, 사우디아라비아, 오만, 카타르, 쿠웨이트, 리비아, 호주, 태국, 파키스탄, 베트남 등 중동이나 아시아 국가에서 대규모 사회간접자본시설이나 건설 프로젝트를 수행하는 한국 기업을 상대로 협상 또는 분쟁 단계에서 발생하는 다양한 이슈들에 관하여 자문해 왔으며, 많은 성공사례를 축적하고 있다.

이철원 변호사는 2012년 한국변호사 중 처음으로 영국변호사 자격을 취득한 주인공으로 유명하다. 김앤장 재직 중 University College London(UCL)으로 연수를 떠나 LL.M. 학위를 취득하고, 런던의 Holman Fenwick Willan과 Addleshaw Goddard 로펌에서 파견근무하며 경력을 쌓았다. 해상사건의 런던중재에서 뛰어난 역량을 발휘하고 있으며, 에너지·조선 분쟁 등에 이르기까지 다방면에서 활약하고 있다. 2019년부터 중앙해양안전심판원 재결평석위원을 맡고 있다.

김앤장 국제중재팀은 독일 회사를 대리해 SIAC 중재법정에 참석하고, 일본 회사를 대리해 도쿄에서 열린 ICC 중재 재판에 참여하는 등 법률서비스의 수출에도 앞장서고 있다.

변섭준 외국변호사는 "국제중재팀의 변호사들은 외국의 법률, 제도와 문화를 이해하고, 우리말과 함께 영어, 독일어, 중국어, 일본어 등 다양한 언어를 구사할 수 있는 능력을 보유하고 있다"며 "그만큼 국제적으로 움직이는 곳이 김앤장 국제중재팀"이라고 소개했다. 컬럼비아 로스쿨(J.D.)을 졸업하고 뉴욕주에서 변호사 자격을 취득한 변 변호사는 톱클래스의 변호사들만 뽑는다는 왁텔립튼(Wachtell, Lipton, Rosen & Katz) 뉴욕사무소를 거쳐 2004년 김앤장에 합류했다.

김앤장 국제중재팀은 10년도 더 전인 2012년 3월 국제중재 전문매체인 GAR(Global Arbitration Review)로부터 세계 24위의 경쟁력을 인정받으며, 일찌감치 국제중재 분야의 '세계 30대 로펌' 즉, 'GAR 30'에 선정되었다. 또 2023년 초에 발행된 'Chambers Global 2023'를 포함해 Chambers Global에서 국제중재 분야 '글로벌 톱 30'에 3년 연속 이름을 올리는 등 아시아 최고를 넘어 글로벌 평가에서도 영미의 유명 로펌들과 어깨를 나란히 하며 줄곧 최상위권에 랭크되고 있다.

지식재산권

지식재산권(IP) 분야는 김앤장 출범 초기부터 지휘부가 특별한 관심을 갖고 육성해 온 김앤장의 가장 오래된 업무분야 중 하나이자, 김앤장이 압도적인 경쟁력을 자랑하는 분야로 안팎의 주목을 받고 있다. 지식재산권 침해를 이유로 제기되는 침해소송과 국내외 특허출원 등 지식재산권과 관련된 거의 모든 업무에서 다른 로펌이나 특허법률사무소 등을 큰 차이로 앞서가고 있다.

김앤장 지식재산권 그룹에선 변호사 업무와 변리사 업무를 포괄하는 종합법률서비스를 제공한다. 업무분야 중 유일하게 별도의 홈페이지도 운영하고 있다. 그만큼 방대한 조직을 갖추고 있으며, 기계부, 전자부, 화학부, 상표/디자인부, 저작권팀, 지식재산거래팀, IP 소송팀, 지역전문가 그룹으로 업무분야를 나눠 분야마다 전문성으로 무장한 수많은 변리사와 전문 스태프 등이 변호사들과 함께 최적의 자문을 다짐하고 있다.

변호사와 변리사, 외국변호사 등 프로페셔널만 350여명. 이들은 IP 분야의 각 법률별·기술별·국가별로 특화된 전문성의 소유자들이며, 250명이 넘는 변리사는 특허사무소를 포함하여 한국 최대 규모다. 공인회계사, 세무사 등이 함께 포진한 조세 그룹과 변호사와 변리사의 통합 자문을 지향하는 지식재산권 그룹에서 알 수 있듯이 변호사뿐만 아니라 변리사, 회계사, 세무사 등 전문가들이 함께 분야를 나눠 시너지를 도모하는 것이 김앤장 프랙티스의 특징이다.

김앤장 IP 그룹의 변호사와 변리사들은 한국 기업의 해외 특허출원, 외국 기업의 국내 특허출원과 함께 특허, 실용신안, 디자인, 상표, 저작권 등 지식재산권에 관한 소송, 심판을 수행하고, 지식재산 전략 컨설팅, 라이선싱, 부정경쟁행위, 영업비밀, 공정거래, 국경조치 등 지식산업 전반에 걸친 자문으로 업무범위를 확대하고 있다. 또 기업 인수·합병, 공정거래, 조세, 국제중재 등 김앤장내 다양한 그룹과의 긴밀한 업무 협조를 통해 해당 거래나 사건에서 고객이 직면할 수 있는 복합적이고 다양한 IP 이슈에 대해서도 종합적인 솔루션을 제공한다.

100명이 넘는 김앤장의 IP 변호사 군단은 1980년 육군 법무관 근무를 마치고 합류한 양영준 변호사가 지휘하고 있다. 그에 따르면, 한국 로펌의 지식재산권에 관한 법률 사무는 1987년에 개정된 미국의 통상법 301조가 극적인 계기가 되었다고 한다. 처음에는 금융 쪽의 일을 거들었던 양 변호사가 지식재산권 분야로 본격 특화하고 나선 것도 이 무렵으로, 통상법 301조, 이른바 슈퍼 301조를 내세운 미국과의 포괄협상이 타결되면서 한국의 특허법, 저작권법 등 지식재산권 관련 법률이 잇따라 개정되는 등 엄청난 변화가 몰아닥쳤다. 한국은 지식재산권 관련 여러 국제조약에도 잇따라 가입했다. 지식재산권에 대한 규제가 강화되고, 지식재산권을 모르면 사업 수행이 쉽지 않을 만큼 기업 활동에서 지식재산권 분야가 갈수록 중요해지기 시작했다.

김앤장 지식재산권 그룹도 특허침해소송 등 선례가 될 만한 수많은 사건을 수행하며 IP 프랙티스를 선도하고 나섰다.

김앤장은 1998년의 국내 게임 업체간 저작권 분쟁과 이듬해에 벌어진 샤넬 도메인 분쟁에 이어 주한불가리아대사까지 나서 성명을 발표하는 등 사회적 이목을 끌었던 2005년의 '불가리스' 대 '불가리아' 요구르트 분쟁에서 승소를 이끌었다. 김앤장은 요구르트 '불가리스'로 유명한 남양유업을 대리해 '불가리아'라는 이름의 요구르트를 생산, 판매하고 있던 경쟁기업을 상대로 '불가리아' 표장의 사용금지를 요구하는 가처분을 제기했다. 1, 2심 법원 모두 해당 기업이 출시한 불가리아 상표가 남양유업의 불가리스와 혼동을 일으킬 우려가 있다고 판단, 해당 기업에 불가리아 상표의 사용을 금지하는 인용 결정을 내렸다. 사건을 주도한 양영준 변호사는 "기업이 신제품을 출시하는 데 있어 기존 제품의 브랜드와 유사하지 않은 적절한 브랜드를 선택해야 한다는 교훈을 일깨워 준 사건"이라고 강조했다.

2009년 말 대법원 판결에 이어 이듬해 초 대법원 판결의 취지에 따른 서울고법의 가처분 결정으로 결말이 난 R사와 S사 사이의 반도체용 패드를 둘러싼 특허분쟁도 김앤장 지식재산권 그룹이 수행한 또 하나의 중요 사건으로 소개된다. 특히 특허법상 최대 난제 중 하나로 꼽히는 간접침해(間接侵害)에 따른 특허침해를 인정한 획기적인 사례로, 김앤장이 세계 최대의 반도체용 패드 제조업체인 R사를 대리해 승소한 이 사건은 지식재산권 분야의 유명 잡지인 ASIA IP의 '2009년 올해의 사건'(landmark case)으로 선정됐다.

최근에도 이탈리아 제약회사 마스텔리와 국내 제약회사 파마리서치를 대리하여 DNA 단편 혼합물 특허의 등록무효사건에서 특허성을 부정한 하급심 판단을 뒤집고 대법원 상고심에서 승소한 후, 특허법원 환송심에서도 상대방의 새로운 무효 주장을 성공적으로 방어하여 특허성을 인정받은 사례, 온라인 플랫폼 서비스 사업자가 경쟁사의 모바일앱을 크롤링한 행위가 문제된 사건에서, 기존에 크롤링이 쟁점이 된 선례들과의 차별화를 통하여 정보통신망 침입죄, 저작권법 위반죄 등에 대하여 무죄판결을 선고받아 대법원에서 확정된 사례, LG화학의 차세대 핵심 원천 기술인 OLED 소재 관련 중수소화합물 특허에 대해 국내외 경쟁업체들이 제기한 복수의 무효심판들에 대해 LG화학의 특허기술이 종래 기술에서는 찾아볼 수 없는 새로운 것이라는 점을 성공적으로 입증하여 특허가 유효하다는 판단을 받아낸 사례 등 의미있는 여러 승소 사례가 보고되고 있다.

양영준 변호사에 이어 애플 대 삼성전자의 휴대폰 특허소송에서 활약한 장덕순 변호사와 특허법원 부장판사 출신의 원유석 변호사, 한미 민간전문가협의회 지식재산 분야 한국대표로도 활약한 한상욱 변호사, 박성수, 강경태, 김종석, 박민정, 이시열, 김동원, 이석희, 이춘수, 손천우, 장현진, 김원 변호사 등 김앤장 IP 그룹을 대표하는 맹장들이 두텁게 포진하고 있다.

장덕순 변호사는 국내에서 일어난 가장 큰 특허분쟁으로 알려진 일회용기저귀 사건과 삼성과 애플 사이의 특허소송 두 사건에 모두 관여해 사건의 처음부터 끝까지 리드카운슬(lead counsel)로 팀을 이끈 주인공으로, 고객과 동료 변호사는 물론 다른 로펌의 변호사들로부터도 뛰어난 전문성과 세련된 매너로 높은 평가를 받고 있다. 서울대 법대를 나와 하버드 로스쿨에서 LL.M.을 한 그는 뉴욕주 변호사 자격과 IP 분쟁을 많이 관할하는 캘리포니아주 변호사 자격도 보유하고 있다. 2009년부터 서울지방변호사회 특허연수원장도 맡고 있다.

박성수, 김종석, 손천우 변호사는 판사 시절 대법원 지식재산권조 재판연구관과 특허법원 판사로 활동한 IP 소송의 전문가들이다. 강경태, 박민정, 장현진 변호사도 판사 시절 특허법원 판사를 역임했다.

서울대 지식재산권법 박사인 박성수 변호사는 이론과 실무를 겸비했다는 평가를 받고 있다. 판사 시절 지식재산권 전문을 지향해 직장인 등을 대상으로 개설된 연세대 공학대학원 야간과정을 다녀 전자공학 석사학위를 취득한 이력도 있다.

유럽계 회사인 에릭슨LG에서 일하다가 화웨이코리아로 전직한 5명이 영업비밀 침해 혐의로 기소된 사건의 변호를 맡아 전부 무죄판결을 받은 사건이 박 변호사가 활약한 대표적인 사건으로 소개된다. 또 한 개인발명가가 중국의 거대 IT 기업인 텐센트가 운영하는 모바일 메신저 서비스인 위챗(WeChat)이 자신의 특허를 베꼈다며 텐센트코리아를 상대로 특허침해금지를 청구한 사건에서, 텐센트 측을 대리해 1심을 맡은 서울중앙지법에서 원고의 청구를 기각하는 승소 판결을 받아 그대로 확정되게 하는 등 IP 분쟁의 최일선에서 활약하고 있다. 박 변호사는 판사 시절 1, 2권을 합쳐 2,500쪽이 넘는 특허법 주해서의 편찬을 주도하고, 주해서에 특허권 침해로 인한 손해배상액 산정 부분을 직접 저술했다.

강경태 변호사는 에르메스의 켈리 백과 버킨 백 디자인을 흉내 내고 여기에 눈알 모양의 도안을 추가해 팔았다가 적발된 이른바 '눈알가방' 사건에서 승소하고, 몇 해 전엔 에르메스 백 디자인을 3D 포토프린팅 기법으로 폴리에스터 소재 천에 인쇄하여 입체적으로 보이게 제조한 가짜 가방인, 이른바 '프린트 백' 사건에서 승소하는 등 부정경쟁방지법 사건에서 주목할 판결을 여러 건 받아냈다. 특허법원 판사와 서울고등법원의 지식재산권 전담 재판부 고법판사로 근무하는 등 판사 시절부터 IP 분야의 사건을 많이 다뤄왔으며, 부산지법 부장판사로 있을 때인 2009년 미국 전역의 특허소송 항소심을 전속 관할하는 CAFC(The Court of Appeals for the Federal Circuit)에 Visiting Scholar로 연수를 다녀왔다.

"보톡스 상표가 보통명칭화 되었다"는 상대방의 주장을 방어하여 '보톡스' 상표를 지켜낸 박민정 변호사는 상표사건 '38연승'의 기록을 썼을 정도로 상표분쟁에서 활약이 크다. 서울대 공대를 졸업하고 변호사가 된 김원 변호사는 직무발명 분야의 전문가로 명성이 높다.

박민정 변호사는 그룹 H.O.T.의 전 매니저가 등록해두고 그룹 멤버들을 상대로 상표권 침해를 주장한, 이른바 H.O.T. 상표사건에서 H.O.T. 상표를 무효로 만들어 그룹 H.O.T.의 자유로운 활동을 가로막던 법적 장애를 제거했으며, '세계지도가방'으로 유명한 프리마클라쎄 사건에선, 지도만으로 구성된 상표의 식별력을 예외적으로 인정받으며 고객의 상표를 지키고 침해제품의 상표 사용을 금지시켰다.

대학에서 전공한 공학을 법학에 접목시켜 다양한 IP 분쟁에서 해법을 모색하는 김원 변호사는 공학도 출신답게 핵심을 찌르는 명쾌한 변론이 강점이다. 2022년 5월 대법원이 검사의 상고를 기각하며 여기어때 임직원들의 무죄를 확정한, 데이터 크롤링 사건이 그가 김앤장의 동료 변호사들과 함께 변호해 2심부터 무죄를 받아 방어에 성공한 대표적인 사건으로 꼽힌다. 직무발명 분야에선 유명 전자회사의 직무발명 소송 약 60건을 수행하며 잇따라 승소 판결을 추가할 정도로 높은 전문성을 인정받고 있다.

김앤장 IP 그룹의 외국변호사 중에선 미국 로펌에서 다양한 경력을 쌓은 김재정, 양준영, John J. Kim 미국변호사의 이름이 먼저 나온다.

김재정 변호사는 미국 대학에서 화학공학을 전공한 전문가로, 미 변리사 자격, 전문 화학공학 엔지니어 자격증도 보유하고 있다. IP 출원등록과 라이선싱은 물론 다양한 Soft IP 소송, 집행사건 등 폭넓게 업무를 수행한다. 하버드대에서 물리학을 전공하고 하버드 로스쿨(J.D.)을 졸업한 양준영 변호사도 미 변리사 자격이 있다.

김앤장 지식재산권 그룹의 또 다른 강점은 수많은 변리사들의 활약이다. 백만기, 김영 변리사 등 특허청이나 국내 일류기업 등에서 경험을 쌓은 약 250명의 변리사가 분야별로 포진해 변호사들과 협동작전을 펼치고 있다.

백만기 변리사는 서울공대와 KAIST에서 전자공학을 전공한 후 산업자원부 산업기술국장과 특허청 심사국장 등을 역임한 엘리트 관료 출신으로, 현재 국가지식재산위원회 민간위원장을 맡고 있다. 한국지식재산서비스협회 회장도 역임했다.

여성으로서 수많은 사건을 수행, 변리사업계의 여전사(女戰士)로 더 유명한 김영 변리사는 특허청 심사관을 거쳐 1981년부터 변리사로 활약하고 있다. 2000년 특허청으로부터 '신지식 특허인'으로 선정되었으며, 화학 분야에서 명성이 높다.

또 특허청, 특허심판원 등에서 경력을 쌓은 고이화, 김봉섭, 박충범, 성재동, 여호섭, 우종균, 이재훈, 이중희 변리사와 정은진 변리사 등이 각기 분야를 나눠 활약하고 있다.

김앤장 IP 그룹의 변리사들은 전통적인 특허사건 외에 제조물책임소송, 선박 하자 관련 분쟁, 영업비밀 분쟁 등 기술 관련 쟁점이 등장하는 다양한 사건에 기술 전문가로 참여하여 변호사들과의 협업을 통해 보다 완성도 높은 서비스를 제공하고 있다. 이성훈, 정재억, 김명수, 육인환 변리사가 이와 같은 업무에 자주 투입되는 변리사들로 먼저 소개된다. 권남연, 류창오, 김성남 변리사는 상표사건을 많이 수행한다.

게임·리조트·엔터테인먼트

1980년대 중반부터 관련 법률실무를 확립하기 시작한 엔터테인먼트팀은 게임·리조트·엔터테인먼트 그룹으로 확대되어 업무를 수행한다. 게임산업 전문인 은현호 변호사와 IP 그룹의 김원 변호사, 엔터테인먼트 팀의 좌장 역할을 해온 김기영 변호사 등이 관련 업무를 이끌고 있다. 이정철 외국변호사도 관련 자문에 활발하게 나서고 있다.

게임 분야의 경우, 게임산업 관련 정부 규제, 외국 회사의 국내 게임시장 진출, 게임회사간 인수·합병, 게임회사의 개인정보 보호 및 유출사고 대응, 게임회사 특유의 각종 세무, 노무, 특허 및 저작권 관련 업무 등이 주요 서비스로 소개되며, 리조트 분야에서도 경제자유구역 내 복합리조트 개발에 필요한 정부 인허가 취득과 투자 관련 파이낸싱, 합작투자계약 등의 자문, 해외 프랜차이즈 리조트의 국내 개발사업 관련 자문, 테마파크 개발 관련 자문, 리조트와 호텔의 운영과 관련한 자문 등 다양한 업무사례가 축적되고 있다.

엔터테인먼트 분야에선 극장, 비디오, 음반, 방송 등 전통적인 서비스 영역뿐 아니라 인터넷, 뉴미디어, 신기술 등 서비스의 변화에 따른 저작권 등 지식재산권, 각종 법률 규제, 계약 관계 등에 대한 광범위한 자문과 소송 업무를 수행한다.

영화 제작 및 텔레비전 방송사, 엔터테인먼트 그룹, 음반회사, 국내외 미디어·케이블 통신망 사업자, 라디오와 음악 방송사, OTT 및 음원스트리밍 사업자, 창업투자자 등이 이 분야의 고객군에 포함되며, 시청자들로부터 높은 인기를 끌었던 KBS의 인기드라마 '아이리스'를 둘러싼 저작권 분쟁, 탤런트 이병헌씨 명예훼손 고소 사건 등 언론에도 보도된 여러 사건에서 김앤장의 변호사들이 자문을 제공했다.

스포츠 분야에서도 국내 유명 축구선수나 감독의 해외 이적과 관련한 계약 협상과 관련 분쟁 등에 대한 자문, 리그 인가 정부승인, 국가대표 배구선수의 해외 이적과 관련한 분쟁에서의 자문 및 국제배구연맹(FIVA) 중재절차 대리, 프로농구팀 파산과 관련한 한국농구연맹 대리, 직원 부당해고소송과 관련한 한국야구위원회 대리 등 다양한 업무사례가 보고되고 있다.

한국프로야구리그(KBO) 공인선수대리인으로 활동하기도 한 한정무 변호사는 "방송·통신 기술의 발달뿐만 아니라 한국 스포츠 선수들과 지도자들의 해외진출 증가로 스포츠 산업의 국가간 경계가 허물어지고 관련 법률문제의 다양성, 복잡성, 국제성이 확대되고 있다"며 "김앤장에선 스포츠 선수 개인과 스포츠 팀, 협회와 연맹 등을 상대로 계약 및 공정거래, 인사·노무 등에 대한 자문과 소송·중재의 수행, 지식재산, 세금 이슈와 정부 관계 대응 등을 아우르는 원스톱 서비스를 제공한다"고 소개했다.

헬스케어

헬스케어 분야는 의약품, 동물약품, 의료기기, 진단용의약품, 식품 및 화장품 분야의 회사들이 주요 고객군으로 소개되며, 산업별 규제, 지식재산권, 기업일반, 공정거래와 소송·중재 등의 분야에 다양한 경험과 역량을 갖춘 전문가들이 두텁게 포진하고 있다.

2002년 우리나라 최초로 제기된 보험약가 소송에서 대법원으로부터 약가고시의 처분성과 제약회사의 원고적격을 인정받음으로써 약가소송 분야를 개척한 노경식 변호사가 이 분야의 전문가로 가장 먼저 소개된다. 김앤장 합류 전 서울지방법원 등에서 10년 가까이 판사로 재직한 노 변호사는 의료계의 뜨거운 감자였던 '의학적 임의비급여 의료행위의 정당성'에 관한 대법원 전원합의체 사건에서 종전 대법원 판례를 변경하는 데 성공, 의학적 필요성이 있는 비급여 진료행위를 가능하도록 하는 데 기여했다.

노 변호사에 이어 식품의약품안전처 자체규제심사위원을 역임하고 한국다국적의약산업협회 규약심의위원으로 활동하고 있는 장지수 변호사, 정명순 외국변호사와 함께 2022년 'The Life Sciences Law Review'의 한국편(Korea Chapter)을 맡아 기고한 조용훈 변호사, 한국에 진출한 글로벌 제약사 등에게 인기가 높은 이윤조 변호사, 서울의대를 졸업한 의사 출신 변호사인 이우진 변호사, 런던대 보건대학원에서 보건경제학 석사학위를 받은 강한철 변호사 등으로 전문가 진용이 이어진다.

외국변호사 중에선 정명순 외국변호사와 함께 최경선, 임형선 외국변호사가 활발하다. 최 변호사는 2018년부터 주한미국상공회의소 Pharmaceutical and Medical Device Committee 위원장을 맡고 있다.

캐나다 토론토 대학에서 정치학과 역사학 학사학위를 받고 다시 서울대 법대에 입학해 법학사 학위를 추가한 이윤조 변호사는 글로벌 바이오, 제약, 의료기기 기업 등이 한국에서 법적인 문제가 생겼을 때 가장 먼저 연락하는 변호사로 정평이 나 있다. 이들 기업이 M&A를 하려고 할 때나 공정거래위원회의 조사를 받게 되었을 때 또는 직원의 비위에 대한 제보를 받았을 때 이 변호사가 단골로 출동한다. 실례로 이 변호사가 15년째 자문하는 한 글로벌 제약기업은, 글로벌 본사가 다른 기업을 인수해 한국내 자회사간에 합병이 필요했을 때, 일부 사업부문을 다른 기업에 매각할 때,

당국의 현장조사가 나왔을 때, 신약을 출시하기 위해 적시에 국내 허가와 적정한 보험약가를 받아야 할 때, 경제적 취약계층의 의약품 접근성을 높이기 위한 환자지원프로그램을 설계하고 실행할 때 모두 이 변호사와 함께 했다고 한다.

사법연수원을 마친 2004년 김앤장에 합류한 이 변호사는 2011년 하버드 로스쿨에서 LL.M. 학위를 취득하고 뉴욕주 변호사 자격도 갖추었다.

Practice

TMT

김앤장의 TMT(Technology Media, Telecommunications) 그룹은 1990년 초에 구성되었다. 이 분야의 독보적인 전문가인 최동식 변호사의 지휘 아래 방송과 통신, 미디어에 관련된 인수합병 거래와 한국에서의 라이선스 취득, 당국의 규제에 대한 대응, 개인정보 보호 및 전자상거래에 관련된 다양한 자문을 제공한다.

2009년 12월 공정거래위원회가 경쟁제한성이 없다고 결정한 데 이어 얼마 안 있어 방송통신위원회가 최종적으로 합병을 인가한 LG텔레콤, LG데이콤, LG파워콤 등 LG그룹 통신 3사의 합병거래에 대한 자문을 시작으로, MBK 파트너스의 복수케이블TV방송사(MSO)인 C&M 지분 인수, 이베이의 옥션 인수, 브리티시텔레콤의 LG텔레콤 지분 인수, 뉴브리지와 AIG 컨소시엄의 하나로텔레콤 인수, 터너와 중앙방송과의 합작회사 설립 등 인터넷 오픈마켓, 방송·통신 분야의 수많은 M&A 거래에 참여했다. 2021년에 이루어진 이마트가 이베이코리아를 인수하는 거래에선 매도인 측에 자문했다.

최근 빈발하고 있는 인터넷과 방송·통신 등에 관련된 민·형사소송에서도 TMT 그룹의 변호사들이 적극 관여해 이름을 날리고 있다. 김앤장은 ID 도용 등과 관련해 제기된 민·형사사건에서 엔씨소프트를 대리했으며, 한국 최초의 IP 기반 TV 서비스의 출시에 관련된 케이블 TV사의 고발사건에선 하나로텔레콤을 변호했다. 또 해킹으로 인한 옥션의 회원정보 유출과 관련, 옥션 회원 14만 6,000여 명이 낸 손해배상청구소송에서 옥션을 맡아 원고의 청구를 모두 기각하는 승소 판결을 받아낸 곳이 김앤장이다. 2015년 2월 선고된 옥션 대법원 판결에서 제시한, "관련 법령 및 하부 고시의 내용을 이행한 이상 형사나 행정책임은 물론 민사책임도 지지 않는다"는 법리는 지금도 개인정보 유출사건에서 책임의 범위를 설정하는 확립된 법리로 자주 인용된다.

최근 판결 중엔 크롤링을 통한 정보 수집에 관한 최초의 형사판결 상고심에서 무죄판결을 받아내고, 개인정보 1,170만 건이 유출되어 방송통신위원회로부터 과징금을 부과받은 통신사를 대리하여 1심, 항소심, 상고심에 걸쳐 모두 과징금 부과처분이 위법하다는 판단을 받아낸 것이 있다.

김앤장은 또 SK브로드밴드와 LG유플러스 이용자들의 접속경로를 변경해 방송통신위원회로부터 3억 9,600만 원의 과징금과 시정명령이 부과된 페이스북을 대리해 1심에 이어 서울고법에서 진행된 항소심에서도 방통위의 시정명령과 과징금을 전부 취소하는 승소 판결을 받아냈다. 페이스북과 같은 컨텐츠제공사업자(CP)는 인터넷접속서비스의 품질을 관리 또는 통제할 수 없어 인터넷접속서비스의 품질에 대한 책임을 부담하지 않는다는 점을 명확히 한 의미있는 판결이다.

김앤장이 수행한 TMT 분야 기업의 최근 인수·합병 사례로는, 야놀자의 2조 원 규모 투자 유치 건, 야놀자의 인터파크 전자상거래 부문 인수 건, 하이브(구 빅히트엔터테인먼트)의 아리아나 그란데, 저스틴 비버 등 유명 해외 연예인들의 소속사로 유명한 이타카 홀딩스 인수 건, 크래프톤의 언노운 월즈 엔터테인먼트 인수 건 등이 대표적으로 소개된다. 김앤장 TMT 팀의 변호사들은 블록체인 및 핀테크 전문기업인 두나무와 하이브의 합작법인 설립에 자문하여 K팝 기반 NFT 사업의 추진도 지원했다.

김앤장은 방송통신위원회의 방송사업자 인허가, 인터넷 법률 및 전자상거래, 각종 방송규제에 관한 이슈에 대해서도 활발하게 자문하며, 방송통신위원회 심의사건에서 통신 및 미디어회사를 변호해 좋은 성과를 이끌어내고 있다. 국내 통신사업자들이 규제 샌드박스 임시허가를 활용해 사업 개시 결정을 받아내는 데 주도적인 역할을 수행함으로써 통신사 최초로 무선 인터넷을 통해 인터넷 전화를 제공할 수 있도록 했으며, 국내 금융지원 서비스업체가 각종 규제를 준수하며 마이데이터 서비스 기반의 수익모델 창출 방안을 수립하고 관련 인허가를 취득하는데 기여했다. 메타버스라는 개념을 제시한 대표적인 게이밍 플랫폼으로 불리는 로블록스의 국내 진출 및 국내에서의 메타버스 플랫폼 론칭에 관한 종합적인 자문도 김앤장 변호사들이 실력을 발휘한 주요 업무사례 중 하나다.

최동식 변호사는 블룸버그 등 외국의 유명 미디어 회사들도 한국에서 법률자문이 필요하면 그를 찾을 정도로 국내외에 명성이 높다. 1985년 김앤장에 입사해 이후 M&A, 합작투자, 기업지배구조, 조세와 회사 일반 업무, 국제거래 자문 등과 관련하여 약 40년에 걸친 풍부한 자문 경험을 보유하고 있으며, TMT 그룹을 이끌며 방송, 통신, IT, 엔터테인먼트, 프랜차이즈 분야의 다양한 고객들에게 자문하고 있다.

최 변호사 다음으론 은현호, 김동연, 박민철, 방성현, 김효상 변호사 등으로 김앤장 TMT 그룹의 진용이 이어진다. 박상혁, 최경선, Brian Oh 외국변호사도 이 분야에서 활약이 크다.

은현호 변호사는 게임산업이 본격적으로 성장하기 시작한 2000년대 초반부터 게임회사 업무에 특화해 김앤장 게임팀을 이끌고 있다. 리그오브레전드라는 게임으로 유명한 라이엇게임즈의 한국 법인인 라이엇게임즈코리아가 설립될 때부터 다양한 자문을 해오고 있으며, e스포츠 분야에서도 폭넓게 자문한다.

정보통신부가 변호사를 채용하기 시작한 2005년부터 2009년까지 4년간 정통부와 방통위에서 변호사로 근무해 과학기술정보통신부와 방통위 출신 '1호 변호사'로 잘 알려진 박민철 변호사는 SKT의 2G 서비스 종료와 관련해 과기정통부의 승인을 받은 건이 대표적인 업무사례로 소개된다. 일명 011이 영원히 사라지는 것이어 여러 어려움이 있었으나, 5G 서비스의 활성화와 미래비전을 제시하여 승인을 받아냈다. 공정위의 불허로 좌절된 적이 있는 LG 유플러스의 CJ헬로비전 인수에 대한 과기정통부의 최종 승인도 그의 작품이다.

김동연 변호사는 전 세계적으로 히트를 친 넷플릭스의 여러 한류 드라마의 제작을 지원한 넷플릭스 자문 변호사로 유명하다. '킹덤', '좋아하면 울리는'과 같은 시즌제 작품에서 출연진과 제작진을 장기간 확보하는 내용을 발주계약에 포함시켜 시리즈가 끝날 때까지 제작을 담보하고, 넷플릭스가 한국에 진출할 때 가장 큰 과제 중 하나였던 영상물 등급 분류 문제도 해결했다.

방성현 변호사가 주도적으로 수행한 업무사례 중에선 '접속경로 변경'과 관련, 페이스북을 대리해 항소심까지 방송통신위원회의 시정명령과 과징금을 취소하는 판결을 받아낸 사건이 우선 소개된다. 또 글로벌 SW 라이선스 및 클라우드 전문 컨설팅 그룹인 컴파렉스가 한국 진출을 위해 한국의 바이소프트를 인수한 거래에서 컴파렉스를 대리하고, 영국 보다폰의 한국 진출, 넷플릭스의 한국 진출과 관련해서도 자문했다.

해상

해상 분야에서도 한국 로펌 중 김앤장이 가장 먼저 법률서비스를 시작했다. 1980년 8월 사법연수원 10기의 정병석 변호사가 합류해 본격적으로 관련 업무를 수행하기 시작, 이후 수많은 해상 전문 변호사를 키워내며 업계를 리드하고 있다. 40년이 더 흐른 지금도 정병석 변호사의 지휘 아래 해상 분야에 정통한 10명이 넘는 국내외 변호사로 팀을 이루어 한국 로펌 중 가장 뛰어난 경쟁력을 발휘하고 있다.

김앤장 해상팀은 오래된 역사만큼이나 한국 근해에서 일어났거나 한국 선주가 관련된 수많은 해상사고의 처리와 보상절차에서 활약한 독보적인 자문 경험을 축적하고 있다. 2007년 12월 7일

충남 태안 앞바다에서 일어난 허베이 스피리트(Hebei Spirit)호의 기름유출 사고에서 김앤장이 허베이 측을 맡아 보상절차를 진행했으며, 1987년에 일어난 SEA Prince호 해양오염사건, 1980년대 초반의 Honam Jade호와 보운호 해상오염사건도 김앤장의 변호사들이 관여해 보상절차를 마무리했다. 김앤장은 해상 분야가 발달한 대부분의 일류 로펌들이 그렇듯이 해상사고에 관련된 여러 당사자 중 선주나 선주가 가입하는 선주상호보험조합인 P&I 클럽에 자문하는 경우가 많다.

해상사건은 특히 국제물류의 특성상 전 세계를 무대로 사건, 사고가 일어나고 화주(貨主) 등 다수의 피해자가 관련되어 국제소송으로 진행되는 경우가 많아 종합적이면서도 높은 수준의 국제적인 대응능력이 요구된다. 영국법 등 외국법이 준거법인 경우도 많다. 정병석 변호사는 "해상 분야는 일종의 종합분쟁의 성격이 강해 사건 전체의 구도를 짜는 코디네이터의 역할이 중요하다"고 소개하고, "해상변호사에겐 해난사고의 경위를 파악하는 현장조사, 상대방과의 협상, 관할 다툼, 보상과 구상, 중재와 민·형사 재판 등 사고의 원만한 해결을 위한 다양한 능력이 요구된다"고 강조했다. 김앤장에선 물론 한국변호사와 외국변호사들이 함께 팀을 꾸려 흔히 살바싸움으로 비유되는 관할 다툼부터 빈틈없는 대응을 추구하고 있다.

정병석 변호사에 이어 정 변호사보다 사법연수원 기수가 2기수 아래인 이진홍 변호사, 영국변호사 자격도 갖추고 런던에서 진행되는 해사중재 사건에서 특히 활약이 큰 이철원 변호사, 영국으로 연수를 떠나 University College London(UCL)에서 LL.M. 학위를 취득하고 허버트 스미스 프리힐즈 런던사무소에서도 경력을 쌓은 박준환 변호사, 박 변호사와 마찬가지로 UCL에서 LL.M. 학위를 취득하고 중앙해양안전심판원 재결평석위원으로 활동하고 있는 이상협 변호사, 유창한 영어와 함께 김앤장 합류 전 법무부 국제법무과에서 경력을 쌓은 김나래 변호사 등으로 김앤장 해상팀의 인적 구성이 이어진다. 또 한국해양대 해사법학과를 나와 해운회사에 근무하다가 영국변호사 자격을 취득하고 영국 유수의 해상 로펌과 P&I 클럽에서 근무한 이재복 영국변호사와 영국계 해상 전문 로펌에서 근무하고 국제중재 실무에도 밝은 이대희 영국변호사 등이 포진, 국제적으로 진행되는 해사분쟁 등에서 높은 시너지를 내고 있다.

최근 김앤장 해상팀이 수행한 주요 사건을 보면 13개의 국적 컨테이너 선사들을 대리하여 국토교통부를 상대로 안전운임제 대상에 환적화물이 포함된 것을 취소해달라는 소송을 내 대법원에서 최종 승소하고, 4개 LNG 수송선사를 대리하여 한국가스공사를 상대로 국제해사기구(IMO)의 저유황 규제와 관련하여 운임을 청구하는 중재를 제기하여 승소하는 등 다양한 사건에서 성공적인 결과를 도출하고 있다. 김앤장은 또 한국의 선박설비 제조기업이 2000년대 후반 정부로부터 받은 선박평형수처리설비 형식승인이 직권 취소된 사건에서 해당 기업을 대리하여 관계부처를 상대로 행정소송을 제기해 승소하고, 임직원들에 대한 형사사건도 성공적으로 방어했다.

김앤장 해상팀은 해상사고의 민사적인 처리뿐만 아니라 해양안전심판절차에서 선원과 선주를 상대로 자문을 제공하고, 형사팀 변호사들과 함께 해난사고 등의 형사절차에도 대응하고 있다. 또 용선계약이나 선박건조계약 등을 둘러싼 분쟁, 영국법을 준거법으로, 영국에서 진행되는 해사중재도 해상팀의 변호사들이 활약하는 주요 사건이며, 최근에는 선원재해 등 선사들의 중재대해처벌법 준수 관련 자문과 대응 등으로 업무영역을 확대하고 있다.

박준환 변호사는 "국제해사기구나 유럽연합 환경위원회 등에서 선박으로부터의 온실가스 및 환경오염물질 배출에 관한 규제, 재생에너지와 저탄소 연료의 사용 확대를 강력하게 요구하고 있다"며 해상기업에 대한 ESG 경영 관련 자문도 새롭게 제기되는 업무 내용 중 하나라고 소개했다.

한국 해상변호사의 맏형쯤에 해당하는 정병석 변호사는 해상법의 메카인 UCL 법대(LL.M.)에서 해상법을 공부한 후 영국의 대표적인 해상 전문 법률사무소인 Holman Fenwick Willan과 뉴욕의 해상 전문 대형 로펌인 Haight Gardner Poor & Havens 에서 경험을 쌓았다. 리걸 500 Asia Pacific 2023년판에서 한국 해상 분야 '명예의 전당'(Hall of Fame)에 등재된 한국의 해상 분야를 대표하는 변호사로, 정 변호사는 상법 중 해상법 개정위원, 국제사법 개정위원으로 참여하고, 클레임 당사자들의 모임인 해사모(해운을 사랑하는 사람들)의 회장, 한국해법학회 회장을 역임했다.

서울대 법대 재학 중 제21회 사법시험에 합격하고 졸업 후 사법연수원에 입소해 12기로 수료한 이진홍 변호사도 UCL로 연수를 떠나 해상법 석사학위(Shipping Law Diploma)를 받은 데 이어 Lillick & Charles 샌프란시스코 사무소에서 경력을 쌓았다. 사법연수원 해상법 교수, 동아대 부교수, 중앙해양안전심판원 자문위원 등을 역임했으며, 해상법에 관한 여러 논문과 저서가 있다.

한국 로펌 중 가장 먼저 팀을 발족한 김앤장 해상팀은 해상법 자문의 원조이자 수많은 해상변호사들을 길러낸 한국 해상변호사의 산실로도 유명하다. 해상 부티크의 효시라고 할 수 있는 법무법인 세경을 공동 설립한 최종현 변호사가 오랫동안 김앤장 해상팀에서 활동한 김앤장 출신이며, 법무법인 정동국제의 서동희 변호사, 부산에서 활동하는 법무법인 청해의 서영화 변호사도 각각 부티크 로펌으로 독립하기 전 김앤장에서 활동한 해상 전문 변호사들이다.

V

Cases

Cases

하이브의 미 레이블 Ithaca Holdings 인수 자문

2013년 데뷔한 그룹 BTS의 전 세계적인 성공을 이끌고 K-Pop의 글로벌화를 주도해온 하이브(전 빅히트 엔터테인먼트)는 2020년 한국거래소에 상장한 이후 한국 시장을 넘어 해외시장으로의 확장, '글로벌 플랫폼' 강화의 일환으로 미국내 유명 엔터테인먼트사의 인수를 고려했다. 음악 매니지먼트, 레코드 레이블, 퍼블리싱, 영화, TV쇼 등을 아우르는 미국의 종합미디어 지주회사인 이타카 홀딩스(Ithaca Holdings LLC)가 타깃으로 지목되었다. 하이브는 이타카홀딩스 인수를 통해 글로벌 톱 아티스트들의 지식재산권을 활용함과 동시에 미국에서의 네트워크 강화를 꾀하였다. 이타카 홀딩스는 산하에 SB Project, 빅머신 레이블(Big Machine Label

Group) 등의 자회사를 둔 세계적인 엔터테인먼트 그룹으로, 아리아나 그란데, 저스틴 비버, 블랙아이드피스 등 다수의 글로벌 유명 팝스타들도 SB Project 소속으로 활동하고 있다.

김앤장이 하이브를 대리해 하이브의 미국 자회사인 하이브 아메리카(전 빅히트 아메리카)를 통하여 미 델라웨어주 법인인 이타카 홀딩스 지분 100%를 미화 9억 5,000만 달러, 약 1조 원에 인수하는 거래에 자문했다. 김앤장 TMT 그룹의 엔터테인먼트 전문인 은현호 변호사와 M&A 팀의 이경윤, 이영민 변호사, 이정철 미국변호사, 금융 전문의 정명재 변호사 등이 나서 미국 현지 로펌과의 협업 아래 2021년 초 협상을 시작해 5월 클로징까지 채 석 달이 걸리지 않은 기간에 신속하게 딜을 마무리했다. 하이브가 상장기업이 된 후 처음으로 진행한 대규모 M&A 거래인데다 타깃이 미국내 유명 엔터테인먼트 매니지먼트사라는 점에서 엄격한 기밀유지와 신속한 마무리가 요구되었기 때문이다.

김앤장에선 하이브 아메리카가 미국에 특수목적법인(SPC)를 설립하고, 이타카 홀딩스가 이 SPC를 합병해 이타카 홀딩스를 존속법인으로 남기는 구조를 채택했다. 사실상 역삼각합병과 유사한, 국내 기업의 M&A에선 찾아보기 힘든 구조인데, 독점사업권, 상표권, 제3자의 동의가 없으면 양도할 수 없는 계약의 권리 등으로 인해 법인을 존속해야 할 필요성이 높을 때 사용하는 방식이다. 물론 이타카 홀딩스의 브랜드 가치 훼손을 막기 위한 목적도 있었고, 이러한 방식의 M&A 결과 이타카 홀딩스는 기존의 사업과 계약 일체를 유지할 수 있었다.

거래 결과, 하이브 아메리카가 설립한 100% 자회사인 SPC가 이타카 홀딩스의 지분을 인수하고, 다시 SPC와 이타카 홀딩스가 합병하여 이타카 홀딩스가 존속하게 되었다. 이경윤 변호사는 "한국 회사들이 미국에 있는 다른 회사를 인수할 때, 미국에 법인을 두고 있더라도 SPC를 설립하여 현지에서 이 SPC 이름으로 인수 금융을 일으켜 주식을 인수하고 대상회사와 합병을 하는 경우가 종종 있다"며 "미국 자회사를 일종의 미국의 지주회사로 활용하여 미국 내에서 다른 대상회사를 인수하여 다른 사업도 함께 영위하는 목적 등을 고려해 이러한 방식을 채택한다"고 설명했다.

한국 엔터테인먼트 역사상 최대 규모이자 마일스톤 딜로 평가받는 이 거래는 통상적인 M&A 딜에선 찾아보기 힘든 여러 이례적인 이슈들이 있었다.

첫째, 이타카 홀딩스의 주요 재무적 투자자들의 세무 이슈로 인해, 해당 재무적 투자자들의 보유 지분을 이들이 설립한 별도 특수목적법인 즉, SPC를 통해 하이브 아메리카가 매입하는 단계가 추가되었다.

둘째, 이타카 홀딩스의 CEO인 Scooter Braun을 포함하여 주요 임원들에게 주식매매 대가로 현금뿐만 아니라 하이브의 상장주식을 제3자배정을 통해 발행했다. 하이브 상장 이후 보호예수기간이 만료되지 않아 해당 제3자발행은 거래가 종결된 후에 진행되었다.

셋째, 이타카 홀딩스의 소속 아티스트와 임직원들에게 retention 및 incentive 차원에서 하이브의 상장주식을 제3자배정을 통해 발행했다.

김앤장에서 하이브의 한국내 증권법과 공시, 외환, 상장주식거래 관련 다양한 이슈, 특히 한국내 증권계좌 개설, 그리고 각 개인들의 미국과 한국내 세무, 외환규제, 내부자거래 이슈 등의 검토를 주도하였음은 물론이다.

Cases

'딜리버리히어로의 우아한형제들 인수' 공정위 승인

　글로벌 최대 음식 주문 네트워크를 갖춘 독일계 딜리버리히어로(DH)의 자회사인 딜리버리히어로코리아(DHK)는 2011년 알지피코리아로 출발해 배달앱 '요기요'를 선보였고, 이후 '배달통'과 '푸드플라이'를 인수하는 등 국내 배달앱 시장에서 빠르게 영토를 확장했다. 이후 DH는 국내 배달앱 1위인 배달의민족('배민') 운영사인 ㈜우아한형제들('우형')의 인수 및 싱가포르에 합작회사를 설립하는 약 4조 7,500억 원 규모의 전략적인 파트너십을 통해 DH의 세계적인 사업 네트워크와 각국에서의 배달앱 운용 경험을 우형의 마케팅 능력과 결합함으로써, 빠르게 성장하고 있는 아시아의 음식 주문·배달 시장에서의 지속적인 성장을 꾀하였다.

DH는 2019년 12월 13일자로 우형의 주식 약 88%를 취득하는 계약을 체결하고, 그해 12월 30일 김앤장을 대리인으로 선정해 공정거래위원회에 기업결합 신고를 하였다.

　스마트폰 앱 등을 통해 소비자와 음식점 사이에 음식 주문을 중개하는 온라인 중개 서비스인 배달앱은 크게 주문만 중개하는 '주문 중개 모델'과 배달 서비스까지 함께 제공하는 '자체 배달 모델'로 구분된다. 이러한 배달앱은 기본적으로 중개 서비스 양면에 소비자와 음식점이 위치하고, 자체 배달 모델의 경우 배달기사까지 관련되는 다면 온라인 중개 서비스이다.

　공정위는 역동적인 양면시장에서의 혁신 경쟁의 중요성과 음식점, 소비자, 배달기사 등 다양한 이해관계자들을 고려한 다각적인 관점에서 기업결합 심사를 진행했다.

　김앤장에선 김진오, 이민호, 김경연 변호사와 정태현 외국변호사 등 공정거래팀의 여러 명의 변호사가 투입되었다. 또 음식 배달 업계의 현재와 미래 등에 대한 전문가들의 경제분석을 토대로 해당 거래가 사용자의 편의를 증진하고, 효율성 증대 효과가 있다는 점 등을 집중 설명했다.

　공정위는 1년쯤 지난 2020년 12월 DH가 DHK 지분 전부(100%)를 매각하는 조건으로 DH가 우아한형제들의 주식 약 88%를 취득하는 기업결합을 승인했다. 이후 요기요를 운영하는

DHK는 GS리테일과 사모펀드인 어피너티에쿼티파트너스, 퍼미라 컨소시엄이 설립한 특수목적법인인 컴바인드딜리버리플랫폼인베스트먼트(CDPI)에 완전히 매각되었다. 매각 완료에 따라 DHK의 사명도 '위대한상상'으로 바뀌었다.

팀을 이끈 김진오 변호사는 "배민-요기요간 경쟁관계는 유지하여 소비자 후생을 증진하고 혁신 경쟁을 촉진하는 동시에 DH와 우형간의 결합은 허용하여 DH의 기술력과 우형의 마케팅 능력의 결합 등 양사의 협력을 통한 동반 상승효과는 달성할 수 있도록 한 것"이라고 공정위 조건부 승인의 의의를 설명했다.

이스타항공 회생절차 대응

2021년 2월 개시된 이스타항공 회생절차에서 김앤장은 9곳의 외국계 항공기 임대사를 대리하여 이스타항공에 임대한 항공기들을 성공적으로 회수했다. 항공기금융 및 도산 분야에서 이정표를 세운 주목할 업무사례로 소개된다.

사고가 잦았던 보잉 737 Max 8 기종의 운항 중단과 코로나19 사태로 인하여 회생절차를 신청한 이스타항공은 다수의 항공기 임대사들로부터 항공기를 임차하여 운항하고 있었다. 항공기 임대사들이 이스타항공의 가장 큰 채권자들이었다. 이들 항공기 임대사들의 채권액은 합계 2억 5,000만 달러를 상회했다.

조영균 변호사 등이 포진한 김앤장 항공기금융팀에선 이스타항공이 회생신청을 하기 전부터 항공기 임대사들이 미리 이스타항공을 상대로 채권을 상계하도록 하고, 항공기 임대계약을 해지할 수 있도록 자문했다. 그 결과 다수의 항공기 임대사들이 무사히 항공기를 회수할 수 있었다. 이어 이스타항공이 회생절차에 들어가자 도산팀과의 협업을 통해 회생절차에 따른 각종 절차적 문제에 관한 자문을 제공하여 항공기 임대사들이 향후 계약의 처리에 관하여 협상하도록 하는 등 회생절차 전 과정에서 권리를 보전할 수 있도록 조언했다.

이스타항공이 임차한 마지막 2대의 항공기에 대한 임대료 지급과 계약의 처리가 특히 주목을 끌었다. 해당 항공기의 임대차계약상 채권이 공익채권으로 분류되어 회생절차의 영향을 받지 않고 이행되게 하는 데 성공한 것이다. 해당 항공기 임대사는 이후 이스타항공과의 별도 협상을 통하여 일부 채권액을 감축하여 지급받는 것으로 합의하였으나, 다른 채권자들이 원래 채권의 4.5%가량의 변제만 받은 것에 비하여 훨씬 유리한 조건으로 변제를 받을 수 있었다.

이스타항공은 이 과정에서 보잉 737 Max 8 기종의 운항 중단 및 코로나19 사태로 인한 비행 중단의 경우에도 임대료를 지급하는 것은 부당하다고 주장했다. 김앤장 항공기금융팀은 그러나 항공기 임대계약의 준거법인 영국법이 이 경우에도 적용되어야 하고, 항공기 임대계약에서 소위 'hell or high water' 조항으로 불리는 무조건적인 지급조항에 따라 운항 중단에도 불구하고 임대료가 지급되어야 한다는 점을 설득하여 결국 이스타항공이 그와 같은 주장을 철회하도록 만들었다.

이스타항공 회생절차는 골프장 관리·부동산임대업체인 ㈜성정이 회생절차 M&A를 통하여 2022년 3월 이스타항공을 인수하는 것으로 마무리되었다. 이 과정에서 김앤장의 자문을 받은 외국계 항공기 임대사들은, 주장한 거의 대부분의 채권을 인정받고, M&A 대금으로 그 일부를 변제받아 이스타항공 회생절차로 인한 피해를 최소화할 수 있었다.

김앤장 항공기금융팀과 도산팀은 2010년 한성항공 이후 10여년만의 항공사 회생사건인 이스타항공 회생절차에서 클라이언트의 이익을 성공적으로 지킴으로써 항공기금융·도산 분야에서 임대 항공기 및 항공기 임대료 채권의 회수와 관련해 새로운 기준을 정립했다.

키코 사건

 2013년 9월 대법원 전원합의체 판결을 통해 마무리된 키코 소송은 무려 200여 곳의 수출기업이 국내외 은행 14곳을 상대로 키코계약의 무효, 취소 등을 주장하며 제기한 한국 소송 역사상 전례를 찾아보기 힘든 대규모 집단소송이었다. 사건 수 역시 100여 건의 가처분을 제외하더라도 300여건에 이르고, 각 사건마다 청구금액이 적게는 수십억, 많게는 수천억 원에 달해 총 청구금액이 약 2조 5,000억 원에 이르는 엄청난 규모의 소송이었다. 소송을 제기하지 않은 수출기업까지 포함하면 전체 분쟁금액은 약 5조 원으로 늘어난다. 전체 소송기간도 대법원 전원합의체 선고 이후 순차적으로 선고된 하급심 판결까지 2008년 12월 처음 소송이 제기된 후 7년이 넘는 긴 시간이 소요되었다.

키코상품은 수출대금을 달러로 받는 수출기업이 달러 가치 하락에 따른 환차손을 막기 위해 가입한 파생금융상품이다. 그러나 2008년 세계 금융위기가 터져 예측과 달리 달러 대비 원화 환율이 폭등하면서 대규모 분쟁으로 비화되었다. 환율 하락을 예상하고 키코계약을 체결했던 기업들은 큰 손실을 보았다고 주장하면서 2008년 말부터 키코상품을 판매한 은행들을 상대로 키코계약의 효력을 정지해 달라는 가처분을 신청하고, 키코계약을 무효로 하거나 취소해 달라는 취지의 본안소송을 제기했다.

대규모 소송전이 벌어짐에 따라 법무법인들의 사건 유치 경쟁도 치열하게 전개되었다. 김앤장은 키코상품을 판매한 14개 은행 중 한 곳을 제외한 국내외 13개 은행으로부터 300건이 넘는 거의 대부분의 사건을 맡아 주도적으로 소송을 수행했다. 원고들은 중견 로펌들이 사건을 나눠 맡았다.

원, 피고 양측이 신청한 노벨경제학상 수상자 등 세계적인 석학들이 전문가증인으로 법정에 출석해 증언하고, 원고 측에서 전 세계 파생금융상품 분쟁사례에 대한 각국 법원의 판결문과 공소장을 수집하여 법원에 증거로 제출하는 등 소송은 국제적인 규모로 진행되었다. 당시 세계 금융위기의 여파로 한국뿐만 아니라 미국, 독일, 일본, 이탈리아, 인도 등 세계 각국에서 다양한 파생금융상품을 둘러싼 분쟁이 발생했다.

　김앤장에선 미국, 독일, 일본, 이탈리아 변호사 등 외국변호사들과의 협업을 통해 원고 측이 제시한 각각의 외국 사례에서의 구체적인 사실관계와 해당 국가의 제도, 법리에 대한 분석에 나섰다. 한국에서 체결된 키코계약과는 다른 내용의 상품이어 키코 재판에 적용될 수 없다고 변론했다.

　특히 첫 항소심 판결 직전 독일에서 선고된 이자율스왑계약 관련 케이스에서, 독일연방대법원이 파생금융상품에 내재되어 있는 은행 마진을 고지할 의무가 있다고 명시적으로 판단, 원고 측에서 이를 원고 주장의 강력한 근거로 내세웠다. 김앤장은 키코 소송의 피고 중 한 명으로 김앤장이 대리하고 있던 도이치뱅크로부터 위 사건기록을 입수해 분석했다. 결과는 키코 사안과 달라 키코 소송에 원용될 수 없는 사례였다. 김앤장은 이 점을 항소심 재판부에 설명하였고, 항소심 재판부는 김앤장의 주장을 받아들였다.

　1심과 항소심 판결에서 기본적으로 원고 수출기업들이 주장한 키코계약의 무효, 취소 주장은 받아들여지지 않았다. 다만, 재판부에 따라 설명의무 위반 등을 이유로 일부 사건에서 원고 일부 승소 판결이 선고되었다.

　대법원은 하급심에 300여건의 사건이 계류 중이고, 판결이 선고된 사건들에서 재판부별로 판단이 다른 경우도 있자 키코 사건을 전원합의체에 회부하고 공개변론을 거쳐 2013년 9월 26일 최종 판결을 선고했다.

결과는 김앤장이 대리한 피고 측의 99% 승소였다. 대법원은 김앤장의 주장을 받아들여 키코계약이 불공정하거나 환헤지가 부적합하지 않고, 은행 마진이 과다하지도 않다면서 수출기업들의 계약 무효, 취소 주장을 모두 기각했다. 다만, 다른 금융상품과 마찬가지로 피고 은행의 판매직원들이 계약 체결 과정에서 설명의무 내지 적합성 원칙을 위반했다고 판단되는 일부 사안에 대해서만 책임을 인정했다.

키코 사건은 규모나 전문성 측면에서 사법사상 전무후무한 사건으로 남아 있다. 김앤장 내부에서도 소송팀과 함께 금융공학, 파생금융상품 등의 분야에 전문성을 갖춘 금융팀의 여러 변호사와 공인회계사, 외국변호사 등 수많은 전문가가 투입되어 성공적인 결과를 도출한 선례적인 케이스로 평가받고 있다. 김앤장이 금융기관 분쟁이나 파생금융상품 관련 소송을 전담하는 금융소송팀을 발족한 것도 키코 소송이 계기가 되었다고 한다.

사법연수원 교수 출신의 백창훈 변호사가 총괄 지휘를 맡은 김앤장에선 각 사건에 공통된 키코 사건의 핵심적 쟁점을 연구, 검토하여 변론전략을 수립할 팀을 구성하는 한편 13개 은행별로 별도의 팀을 구성해 대응했다.

같은 판사 출신의 강상진, 류창범 변호사와 금융팀의 박상용,

강민수, 은정민 변호사가 13개 은행변론팀을 총괄하면서 7년여에 걸친 수조 원대 소송에서 큰 승리를 거두었다.

백 변호사는 특히 원고 측이 전문가증인으로 신청한 2003년 노벨경제학상 수상자인 Robert F. Engle 뉴욕대(NYU) 교수를 상대로 반대신문을 진행, Engle 교수의 증언을 효과적으로 탄핵했다. 원고 측의 주신문 때 "피고 은행들이, 원고들이 키코계약을 통해 얻을 수 있었던 이익의 700배에 달하는 폭리를 취하였다"는 원고 대리인의 주장에 수긍하는 답변을 했던 Engle 교수는, 백 변호사의 반대신문에서 '본인이 파생상품, 이자율 전문가는 아니어서 답변이 어렵다', '팀과 상의하고 답변해도 되겠느냐'고 하다가 반대신문 막판에는 결국 입장을 바꿔 피고 은행 측 입장에 수긍하는 답변을 내놓았다.

키코 사건은 민사소송과 별도로 형사사건이 함께 전개되었다. 키코공동대책위원회에선 2010년 2월 가장 먼저 판결이 선고된 민사 1심 본안소송에서 자신들의 주장이 받아들여지지 않자, 같은달 25일 11개 은행의 은행장과 임원 등 약 90명을 사기 혐의로 서울중앙지검에 고발했고, 서울중앙지검 금융조세조사 2부가 맡아 수사를 진행했다. 김앤장은 이번엔 형사 변호인이 되어 피고발인들의 변호에 나섰다.

검찰에선 이례적으로 수출기업과 은행 양측의 변호인이 참여한 가운데 서울중앙지검에서 프리젠테이션 방식으로 변론을 진행했다. 금융조세조사 2부뿐만 아니라 금융조세조사 1, 3부의 부장검사와 소속 검사들도 전원 참석하여 쌍방 변호인의 프리젠테이션 변론을 경청하고 쌍방 변호인에게 다양한 질문을 했다.

결과는 민사와 마찬가지로 은행 측의 완승이었다. 서울중앙지검은 2011년 7월 약 90명의 피고발인 전원에 대해 무혐의 불기소 결정을 내렸다.

Cases

'플로팅 독 계약 해제' SCC 중재 사건

　국내의 수리조선 전문업체인 오리엔트조선은 나폴리에 소재한 이탈리아 업체와 2018년 12월 전남 광양조선소에 있는 선박수리 설비인 플로팅 독을 3,590만 달러에 매각하는 계약을 맺었다. 그러나 이 이탈리아 업체가, 회생법원의 매매계약 허가를 받아야만 계약이 효력을 발생하는 정지조건이 있는 것으로 해석될 여지가 있는 계약조항을 근거로 "회생법원으로부터 계약 허가를 받아오기 전까지 중도금을 낼 수 없다"며 중도금 지급을 미루면서 문제가 생겼다. 오리엔트조선은 2008년 세계 금융위기 이후 경영난에 빠져 당시 기업회생절차가 진행 중이었다. 매각대금으로 회생채무를 변제하기 위해 빠른 매매를 원했던 오리엔트조선은 중도금 지급이 지연되자 2019년 2월 이탈리아 업체와의 계약을 해제하고, 이어 제3국의 B회사와 해당 플로팅 독에 대한 새로운 매매계약을 체결했다.

이탈리아 회사는 2019년 4월 계약상 분쟁해결기관인 스톡홀름상사중재원(SCC)에 오리엔트조선이 제3자에게 해당 설비를 인도하는 것을 금지하는 처분금지 가처분을 임시조치(EA)로 구하는 신청을 냈다. SCC의 긴급중재인은 5일 만에 이탈리아 회사가 낸 처분금지 가처분을 인용하는 판정을 내렸다. 오리엔트조선으로서는 B사에 대한 계약상 인도의무를 이행할 수 없게 된 것이다.

설상가상으로 이탈리아 회사는 EA 판정 약 한 달 후 오리엔트조선이 부당하게 계약을 해제하였다고 주장하며, 총 5천만 달러의 손해배상을 요구하는 SCC 본안중재를 제기했다.

오리엔트조선은 김앤장에 SOS를 요청했다. 해상 중재에 밝은 이철원 변호사와 서성진 외국변호사 등으로 팀을 꾸린 김앤장이 오리엔트조선을 대리했던 기존의 영국 로펌 대신 새로운 구원투수로 투입되었다.

김앤장 팀은 EA 판정에 대한 이의신청부터 제기했다. 이탈리아 회사가 EA 판정을 받은 후 약 한 달간 본안중재를 신청하지 않은 것은 급박한 사정이 있는 것이 아니라는 점과 이탈리아 회사가 해당 설비와 유사한 설비를 구입하고 금전 손해배상을 구하는 것이

가능하다는 점을 강조하여, 2019년 5월 말 SCC 중재판정부로부터 이탈리아 회사가 얻어낸 EA 판정을 취소하는 결정을 받아냈다. 이 결정으로 오리엔트조선은 위기에서 벗어나 2019년 6월 무사히 해당 설비를 B사에게 인도하여 최악의 상황을 벗어날 수 있었다.

이제 남은 과제는 청구액 5천만 달러의 본안중재에서의 방어였다. 김앤장은 먼저 오리엔트조선이 더 높은 가격을 받기 위해 이탈리아 매수인을 배신하고 이중매매를 한 것이라는, 이탈리아 회사가 주장하는 프레임을 깨는데 집중했다.

이탈리아 회사는 이탈리아 항만청으로부터 플로팅 독 설치에 필요한 공유수면 점용허가를 모두 받았다고 주장하면서 이탈리아 항만청의 공문을 제시했다. 그러나 그 내용에는 불분명한 점들이 있었고, 오히려 이탈리아 항만청의 완전한 공유수면 허가 절차가 늦어지고 있어 계약 이행을 지연하고자 하는 것 아닌가 하는 의심이 들었으나, 오리엔트조선에선 이를 입증할 수 있는 근거 자료가 없었다.

김앤장은 이탈리아 현지 로펌과 항만 및 조선업계 전문가를 선임하여, 이탈리아 회사의 나폴리 조선소 건설 계획과 진행 상황 등에 대한 정보 수집에 나섰다. 이를 통해 경쟁 조선소들의 이의제기로 인하여 이탈리아 항만 당국이 플로팅 독 설치에 관한 공유수면 점용허가를 내주지 못하고 있고, 이탈리아 회사는 공유수면 점용허가를 받아야 은행들로부터 플로팅 독 매수대금으로 사용할 자금을 대여받을 수 있어 오리엔트조선에 의도적으로 문제를 제기하고 대금 지급을 미루었다는 사정을 파악했다.

김앤장은 이렇게 취득한 정보를 이용하여 이탈리아 회사를 몰아붙였다. 중재절차 내의 문서개시절차(document production)를 통해 이탈리아 회사의 플로팅 독 공유수면 점용허가와 은행 대출 관련 자료를 확보했다. 1차 문서개시신청에선 이탈리아 항만당국으로부터 미미한 수준의 정보와 자료만 제공받아 별다른 소득이 없었으나, 이탈리아 회사의 속사정을 파악해 공세를 취한 2차 문서개시신청에서 의미있는 자료를 확보해 승기를 잡았다. 서성진 변호사는 증인신문을 통해 플로팅 독 설치를 위한 공유수면 점용허가를 받았다는 이탈리아 회사의 주장이 거짓말이라는 자인(自認)까지 받아냈다.

중재판정부는 2020년 4월 오리엔트조선의 주장을 받아들여 이탈리아 회사의 청구를 모두 기각했다. 실제 지출된 변호사 보수를 포함해 오리엔트조선이 지출한 중재비용의 75%를 이탈리아 회사가 부담하여야 한다고 중재비용의 지급까지 명한 커다란 승리였다.

문제된 계약조항에 대해서도, 매매계약은 회생법원의 허가를 받기 전에도 유효하게 성립하고, 다만 오리엔트조선이 플로팅 독의 인도시까지 허가를 받으면 된다는 해석을 이끌어냈다. 중재판정부는 또 오리엔트조선이 계약에 명시된 바에 따라 이탈리아 회사의 중도금 납입의무 불이행을 이유로 계약을 해제한 것은 적법하다고 판단했다.

이철원 변호사는 "이탈리아 회사가 사업상 문제점을 감추기 위해 억지 주장을 한 것이라는 점을 중재판정부에 성공적으로 부각시키려 한 전략이 주효했다"며 "특히 문서개시절차를 통해 상대방을 압박하여 상황을 반전시킨 쾌거"라고 의미를 부여했다.

OCI 적격분할 사건

IMF 외환위기 직후인 1998년, 기업의 구조조정을 장려하기 위한 분할제도가 상법에 도입되었다. 회사의 기존 사업부문을 떼내 별도의 자회사를 설립할 수 있도록 한 것으로, 이를 통해 외부투자를 유치하여 새로운 사업을 도전적으로 추진하거나, 지주회사로의 전환 또는 분리매각 등을 도모할 수 있게 되었다. 다만, 이러한 분할 과정에서 종전 회사가 보유한 자산·부채가 새로운 회사로 이전하게 되는데, 분할을 계기로 그 양도차익을 과세하게 되면 막대한 세금이 일시에 부과되어 기업으로서는 이 제도를 이용하기 어렵다는 부담이 발생했다. 이런 사정을 고려해 일정 요건을 갖춘 '적격분할'의 경우, 분할 시점의 과세를 이연하거나 면제해주는 제도가 세법에 도입되었다.

　OCI(구 동양제철화학)는 2008년 회계법인의 자문을 받아 인천공장 사업장에서 영위하던 화학제품제조업과 도시개발사업부문을 물적분할하여 DCRE라는 분할신설법인을 설립하고, 이를 적격분할로 신고하여 세제 혜택을 받았다. 그런데 인천시가 DCRE에 대한 지방세 조사를 진행한 후 인천공장 부지에 적치된 폐석회를 처리해야 할 의무가 DCRE로 이전되지 않았다는 이유로 비적격분할로 판단하여, 취득세와 등록세 등 약 1,700억 원을 DCRE에 부과했다. 국세청도 같은 이유로 OCI에게 법인세와 부가가치세 등 약 3,000억 원을 부과했다.

　한꺼번에 약 6,000억 원에 달하는 과세를 당한 OCI는 과세처분을 취소받기 위하여 법무법인과 회계법인을 대리인으로 선임하여 조세심판원에 조세심판을 청구하였으나 기각되었다. OCI와 DCRE는 조세심판원에서 청구가 기각된 후인 2013년 10월 김앤장을 찾아왔다.

　김앤장에선 정병문, 김의환, 조성권, 이상우, 김해마중, 이은총 변호사 등 이른바 드림팀을 구성하여 인천시와 국세청을 상대로 각각 조세불복 소송을 제기했다. 적격분할 쟁점 관련 세액만 약 5,000억 원, 2013년 당시까지의 조세소송 역사상 단일 쟁점에 대한 부과처분을 다투는 사안 중 최대 규모였다. 분할을 하였거나 계획하고 있는 기업들, 사모펀드(PEF)들도 큰 관심을 가지고 사건의 추이를 지켜보았다.

피고 측에서도 이례적으로 복수의 소송대리인을 선임하고, 문제되는 적격분할의 요건을 다양하게 제시하면서 치열하게 다투었다. 특히 세간의 주목을 받는 대형 국가소송사건인 만큼 법무부에서도 TF를 구성하여 적극적으로 소송 지휘에 나섰다.

쟁점으로 등장한 여러 적격요건 중 어느 하나라도 갖추지 못한 것으로 결론이 나면 OCI가 패소하는 게임이었다. 김앤장에선 독일과 일본의 입법례를 검토하고 과세관청이 문제 삼는 세부요건마다 깊이 있는 법리를 고민해 법원에 제시했다.

결과는 국세청 사건과 인천시 사건 모두 승소였다. 국세청 사건은 2015년 2월 서울행정법원, 2016년 5월 서울고등법원에서 과세처분이 위법하다는 판결을 이끌어냈다. 인천시 사건도 각각 비슷한 시기에 인천지방법원과 서울고등법원에서 같은 판단을 받았다. 피고 측이 모두 상고하여 더욱 치열하게 다투었으나, 2018년 6월 두 사건 모두 대법원에서 납세자 승소로 마무리되었다(대법원 2018. 6. 28. 선고 2016두40986 판결, 대법원 2018. 6. 28. 선고 2016두45219 판결). 소송을 제기한 지 약 5년 만에 OCI와 DCRE에 부과된 적격분할 쟁점 관련 약 5,000억 원의 세금을 취소받는 완승을 거둔 것이다.

이번 사건은 기업 구조조정에 대한 조세 중립성을 확보하는 계기가 되었다. 또 모호한 법 규정을 과세관청이 납세자에게 불리하게 해석하는 것을 법원이 허용하지 않은 납세자 보호에 방점이 실린 판결이란 평가를 받았다. 만일 원고 패소로 종결되었다면 OCI와 DCRE는 물론 분할을 한 많은 기업들에게 일시에 막대한 세금이 부과될 수 있어 현실적으로도 의미가 큰 판결이었다.

학계와 실무계가 모두 주목한 이 사건에서 대법원은 적격분할에 관한 여러 법리를 선언했다.

대법원은 독립된 사업부문의 분할 요건과 관련, "반드시 분할법인의 특정 사업부문(가령 화학제품제조업) 전체를 분할해야 하는 것은 아니고 특정 사업장(가령 화학제품제조업을 영위하는 인천공장)을 분할하는 것도 허용되며, 사업부문의 내용과 기능적 특성상 기존 사업부문의 종업원들의 일부가 옮겨가지 않더라도 해당 요건이 충족된다"고 판단했다. 자산 및 부채의 포괄적 승계 요건과 관련해서도, "특정 사업부문이 아니라 여러 사업부문에 공동으로 사용되는 자산·부채 등과 같이 분할이 어려운 대상이 승계되지 않더라도, 기업의 실질적 동일성을 해치지 아니하면 해당 요건이 충족된다"고 했다. 대법원은 또 승계 자산의 직접 사용 요건과 관련, "분할신설법인이 승계한 부동산에 금융기관 대출채무를 담보하기 위하여 신탁등기를 설정하였다고 하더라도, 이를 승계사업의 폐지로 간주되는 자산의 처분으로 볼 수 없다"고 보았다.

이번 사건은 김앤장의 변론전략에서도 여러 화제를 남겼다. 대법원 조세조 총괄재판연구관 출신의 정병문, 조성권 변호사와 대법원 행정조 총괄재판연구관 경력의 김의환 변호사를 중심으로 법리 검토는 물론 고객으로부터 확보한 사실관계와 증거를 원점에서 새롭게 파악하여 서면에 반영하는 정교한 작업을 거쳤다. 변호사들은 인천공장부지의 도시개발사업 현장을 직접 여러 차례 방문하여 점검하고, 회계장부와 공시자료도 면밀하게 확인했다.

이어 이렇게 파악한 구체적인 사실관계를 법정에 현출시켜 재판부에 설명하는 일은 변호사가 되기 전 국세청에서 행정사무관으로도 근무한 이상우 변호사가 담당했다. 1심에 이어 2심으로 이어진 그의 논리정연한 프레젠테이션에 방청객들도 감탄했다는 후문이다. 또 소 제기 당시 미 NYU 로스쿨의 국제조세 과정 연수를 마치고 귀국한 김해마중 변호사는, 조세심판에서의 납세자 주장 자체에 일부 오류가 있었던 점을 바로잡고, 새로운 논리들을 제시하여 최종 승소를 이끌어내는 주춧돌을 놓았다.

5년간 재판이 이어지며 원고대리인인 김앤장에서 준비해 법원에 제출한 서면이 90개가 넘고, 증거와 참고자료는 수천 개에 이른다고 한다. 이들 자료를 챙기고 관리하는 일은 팀의 막내였던 서울대 로스쿨 2기 이은총 변호사의 몫이었다.

Cases

'백내장 수술 보험금' 소송

실손보험은 많은 국민이 가입해 제2의 건강보험으로 불리는 새로운 보험상품이다. 그러나 일부 병원에서 '백내장 수술비'처럼 실손보험이 보장하는 비급여 의료비를 부풀려 청구하는 사례가 빈번하게 발생했다. 이들 병원에선 의료보험이 적용되는 단초점렌즈를 이용하여 수십만 원 수준에서 백내장 수술을 하는 대신, 비급여인 다초점렌즈를 이용하여 백내장 수술을 하고 단초점렌즈 수술비용의 10배에서 20배에 이르는 수백, 수천만 원에 달하는 수술비용을 청구했다. 특히 고령으로 노안이 있는 상태에서 백내장 수술을 받으면 노안이 교정되기 때문에 심지어 백내장이 생기지 않았는데도 백내장 수술을 가장하여 다초점렌즈로 노안을 교정하고 실손보험을 통해 보험회사에 보험금을 청구하는 사례도 빈번했다.

　보험회사들은 다초점렌즈를 이용한 백내장 수술이 실손보험에서 보장하지 않는 시력교정술에 해당한다며 실손보험금 지급 대상이 될 수 없다고 주장하였으나, 금융감독원 분쟁조정위원회와 하급심 법원에선 이를 인정하지 않았다. 이에 백내장 수술로 인한 실손보험금 청구가 급격히 증가하였고, 2016년 780억 원 정도에 불과하던 백내장 수술 실손보험금 청구액이 2021년에는 약 1조 원에 이르게 되었다.

　보험회사에서 김앤장에 사건을 의뢰, 김앤장 보험소송팀이 백내장 수술을 받은 환자를 상대로 680여만 원의 보험금 청구액 중 입원을 전제로 한 입원의료비 보험금은 지급할 의무가 없다는 보험금채무부존재확인소송을 제기했다. 환자 측에선 반대로 같은 금액의 보험금 청구소송을 냈다.

　실손보험 약관에 따르면, 실손보험은 질병 발생 시 '통원'을 전제로 한 의료비와 '입원'을 전제로 한 의료비를 보험금으로 지급하는데, 입원을 전제로 한 의료비는 수천만 원까지 보장받을 수 있지만 통원을 전제로 한 의료비는 보장 범위가 수십만 원에 불과하다. 즉, 환자가 백내장 수술을 받으며 입원을 한 것이 아니라면 보험회사는 백내장 수술보험금으로 수십만 원만 지급하면 된다.

김앤장 보험소송팀에선 보험금을 청구한 환자의 기록을 면밀하게 분석했다. 그 결과 일부 안과에서 입원의료비를 청구하기 위하여 입퇴원확인서를 무분별하게 발급하고 있다는 사실을 발견했다. 대부분의 경우 백내장 수술은 입원이 필요하지 않은데도 안과에서 입퇴원확인서를 발급, 환자가 입원을 가장하여 통원에 비해 보험금 지급액이 훨씬 많은 입원을 전제로 한 실손보험금을 보험회사에 청구했다. 김앤장 보험소송팀은 재판에서 백내장 수술은 입원이 필요하지 않은 간단한 수술이므로 입원을 전제로 한 의료비를 청구할 수 없다고 주장했다.

그러나 제1심 법원은 피고인 환자의 담당의사가 자신의 의학적 판단에 기초하여 피고로 하여금 입원하여 수술과 치료를 받도록 한 것으로 보고, 입원을 하지 않았다는 원고 즉, 보험회사의 주장을 받아들이지 않았다.

김앤장은 다시 입원에 관한 관련 판례를 샅샅이 조사하여 법리를 강화하고, 피고가 수술받은 병원의 입원실 존재 여부 등 피고가 실제로 백내장 수술을 받았을 때 입원하지 않은 사실관계에 관한 증거자료를 보강했다. 백내장 수술시 입원이 필요한지 여부에 대한 논문 등 학술자료, 의료자문 내역, 사실조회 결과 등 동원 가능한 입증자료를 모두 항소법원에 제출했다.

항소심을 맡은 서울고법 재판부는 2022년 1월 20일 "백내장 수술은 약관상 입원치료로 볼 수 없다"는 취지의 원고 승소 판결을 선고했다. 이 판결은 2022년 6월 16일 대법원에서 최종 확정되었다(대법원 2022다216749, 2022다216756 판결).

항소심 재판부는 이와 관련, "피고가 입원 치료를 받았음을 전제로 보험계약에 따라 원고로부터 입원의료비를 보험금으로 지급받기 위해서는, 피고를 치료한 의사가 피고의 입원이 필요하다고 인정한 것에 더하여 피고가 자택 등에서 치료가 곤란하여 병원에서 의사의 관리를 받으면서 치료를 받았어야 하고, 최소 6시간 이상 입원실에 머무르거나 처치·수술 등을 받고 연속하여 6시간 이상 관찰을 받았어야 한다"고 지적하고, 피고 측에서 입원에 대한 증거로 제출한 입퇴원확인서에 대해서도, "단순히 1일간 입원하였다가 퇴원하였다는 사실을 확인하는 내용에 불과하여, 설령 이를 의사가 작성하였다고 하더라도 진료기록부나 진단서와 같은 증명력이 있다고 보기 어렵고, 진료기록부 등을 통해 그 치료의 실질이 입원치료라고 인정되지 않는 한 입퇴원확인서가 발급되었다는 것만으로 입원치료임을 인정하기는 어렵다"고 판단했다.

이번 판결은 비급여 의료비를 악용한 실손보험금의 누수를 막은 보험금 소송의 의미있는 판결로 평가받고 있다. 실제로 백내장 수술에 관련된 실손보험금 지급액은 2022년 1분기엔 4,570억 원이었으나, 대법원 판결 이후인 2분기에 들어서는 절반 이하로 대폭 감소했다.

김용덕 전 대법관과 함께 안재홍, 여훈구, 변동열, 신현욱, 이우진, 최규선 변호사 등이 원고 측 소송대리인으로 참여했다. 모두 김앤장 보험팀을 구성하는 쟁쟁한 변호사들이다.

롯데케미칼의 일진머티리얼즈 인수

2022년 10월 롯데케미칼이 2차전지 음극재의 핵심 소재인 동박(Elecfoil) 생산 한국 1위 업체인 일진머티리얼즈 인수를 위한 2조 7천억 원의 주식매매계약(지분 53.3%)을 체결했다고 발표했다. 롯데그룹이 배터리 분야의 신성장 동력 확보를 위한 대규모 투자를 단행한 것으로, 김앤장은 롯데케미칼을 대리해 거래구조의 제안부터 실사, 주식매매계약의 체결, 국내외 기업결합신고 등에 이르기까지 일체의 법률자문을 제공했다.

인수 주체는 롯데케미칼이 100% 지분을 보유한 LOTTE Battery Materials USA Corporation이 나섰다. 미국, 유럽 등 친환경 전기차 배터리 소재 해외시장 확대의 시너지를 도모해야 한다는 롯데 차원의 전략적 판단에 따른 선택이었다.

아울러 인수 대상회사인 일진머티리얼즈도 해외에 여러 자회사를 두고 해외 생산기지를 운영하는 글로벌 회사여서 김앤장에선 해외 로펌과 유기적으로 협력하며 인수 대상회사의 해외 자회사 관련 법률 이슈를 다각도로 검토했다. 해외기업결합신고와 각종 외환신고를 비롯한 관계 법령에 따른 승인·신고 절차를 검토하였으며, 일진머티리얼즈의 7개 국내 자회사와 6개의 해외 자회사를 함께 인수하는 다층적인 구조로 딜이 진행되었다. 실무팀을 지휘한 M&A 전문의 임신권 변호사는 "각 자회사가 발행한 다양한 주식연계증권의 주요 조건 및 고려사항을 심층적으로 분석하고, 업종의 특성을 고려하여 주요 영업계약의 고려사항과 리스크를 분석하는 등 제반 법률 이슈에 대하여 효과적인 조언을 하였다"고 소개했다.

롯데케미칼의 일진머티리얼즈 인수는 글로벌 경쟁력을 갖추고 있는 인수 대상회사가 기존 기업집단에서 탈퇴하고 글로벌 차원에서 다양한 사업을 영위하는 대기업집단의 계열회사로 편입되는 거래여서 계약 체결 후 거래종결에 이르기 전에 양 당사자가 협의하에 미리 이행해두어야 하는 사항이 많았다. 예를 들어 글로벌 회사간 대규모 M&A 거래라는 점에서 거래를 완료하기 전에 국내 기업결합신고는 물론 해외기업결합신고를 진행하여 승인받는 것이 필요하였고, 일진머티리얼즈가 일진 그룹 계열회사를 통하여 제공받던 서버·네트워크 등 IT 서비스를 거래종결 후에는 어떻게 지속할지, 일진머티리얼즈의 각종 제품과 유형자산에 붙은 '일진' 상표는 어떻게 처리하고, '롯데' 상표로 교체할 것인지 등 거래종결 자체는 물론 거래종결 후 실제 사업을 아무 문제없이 영위할 수 있도록 하기 위한 여러 절차가 필요했다.

김앤장에선 물론 유사한 거래 경험을 바탕으로 면밀한 검토와 상대방과의 협상을 통하여 이와 같은 내용을 계약서에 상세하게 반영했고, 이렇게 성안된 계약에 따라 관련 절차가 진행되었다. 김앤장은 인수자금 마련을 위한 유상증자와 인수금융 등 파이낸싱 거래에 대한 자문도 제공했다. 거래종결 전후 매도인과 인수 대상 회사로 하여금 이행하도록 할 확약(commitment) 등도 정치하게 점검했다.

이 거래는 또 W&I 보험 가입을 조건으로 진행되었다. 물론 김앤장의 변호사들이 W&I 보험의 인수와 관련한 종합적인 자문을 제공했다.

최종 거래종결일은 주식매매계약 체결일로부터 약 5개월이 지난 2023년 3월 14일. 국내외 기업결합신고 등 필요한 절차를 거쳐 일진그룹의 일진머티리얼즈는 롯데그룹의 롯데에너지머티리얼즈로 재탄생했다.

거래규모가 2조 7천억 원에 이르는 빅딜이었던 만큼 M&A와 기업지배구조 전문가는 물론 자본시장법, 공정거래법 등 각 분야의 경험이 풍부하고 실무에 해박한 여러 전문가가 투입되었다. 특히 김앤장 기업지배구조팀을 이끌며 그동안 롯데그룹의 사업구조와 지배구조개편 업무를 오랫동안 수행해 롯데그룹에 대한 이해가 깊은 조현덕 변호사가 거래구조의 설계 등 프로젝트 전반을 관리하며 활약했다. 또 조 변호사와 함께 기업지배구조팀의 전영익, 안학범 변호사, 메가딜에 대한 경험이 풍부한 M&A 팀의 임신권, 김태오, 장윤경 변호사 등 여러 명의 변호사가 관여해 딜을 마무리했다.

조현덕 변호사는 "롯데그룹이 2차전지 소재 산업 부문에서 글로벌 경쟁력을 갖춘 일진머티리얼즈의 경영권을 취득한 거래"라며 "롯데그룹이 2차전지 소재 시장에 핵심 플레이어로 즉시 진입하여 시너지를 도모할 수 있게 된 의미 있는 투자였다"고 딜의 의미를 다시 한 번 강조했다.

메디트 사건

글로벌 사모펀드인 UCK 파트너스(구 유니슨캐피탈)는 치열한 경쟁을 뚫고 2019년 말 국내 치과용 스캐너 업체인 메디트를 인수했다. 인수는 성공적이었다. 그러나 UCK 파트너스에게는 한 가지 고민이 있었다. 바로 메디트가 경쟁사인 덴마크의 3Shape라는 업체로부터 독일에서 특허침해소송 제소를 당한 상황이었기 때문이다. 아니나 다를까, 인수 직후인 2020년 1월 특허 1건에 대해 '침해' 판단이 내려졌고, 당장 독일을 포함한 유럽에서 핵심 스캐너 제품의 판매가 중지될 위기에 처했다.

인수과정에서 IP 실사를 포함해 법률실사를 도왔던 최희준 변호사와 이윤창 변리사 등으로 구성된 김앤장 팀은 독일에서의 1

심 패소 직후 UCK 파트너스로부터 도움을 요청받았다. 김앤장에선 이승헌 변리사 등이 포진한, 해외소송을 전문으로 하는 IP Outbound 팀을 중심으로 독일의 Hogan Lovells로 대리인을 변경하고 소송 대응에 나섰다.

1심 패소 이후 사건을 의뢰받아 처음부터 난관이 많았다. 독일 특허소송은 진행 속도가 굉장히 빠르고, 원고에게 유리한 판결을 하기로 유명한데다 심지어 특허 1건에 대해서는 이미 침해 판단을 받은 터였다. 당시 진행 중이던 다른 1건에 대해서도 딱히 뾰족한 방어 포인트가 없어 여러 모로 메디트에게 불리했다. 메디트에게 시장 점유율을 계속 빼앗기고 있던 3Shape은 소송에 필사적으로 임하는 듯이 보였다.

김앤장은 처음부터 완전히 새롭게 시작한다는 생각으로 2심 재판에 임했다. 특허침해소송은 특허와 기술에 대한 완벽한 이해가 중요하다는 판단 아래 메디트의 엔지니어, IP팀과의 협업 아래 집요하리만큼 철저한 팩트파인딩에 나섰다.

3Shape가 2건의 특허를 제소 특허로 추가해 모두 4건의 특허에 대한 검토 작업이 숨가쁘게 진행되었다. 이승헌, 이윤창 변리사의 지휘 아래 특허별로 민태준, 한재현, 김기호, 양희석 변리사를 담당변리사로 정해 메디트 팀과 끊임없이 논의를 진행하며 반격의 실마리를 찾아 나섰다. 메디트에서도 CEO, CTO를 포함하여 독

일에서의 소송 대응에 지원을 아끼지 않았다. 비침해 논리를 개발하고, 확보한 자료를 토대로 무효 포인트를 발굴하는 작업이 계속되었다.

시간이 지나면서 4건 특허 모두에 대해 비침해 논리, 무효 논리가 명확해지는 등 방어 논리가 탄탄해졌다. 이번엔 이렇게 발굴해 낸 내용을 독일 소송에 잘 반영할 수 있도록 독일 로펌에 상세히 설명하는 과정이 진행되었다. 여러 차례 한국과 유럽을 연결하는 비디오 컨퍼런스가 열렸다. 한국변리사들이 작성한 기술설명, 비침해와 무효 관련 리포트를 독일 로펌에 전달하는 작업은 최종덕 독일변리사와 권인찬 미국변호사가 맡았다.

3Shape의 공격이 거세졌고, 메디트-김앤장-Hogan Lovells로 이어지는 피고 측도 치열하게 맞섰다. 김앤장 팀은 특허·기술적인 측면에서의 논리를 보강하고 변론에 철저하게 대비했다.

항소심 결과는 1심에서 패소했던 특허 1건에 대해서는 특허 전체를 무효로 하면서 승소 판결을 받고, 나머지 3건의 특허에 대해서는 모두 비침해 판결을 받아 4건의 특허 전부에 대해 원고의 청구를 기각하는 완벽한 승리였다.

"우리가 처음 이 사안을 접했을 때 1심을 수행한 로펌에선 메디트가 이기는 건 원천적으로 불가능하다고 했어요. 메디트와 김앤장, Hogan Lovells로 이어진 팀플레이에 힘입어 승소 전환을 성취했습니다."(Many thanks to the Medit and Kim & Chang teams for your hard work during this process. When we saw this matter for the first time, previous counsel told us that this matter was "basically impossible to win for Medit". Due to a combined team effort of Medit, Kim & Chang and Hogan Lovells we achieved the turnaround.)

독일 로펌의 주변호사(lead counsel)는 한국에 보낸 승소 축하 메시지에서, 메디트와 김앤장 팀의 노고에 매우 감사한다는 말을 빼놓지 않았다.

2022년 10월 승소 판결이 확정되면서, 3년 넘게 진행된 독일 특허소송은 메디트의 승리로 마무리되었다. 이러한 과정을 거치면서 메디트의 가치는 더욱 증대되었고, 2023년 4월 UCK 파트너스는 인수 후 불과 3년여만에 약 5배가량의 매각차익을 얻고 엑시트(exit)를 하기에 이르렀다. 김앤장으로서도 대상회사의 인수, IP 소송 승소를 통한 가치 증진, 매각까지 딜 전반에 걸쳐 성공적으로 자문한 여러 측면에서 의미가 큰 사건이었다.

'대한민국 정부 vs 하노칼' ISDS 사건

 론스타 펀드가 한국 정부를 상대로 제기한 투자자중재(ISDS)가 진행되고 있던 2015년 5월, 아랍에미리트(UAE)의 부호 만수르의 회사로 잘 알려진 하노칼이 국제투자분쟁해결센터(ICSID)에 한국 정부를 상대로, 한국 정부 입장에선 두 번째에 해당하는 ISDS를 제기했다. UAE 아부다비 국영석유투자회사인 IPIC의 네덜란드 자회사인 하노칼은 현대오일뱅크 주식 매각에 따른 양도차익에 대해 국세청이 과세한 2,400억 원이 한-네덜란드 투자보호협정을 위반했다며 현대중공업이 원천징수해 납부한 같은 금액의 반환을 요구했다.

 해외투자에서는 투자자들에게 유리한 조세조약이 체결된 국가에 도관회사를 설립하고 도관회사를 통해 투자하는 방법이 널리 활용되고 있다. 그러나 한국 국세청에선 아무런 실체가 없는 도관회사에 대해서는 조세조약을 적용할 수 없다고 보아 과세한 것인데, 이러한 한국 정부의 조치에 대해 하노칼이 투자자중재를 제기해 반환을 요구하고 나선 것이다. 분쟁금액도 적지 않았지만, 중재 결과에 따라 다른 외국 투자자들도 한국 정부를 상대로 유사한 투자자중재를 제기할 수 있어 막대한 국부 유출의 위험이 우려되는 의미가 작지 않은 사건이었다.

정부는 김앤장 국제중재팀을 선택했다. 국제중재팀을 이끌고 있는 윤병철 변호사는 같은 팀의 이철원, 홍보람 변호사와 변섭준 외국변호사, 국제조세 전문가 등으로 전담팀을 꾸려 대응에 나섰다.

하노칼이 중재기관으로 선택한 ICSID는 다른 중재기관과 달리 중재 내용과 진행 상황을 홈페이지에 모두 공개한다. 이 때문에 피신청인 입장에선 피소 사실이 노출된다는 부담을 안게 되며, ICSID 중재규칙에 따르면, 피신청인인 정부는 투자자가 정식 주장 서면과 증거를 제출할 때까지는, 제소 내용에 대해 공식적인 답변서를 제출할 기회가 없어 제소자인 투자자에게 유리한 구조로 되어 있다.

김앤장 국제중재팀은 그러나 하노칼 사건에서 이러한 절차적 불리함을 역이용했다. 김앤장은 우선 20년 가까이 축적한 중재인들에 대한 정보를 바탕으로 중재판정부 구성 협상에서 충분히 시간을 끌었다. 그리고 그 기간 동안 이 사건의 법적인 쟁점에 대비했다.

6개월 넘게 끌던 중재판정부의 구성이 완성되었다. 김앤장은 그동안 준비한 핵심 주장을 반영한 절차 진행에 관한 의견서를 제출하면서 이들 쟁점을 중심으로 절차를 신속히 진행할 것을 요구했다. 평균 3~5년이 걸리는 중재 절차를 2년 이내로 줄이자고 제안하며 하노칼을 압박했다.

하노칼은 이 사건을 외국계 펀드에 대한 차별적 과세 문제로 접근하려고 했다. 이에 대해 김앤장은 하노칼이 제기한 ISDS는 국내 조세소송의 연장에 불과하고, 중재판정부는 국내 법원의 상급심이 아니라고 주장했다. 또 주권국가의 과세권 존중 차원에서, 조세조치는 투자보호협정상 ISDS의 대상에서 제한적으로만 보호된다(tax carve-out)는 반박 논리를 제시했다.

하노칼은 2,400억 원의 납부가 한국과 네덜란드 사이의 이중과세 회피 협약에 어긋난다며 ISDS 제기에 앞서 이 금액의 반환을 요구하는 소송을 한국 법원에 제기했는데, 1, 2심 패소에 이어 ISDS 제기 후에 나온 "과세에 문제가 없다"는 한국 대법원의 확정판결도 도움이 되었다.

김앤장의 '빨리빨리 전략'은 주효했다. 중재판정부 구성 후 하노칼은 한국 정부의 논리를 3개월 내에 반박하고 관련 증거를 제출해야 하는 상황이었으나, 중재판정부가 지정한 기한까지 이를 제출하지 못했다. 하노칼은 ISDS 제기 1년여 만인 2016년 7월 ICSID에 중재 취하 의사를 밝혔다. 하노칼 ISDS에서 완승을 거둔 것으로, ICSID에 따르면 ICSID 분쟁이 어느 한쪽 당사자의 일방적인 취하로 종결되는 비율은 9.7%에 불과할 정도로 사례가 매우 적다.

하노칼 ISDS를 중재 취하로 막아낸 것은 외국인투자가 적지 않은 한국에서 의미가 작지 않아 보인다. 인도 등 다수의 외국계 펀드 투자자가 유사 쟁점의 조세 조약 관련 중재를 제기하려는 움직임에 제동을 거는 등 향후 비슷한 ISDS를 방지하는 효과가 기대되기 때문이다.

윤병철 변호사는 "ICSID 절차의 불리함을 오히려 역으로 이용하기 위해 핵심 주장을 반영한 절차의견서를 제출하면서, 관련 절차를 대폭 줄여 2016년 12월까지 최종 심리를 끝내자고 제안했는데 이 전략이 주효했다"며 "국가적으로 조세행정에 대한 신뢰를 얻고 향후의 유사한 ISDS까지 방지하는 두 마리 토끼를 잡은 결과가 되었다"고 소감을 전했다.

SK텔레콤의 하이닉스 인수

　메모리 반도체 시장이 빠르게 확대되며 SK하이닉스의 목표주가를 상향 조정하는 증권사 리포트가 잇따르고 있다. 그러나 10여 년 전만 해도 채권금융기관들의 공동관리를 받고 있던 하이닉스는 인수자를 찾아 나섰다가 번번이 실패한 M&A 시장의 천덕꾸러기 같은 신세였다.

　2012년 2월 SK텔레콤이 세계 2위 메모리 반도체 제조사인 하이닉스반도체 주식회사의 구주 44,250,000주와 신주 101,850,000주를 인수함으로써 새 주인을 맞아 본격적인 발전의 토대를 마련했다. 구주 매매대금과 신주 인수금액이 각각 1조 321억여 원, 2조 3,425억여 원에 이르는 거래규모 약 3조 3,750억 원의 빅딜로, SK텔레콤은 이 거래를 통해 하이닉스반도체의 지분 20.01%를 획득했다.

SK텔레콤을 대리한 김앤장에선 박종구, 박한우, 김의석 변호사 등이 나서 구주의 매도인인 외환은행을 포함한 9개 채권금융기관과의 계약 협상, 법률실사, 국내외 경쟁당국에 대한 기업결합신고 등 거래 전 과정에 걸쳐 자문했다.

특히 이 거래는 철저한 실사를 수행하고, 그 과정에서 확인된 이슈들을 적절히 제기함으로써 계약상 허용되는 최대 한도에 가까운 가격조정을 도출, 매매가격을 크게 낮춘 거래로 남아 있다. 또 국내 및 해외 경쟁당국의 승인과 대규모 특허소송의 진행 등 복잡한 이슈가 적지 않았으나 성공적으로 거래를 종결했다.

주도적으로 자문을 수행한 박한우 변호사는 "특히 경영권 이전이라는 기본적인 목적은 물론 하이닉스반도체에 대한 운영자금의 공급을 위하여 구주 취득과 신주 인수를 동시에 진행하였다"며 "SK그룹이 성공적으로 핵심 신사업을 개발하고 그룹의 기업가치를 증대시킨 의미있는 딜"이라고 강조했다.

인터넷전문은행 '케이뱅크' 인가 취득

2016년 12월에 이루어진 한국 최초의 인터넷전문은행 케이뱅크의 은행업 인가 취득은 김앤장 은행·금융지주회사 전문팀에서 수행했다.

인터넷전문은행은 2001년과 2008년에도 도입이 추진되었으나, 금융실명법상 실명확인을 전자적인 비대면 방식으로 진행하는 것과 은산분리 원칙(IT 업계 등 비금융주력자가 취득할 수 있는 은행 지분율의 제한)을 완화하는 것이 시기상조라는 우려, 수익모델의 취약성 등의 지적이 이어지며 무산되었다. 그러나 이후 핀테크 장려를 통한 금융산업의 혁신이 필요하다는 공감대가 형성됨에 따라 2015년 11월 29일 케이뱅크와 카카오은행 컨소시엄이 은행업 예비인가를 취득한 데 이어 본인가를 신청했다.

 8년이 지난, 케이뱅크에 대한 본인가 심사 당시에도 인터넷전문은행에 관한 별도의 특칙(인터넷전문은행 설립 및 운영에 관한 특례법, 2018년 제정)은 정비되지 않은 상태였다. 기존의 제도적 제약이 그대로 존재하고 있었다.

 김앤장에선 이상환, 박찬문, 박상용, 송근철 변호사 등 은행 전문팀의 변호사들이 인터넷전문은행을 위한 은행업 인가조건은 어떻게 설정되어야 하는지, 대면영업을 전제로 한 당시 은행업 관련 의무사항을 비대면 영업을 하는 인터넷전문은행이 어떻게 충족할 수 있는지, 인터넷전문은행이 추구하는 여러 혁신적인 서비스가 당시 개인정보 보호 등의 규제와 어떻게 조화될 수 있는지 등에 대한 포괄적인 검토에 착수했다.

 감독당국과 협의를 진행하고, 유권해석 도출에 조력하는 한편 인가 대상으로 선정되기 위한 케이뱅크의 사업계획의 혁신성, 지속가능성, 컨소시엄 참여자 구성 등과 관련하여 예비인가 신청 단계부터 빈틈없는 자문에 나섰다. 시중은행을 전제로 설정되어 있던 여타 인가조건의 심사와 관련하여서도 인터넷전문은행의 도입 취지와 특수성을 고려한 심사절차가 진행될 수 있도록 감독당국에 설명하고, 이외에도 향후 입법을 통한 은산분리 원칙 완화에 대응할 수 있도록 단계적인 지분구조의 개편, 주주간 약정 방안 등에 대해 자문했다. 이를 통해 케이뱅크는 2016년 12월 14일 금융위원회로부터 은행업에 대한 본인가를 취득했다.

이상환 변호사는 "케이뱅크의 은행업 본인가는 한국에서 24년 만에 받은 신규 은행업 인가이자, 은행업을 전자금융거래의 방법으로 영위하는 인터넷전문은행으로서는 최초의 인가 사례"라며 "김앤장은 본인가 취득과 관련하여, 은행법상 기본적인 인가조건 외에도 전자금융거래 방식을 전제로 영업에 적용할 수 있는 고객 실명확인, AML, 개인정보 보호 등 다양한 측면에서 규제를 검토하였다"고 소개했다.

한국 최초의 인터넷전문은행, 케이뱅크는 김앤장 변호사들의 창의적이면서도 다양한 이슈에 대한 빈틈없는 자문을 거쳐 탄생했다.

VI

동
도
서
기

로펌은 사람이다

김영무, 장수길, 이재후 변호사 등 김앤장의 선배들이 기회 있을 때마다 강조하는 말이 있다. '로펌은 사람'이라는 아주 간단한 명제다. 김앤장의 설립자들은 인재제일주의를 표방하고 김앤장을 출범시킨 이래 지금까지 이를 실천해 오고 있다.

성장 50년. 김앤장의 역사는 곧 인재영입의 역사라고 해도 과언이 아니다. 그동안 수많은 인재들이 김앤장에 합류해 한국 경제의 발전에 동참했다. 이들의 영입과정을 보면 김앤장의 성장과정을 한눈에 파악할 수 있다. 사람이 곧 로펌이고, 김앤장은 우수한 인재들을 데려다가 업무분야를 나누고 전문성을 키우며 기업 등의 온갖 자문 수요에 대처해 왔다.

시계를 다시 50년 전으로 돌려보자. 김앤장을 세운 김영무, 장수길 변호사 체제에 1976년 정계성 변호사가 합류하면서 김앤장의 초기 진용이 갖추어졌다. 이어 정계성 변호사가 입사한 지 3년 뒤인 1979년 김용갑, 조대연 변호사가 합류했고, 이후에도 사법연수원을 수료한 젊은 인재들의 합류가 이어졌다. 1980년 정경택, 신희택, 양영준, 정병석 변호사, 1981년 현천욱, 허익렬, 1982년 박준, 전강석 변호사 등이 합류하면서 김앤장의 토대가 본격적으로 구축되기 시작했다. 이들은 특히 대부분이 서울대 법대 수석 입학, 수석 졸업, 사법시험 수석 합격 또는 최연소 합격, 사법연수원 수석 수료 등 누구에게도 밀리지 않는 뛰어난 경력의 소유자들로, 그때나 지금이나 김앤장엔 한국 최고의 법조 인재들이 몰려들고 있다.

서울대 로스쿨 교수로 옮긴 신희택, 박준 교수를 제외하면 이들 초창기 멤버들은 40년이 더 지난 지금도 김앤장의 주요 업무분야를 맡아 김앤장의 중추를 형성하며 후배들과 함께 자문에 임하고 있다.

김영무, 장수길 변호사와 함께 트로이카 체제를 구축해 김앤장의 발전을 이끈 이재후 변호사도 이 무렵 김앤장에 합류했다. 그는 서울대 법대에 수석 입학해 재학 중 고시 사법과에 합격한 후 판사로 임용되어 당시 이미 재판연구관까지 역임한 중견 법관 출신의 변호사였다. 또 인권변호사로 유명했던 고(故) 조영래 변호사와 천정배 전 법무부장관도 상당기간 김앤장에서 활동했을 만큼 인재풀이 넓은 곳이 김앤장이다.

《조영래 평전》(2006)을 쓴 안경환 전 서울대 로스쿨 교수는 김앤장을 가리켜 "최초의 운동권 출신 변호사 정계성이 합류하였고, 한동안 이러한 비주류 법률가의 전통이 이어졌다. 국내 최대의 로펌답게 실로 다양한 인적 구성을 가진 이 법률회사는 그 자체가 하나의 커다란 법률공동체"라고 평가하기도 했다.

합류한 시기가 서로 다르고, 김앤장에 입사하게 된 각자의 동기가 있겠지만, 이들 프런티어 변호사들이 김앤장을 선택한 공통점을 발견할 수 있다. 변호사 하면 송무 위주의 개인변호사가 먼저 떠오르는, 수십 년간 지속되어온 법조계의 통념을 깨고, 제대로 된 법률회사를 만들어 새로운 일을 해보자는 열정을 갖고 한 배를 탄 것이다. 김앤장을 선택한 초기 멤버들의 마음속에 한국에도 로펌다운 로펌을 만들어보자는 비전과 의지가 있었다.

"그땐 다들 새로운 걸 한 번 해보겠다는 각오로 가득 차 있었어요. 자문변호사의 중요성과 역할에 흥미를 느꼈죠. 소송변호사가 전부인 줄 알았는데 외국의 법률사무소를 보니 이런 것도 있구나, 새로운 걸 해보자. 그래서 동참한 거예요. 우리도 외국처럼 기업자문 업무, 그리고 예방적 프랙티스 즉, 법적 문제 발생의 소지를 미리 없애 분쟁을 예방하는 변호사 업무 이런 걸 한 번 해보

자, 그런 의지들이 강했습니다."(정계성 변호사)

본인의 입사가 이후 후배들이 잇따라 김앤장에 합류하는 중요한 계기가 되었던 정계성 변호사는 "젊은 인재들의 도전정신이 김앤장이 추구하는 비전과 절묘하게 맞아떨어졌기에 기록적인 인재 영입이 가능했다"고 40여년 전을 회고했다.

김앤장은 또 변화를 모색하는 젊은 변호사들에게 활로를 열어주는 선구적인 로펌으로서의 역할을 해냈다. 많은 변호사들에게 '드디어 한국에도 로펌다운 로펌이 탄생하는구나' 하는 공감대를 불러일으켰다.

초기 리쿠르트가 성공하면서 탄력이 붙자 그다음은 한결 수월해졌다. 김앤장의 조직이 체계화되고 로펌 업계 내에서의 위상이 높아지면서 해마다 사법연수원을 우수한 성적으로 수료한 쟁쟁한 변호사들이 줄지어 김앤장의 문을 두드렸다. 판, 검사직을 마다하고 로펌 변호사라는 새로운 도전에 나서 보겠다며 김앤장에 합류했다.

사시 21회 수석의 최동식, 25회 차석 박성엽, 35회 차석 이능규, 사시 35회에 합격했으나 연수원 26기로 입소해 차석으로 수료한 천경훈 변호사, 36회 수석 김진오, 36회 차석 선용승 변호사 등이 순서대로 사법연수원을 마치고 김앤장을 선택했다. 또 제27회 사법시험에 합격해 사법연수원을 차석으로 수료한 사법연수원 17기의 신필종, 20기 수석의 서정걸 변호사, 31회 사시 차석의 김

도영 변호사가 판사로 임관한 지 얼마 지나지 않아 김앤장에 합류해 한식구가 되었다.

이들 외에도 대학입학 예비고사 수석 또는 서울대 법대에 수석 입학했거나 수석으로 졸업한 김기영, 박병무, 이현철, 이윤조, 이시열, 안보용 변호사 등 수많은 인재가 김앤장에 합류해 각 분야의 전문가로 성장했다. 2009년에 나란히 입사한 이상민, 김완석 변호사는 사법연수원 35기 공동수석이다.

1990년대 들어 대기업 등이 관련된 민·형사소송이 급증하면서 김앤장의 업무영역은 법원의 재판과 검찰 수사에 대한 대응을 담당하는 이른바 송무·형사 영역으로 급속하게 확대되었다. 이번엔 김앤장의 발전을 눈여겨본 판, 검사 등 재조 출신 변호사들이 잇따라 김앤장으로 향했다. 물론 법원과 검찰에서 중추적인 역할을 담당하며 뛰어난 능력을 발휘한 우수한 인재들로, 사법시험과 사법연수원 성적 역시 최상위권에 드는 법조 엘리트들이다.

260명이 넘는 김앤장의 판, 검사 출신 변호사들은 재조 시절의 풍부한 경험과 해박한 법률지식을 토대로 김앤장의 송무와 형사 업무를 한층 업그레이드시키고 있다. 최근엔 검경 수사권 조정에 따라 경찰의 수사범위가 확대되면서 경찰대 졸업생 등 경찰 출신 변호사들의 합류가 늘어나고 있다.

김앤장의 인재풀을 이야기하면서 또 하나 소개할 것은 김앤장에 합류하는 젊은 변호사들의 다양한 경력과 전공 분야다. 로스쿨 제도가 도입되어 학부 시절 공학이나 자연과학, 의학, 약학 등을 전공하고 변호사시험에 합격해 입사하는 최근의 MZ세대 변호사들은 물론이거니와 이미 사법시험 시절부터 이러한 흐름이 시작되었다.

이우진 변호사는 서울대 의대를 졸업한 의사 출신 변호사로, 제약, 의료기기 회사 등을 상대로 다양한 규제와 공정거래, 기업법무에 관한 자문을 많이 수행한다. 기업지배구조 개선 전문인 조현덕 변호사는 서울대 경영학 박사 출신으로, 서울대 대학원과 숙명여대에서 경영학을 강의한 경력도 있다.

또 서울대 기계공학과와 같은 대학원을 졸업한 김원 변호사와 서울대 물리학과를 나온 이시열 변호사는 대학 때의 전공을 살려 지식재산권 분야에서 활약하고 있으며, 기업 M&A와 공정거래 분야의 김의석 변호사, 판사를 거쳐 김앤장에서 건설 분쟁을 많이 취급하는 김삼범 변호사는 순서대로 서울대에서 전자공학과 전기공학을 전공한 공학도 출신 변호사들이다.

서석호 변호사는 "다양한 출신과 전공의 광범위한 인재풀이야말로 한국 1등, 아시아 1등을 넘어 글로벌 로펌으로 발전한 김앤장의 에너지이자 최고의 법률서비스를 담보하는 원동력"이라고 강조했다. 로펌은 역시 사람이 중요하다.

고객 우선의 문화

인재제일주의와 함께 강조되는 김앤장의 또 하나의 경영방침을 든다면 고객제일주의를 빼놓을 수 없다. 고도의 지적 서비스인 법률서비스를 생산해 제공하는 일종의 서비스 업종인 법률회사로서 당연한 선택이라고 할 수 있지만, 김앤장의 고객제일주의는 설립자인 김영무 변호사의 창업정신까지 이어진다.

하버드 로스쿨에서 공부하고 미국 로펌에서 경험을 쌓은 김 변호사가 미국에서 주목한 것은, 철저히 클라이언트의 니즈를 쫓아 그들의 문제를 해결하도록 훈련받는 미국 로펌 변호사들의 업무 자세였다고 한다. 김 변호사는 이 점을 당시 한국의 법률사무소와 차이 나는 팀워크 중심의 서구식 법률서비스 모델로 파악하고,

이를 1973년 출범 당시부터 김앤장의 업무방침으로 채택, 한국을 대표하는 법률회사로 발전시켜 왔다.

그러나 엘리트 중의 엘리트인 변호사들로 구성된 법률회사에서 이러한 고객우대의 서비스 정신을 뿌리내리게 하는 게 쉬운 일만은 아니었다. 변호사가 누구인가. 얼마전까지만 해도 어렵기로 유명한 사법시험에 합격해 미래가 보장된 선택받은 직업으로 여겨지던 직군이 변호사 집단이다. 김앤장이 출범한 1970년대 초는 특히 이런 문화가 팽배했다. '사시합격=과거급제' 쯤으로 인식되며 법조 직업은 많은 사람들의 선망의 대상이었다.

이런 분위기에서 국제거래 중심의 기업자문 서비스에 비중을 두고 변호사 업무를 시작한 김앤장으로서는 종래의 변호사, 법률사무소의 개념을 뛰어넘는 확고한 직업의식이 필요했을 것이다. 김앤장은 이를 고객제일주의에 담아내며 변호사 업계에 새 바람을 일으켰다. 주변의 부러움을 한 몸에 받는 고고한 법조인이 아니라 고객에게 최상의 법률서비스를 제공하는 최고의 전문가 그룹, 고객의 입장에서 고객을 중심으로 일을 풀어나가는 고객 최우선의 원칙을 지향했다.

장수길 변호사는 "김앤장의 제1원칙인 고객중심주의는 우량고객을 유치하기 위한 단순한 홍보문구라기보다는 전문직 종사자로서 마땅히 지키고 추구해야 하는 비전이자 지향점"이라고 강조했다. 김앤장의 능력과 전문성을 믿고 중책을 맡긴 고객에게 최고의 법률서비스를 제공하겠다는 약속, 이른바 프로페셔널로서의 다짐이라고 했다.

김앤장을 방문해 본 사람들은 변호사들의 친절하고 겸손한 자세에 놀란다고 한다. 김앤장에선 고객을 면담할 때의 자세, 일의 처리, 목표의 설정과 대안의 모색 등 모든 사고와 행동의 기준이 고객에 맞춰져 있다고 해도 과언이 아니다. 김앤장에 처음 입사한 신참 변호사들이 선배들로부터 가장 먼저 배우는 것도 바로 고객에 대한 자세라고 한다. 김앤장의 변호사들이 상담을 끝낸 의뢰인을 엘리베이터 앞까지 따라나와 깍듯이 머리를 숙여 배웅한다는 것은 잘 알려진 이야기다.

김앤장은 오래전부터 점심시간을 탄력적으로 운영하고 있다. 오전 업무가 정오에 중단되는 것을 방지함으로써 정오 전후에 있을지 모를 고객의 급박한 요청에 곧바로 대응하기 위한 고려라고 한 변호사가 설명했다.

기업과 국가가 당사자인 사건이 많은 김앤장으로서는 때로는 시급을 다투고 때로는 사활을 걸어야 하는, 고객이 자문을 의뢰한 어느 것 하나 가볍게 다룰 수 없을 것이다. 김앤장 사람들은 고객이 무엇을 원하는지 고민하고, 고객이 무엇을 놓치고 있는지 분석한다고 말했다. 고객의 입장에서 앞으로 어떤 상황에 처할 수 있는지 예측하고, 무엇을 어떻게 해야 하는지 대안을 모색하며, 무엇이 고객의 이익과 법의 원칙에 부합하는지 끊임없이 그 답을 찾아 지혜를 모으고 있다고 했다.

고객중심주의는 김앤장에서 일종의 문화로 발전하고 있다. 변호사는 물론 사무실 전체에 이런 분위기가 확산되고 있다. 일에 쫓긴 나머지 식사를 거르기도 하고, 가정에 소홀해지기도 하며, 개인사를 희생해야 하는 경우도 있지만, 업무에 소극적으로 나서는 김앤장 사람들은 많지 않다. 고객의 이익을 우선시하며 의뢰받은 일에 최선을 다하는 프로정신이 사무실 전체에 배어 있다.

통금이 있던 시절, 고객의 요청에 맞추기 위해 밤늦게까지 일하다가 차편이 끊어지는 바람에 혼이 났다거나 고객 기업의 요청으로 중동의 건설 현장을 방문해 그 회사 관계자와 어울리며 크리스마스를 보냈다는 변호사, 휴가를 얻어 가족과 함께 차를 몰고 부산까지 내려갔다가 고객의 급한 전화를 받고 가족만 남겨둔 채 그 길로 다시 서울로 올라왔다는 변호사, 밤을 새며 대형 M&A 협상에 몰두하고 있는데 자문하고 있는 회사의 담당자가 생일파티를 열어주어 감격했다는 이야기 등 김앤장 변호사들의 365일엔 로펌 변호사로서의 수많은 무용담이 이어진다. 한결같이 고객을 먼저 생각하며 고객의 이익을 위해 헌신해 온 사연들이다.

"김앤장의 1등 비결이 무엇인지 아십니까. 고객 만족, 고객 가치를 추구하는 도전정신, 전문가 정신입니다."(정진영 변호사)

금융 분야에서만 30년 넘게 자문하고 있는 정진영(사법연수원 15

기) 변호사는 "김앤장의 고객우선주의가 어떠한 문제가 주어지더라도 절대 포기하지 않는 도전정신과 프로페셔널리즘으로 이어지고 있다"고 주목했다. 실제로 김앤장의 프랙티스는 단순히 고객이 부닥친 사안에 대해 법을 설명하는 데 그치지 않고, 고객이 문제를 해결할 수 있는 솔루션을 찾아 제시하는 데 초점이 맞춰져 있다. 정 변호사는 "이러한 적극적인 업무자세 또한 고객의 이익을 앞세우는 고객우선주의와 맞닿아 있다"고 강조했다.

고객 우선의 문화는 종종 오해를 불러일으키기도 한다. 예컨대 김앤장의 변호사들은 고객의 입장을 생각해 진행 중인 사건은 물론 이미 처리한 사건에 대해서도 극도로 말을 아끼는 경우가 많은데, 이로 인해 비밀주의가 만연해 있다는 등 김앤장과 김앤장의 변호사들이 비판의 대상이 되는 경우가 없지 않다.

김앤장은 물론 이에 대해 분명한 태도를 견지하고 있다.

"고객의 비밀유지는 변호사가 지켜야 할 절대적인 의무입니다. 의사가 환자의 진료내역을 말해선 안 되고, 신부가 고해성사 내용에 대해 발설할 수 없는 것처럼 변호사 또한 고객의 허락 없이 자문내용을 외부에 노출하면 안 됩니다. 그 자체로 얼마든지 고객의 이익이나 명성에 영향을 미칠 수 있으니까요."(윤병철 변호사)

국제중재팀을 이끌고 있는 윤병철 변호사는 "우리가 답답하다고 해서 고객에 대한 비밀유지의무를 포기할 수는 없다"며 "그것은 전문직인 변호사가 지고 가는 숙명과 같은 것"이라고 힘주어 말했다.

실제로 김앤장에선 외부는 물론 내부적으로도 다른 팀에서 수행하는 사건에 대해 물어보는 변호사도, 알려주는 변호사도 없다고 한다. 윤 변호사와 함께 국제중재 분야에서 많은 사건을 수행하는 이철원 변호사는 "언론 보도를 접하고 나서야 우리 사무실에서 이런 사건도 자문하고 있구나 하고 뒤늦게 알게 된 경우가 허다하다"고 말했다. 그만큼 철저하게 변호사의 비밀유지의무가 준수되는 곳이 김앤장이다.

혹시 고객의 이익을 중시한 나머지 사회 전체의 그것과 충돌하는 경우는 없을까. 이 문제는 사실 변호사가 고객의 이익을 위해 어디까지 힘써야 하는지 변호사 윤리의 측면에서도 자주 얘기되는 대목이다.

이재후 대표가 이에 대해 명확한 입장을 밝혔다.

"우리가 추구하는 것은 공정하고 합리적인 솔루션입니다. 물론 그것이 우리 사회와 경제의 발전에 기여해야 한다는 데 대해서도 이론이 없습니다."

영미식 로펌

김앤장은 국내 최대 규모의 로펌이지만 대형 로펌 중 유일하게 법무법인 형태를 취하지 않고 있다. 그런 까닭에 로펌에 대한 이해가 아직 폭넓게 형성되지 않았던 시절, 김앤장은 로펌이 아니라는 일부 오해 섞인 말이 나돌기도 했지만, 김앤장은 로펌, 그중에서도 한국을 대표하는 로펌이다. 오히려 발달한 외국 로펌의 설립 형태와 비교하면 가장 국제적인(global) 조직 형태를 갖추고 있다고 하는 편이 적절한 평가일 것이다.

결론부터 이야기하면, 김앤장은 민법상 조합의 형태로 운영되고 있다. 한국에선 조합이 쉽지 않다고 말하는 사람들도 있지만, 김앤장은 50년 전 설립 당시부터 영미 대형 로펌의 조직 형태와 가장 유사한 조합을 구성해 세계적인 로펌으로 발전시켜 왔다. 로펌의 원조라고 할 수 있는 영국이나 미국의 세계적인 로펌들은 대부분이 김앤장과 유사한 유한조합(Limited Liability Partnership, LLP), 또는 조합(General Partnership, GP)의 형태를 취하고 있다.

한국의 로펌들도 일종의 상법상 합명회사와 비슷한 법무법인 제도가 대형화에 걸림돌로 작용할 수 있다는 우려에서 상법상 유한회사와 가까운 유한 법무법인으로 조직을 바꾸는 등 조직 형태의 변화가 이어지고 있다. 법무법인 태평양이 2007년 7월 가장 먼저 무한 법무법인에서 유한 법무법인으로 조직을 변경한 데 이어 다른 로펌들도 유한 법무법인으로의 조직 변경에 나서 지금은 상당한 규모의 로펌 대부분이 유한 법무법인 형태를 취하고 있다.

유한 법무법인에선 변호사가 사건을 잘못 처리해 법인이 고객 등에게 손해배상책임을 지더라도 직접 사건을 지휘하거나 처리하지 않은 구성원 변호사라면 출자금의 한도로 책임이 제한되어 변호사의 영입 등에 유리한 것으로 알려져 있다. 반면 종래의 법무법인 즉, 무한 법무법인에선 구성원 변호사가 법인의 잘못에 대해 말그대로 무한책임을 져야 해 유능한 변호사가 참여를 꺼린다는 지적이 제기되어 왔다. 변호사법은 또 영미 로펌의 조합 형태에 한걸음 더 근접한 법무조합 제도도 유한 법무법인과 함께 설립 근거를 마련해 놓고 있으나 아직 설립을 신청한 법무조합은 나타나지 않고 있다.

아무튼 필자가 이야기하고자 하는 것은 로펌은 법무법인이냐 아니냐 또는 무한 법무법인이냐 유한 법무법인이냐가 중요한 게 아니라 내부 구성원이 얼마나 조직적, 체계적으로 연계되어 질 높은 종합서비스를 제공할 수 있느냐에 따라 경쟁력이 달라질 수 있다는 점이다. 로펌이라고 해서 꼭 법인을 구성해야 하는 것은 아니다. 또 법무법인의 형태를 갖추고 있더라도 내부의 실질적인 모습은 원파트너십(one partnership) 즉, 단일한 지배구조를 갖춘 회사 형태의 로펌이라고 부르기 부적절한 곳도 적지 않아 주의가 요망된다.

대한변호사협회에 따르면, 2023년 5월 현재 전국에 유한 법무법인 74곳을 포함해 모두 1,472개의 법무법인이 설립되어 로펌식의 조직적인 법률서비스를 표방하고 있다. 그러나 이 중 상당수는 이름만 법무법인으로 내걸었지 실질적으로는 법인을 구성하는 변호사가 사실상 독립적으로 업무를 수행하며 제각각 손익을 계산하는 '한 지붕 여러 가족'의 형태로 운영되는 것으로 알려져 있다. 법인을 구성해 함께 사무실을 운영함으로써 비용을 절약할 수 있다는 이점이나 대외적인 이미지 등을 고려해 법무법인을 결성한 경우로, 실질적인 의미의 로펌과는 거리가 먼 '무늬만 법무법인', '무늬만 로펌'인 셈이다.

조합 형태를 취하고 있는 김앤장엔 법무법인에서와 같은 구성원 변호사, 소속 변호사의 구별이 없다. 영미 로펌의 경우 파트너와 어소시에이트 변호사로 구분하고, 로펌에 따라서는 어소시에이트 변호사는 홈페이지에서 소개하지 않는 곳도 없지 않으나, 김앤장은 똑같이 변호사라고 부르며 선후배의 관계로 시너지를 내고 있다. 홈페이지의 구성원 소개란이나 명함에도 그냥 'OOO 변호사'라고만 되어 있다.

간혹 외부에서 의아하게 생각해 계급이나 직책이 없냐고 물어보면 김앤장 사람들이 자판기처럼 내놓는 대답이 있다.

"우리 사무실에 선배, 후배는 있어도 상사, 부하는 없습니다."

실제로 김앤장엔 외부에서 생각하는 것과 같은 계급이나 직책이 없다. 똑같은 변호사로서 각자의 업무분야에서 역량을 발휘하며 고객의 업무를 수행하고, 이를 통해 시너지를 극대화하는 곳이 김앤장이라고 하면 틀린 말이 아니다.

변호사들의 방 배치 등 물리적인 공간 구성에 있어서도 계급과 직책의 구분이 없는 김앤장의 수평적인 문화가 고스란히 반영되고 있다. 김앤장의 변호사들은 대표변호사에서 신참 변호사에 이르기까지 아무런 차이 없이 두세 평 남짓한 넓이의 사무실을 똑같이 사용하고 있다. 서울 광화문의 세양빌딩에 위치한 김앤장 사무실을 방문한 기업 관계자들이, 설립자인 김영무 변호사의 비좁은 방을 보고 깜짝 놀랐다는 이야기가 김앤장을 찾았던 많은 사람들의 입을 통해 전해지고 있다.

계급과 직책이 없는 수평적 조직구조는 김앤장의 업무효율 제고로 이어지고 있다. 그때그때 해당 사안의 전문가를 불러 모아 팀을 짜 해결에 나서는 유연한 조직문화로 나타나고 있다.

변호사들과 함께 조세 분야에서 활동하는 한 세무사는 "구성원 각자가 자율적으로 움직이는 가운데 뚜렷한 목표를 향해 역량을 결집시키는 김앤장의 업무시스템은 감탄할 정도"라고 말했다. 또 회계법인에서 일하다가 김앤장으로 옮긴 공인회계사는 "선배와 후배라는 구분만 있을 뿐 아예 직급이 존재하지 않는 김앤장의 수평적인 문화가 놀라웠다"며 "그래서인지 김앤장은 다른 어느 조직보다도 의사결정이 신속하고, 유기적인 팀플레이가 뛰어나다"고 소개했다.

김앤장에선 매년 연초에 열리는 시무식 신년사를 변호사뿐만 아니라 회계사, 변리사, 세무사, 노무사 등 여러 직종에서 돌아가며 맡는 순환방식을 채택하고 있다. 여러 직종의 전문가가 함께 모여 시너지를 도모해야 하는 조직의 특성을 감안한 포석인데, 김앤장이 통합과 시너지를 위해 어디까지 신경 쓰고 있는지 짐작할 수 있는 대목이다. 이재후 대표는 "여러 부문에서 유연한 조직문화를 강조하고 있어요. 형식과 치장을 최소화하고 효율을 최대화하는 것, 그것이 김앤장 방식입니다"라고 강조했다.

"경험이 많은 선배들과 함께 일하며 선배들의 역량을 고스란히 전수받는 것, 그것이 김앤장의 강점이죠. 업무를 통해 선배들로부터 많은 것을 듣고 배우고 있습니다."

김앤장의 한 젊은 변호사는 그러면서 '일을 한다'고 말하기보다 '일을 배운다'고 부르는 게 더 적절할 것이라고 표현했다. 후배들과 함께 일하는 시니어 변호사들도 똑같은 말을 했다. 위, 아래를 가리지 않고 오직 전문성을 따져 업무를 수행하고, 각자의 영역을 존중하는 선후배 문화가 서로의 성장을 견인하는 두 수레바퀴의 기능을 하고 있는 셈이다.

"유연한 조직문화가 바탕이 되어야 유기적인 팀플레이가 가능합니다. 특히 대규모 프로젝트에선 다양한 경력과 전문성을 갖춘 수많은 변호사가 함께 투입되어 업무를 수행하게 되는데, 각자의 장점을 잘 파악해 최대한의 시너지가 나도록 하는 것이 매우 중요합니다."(주성민 변호사)

김·장·리, 법무법인 광장을 거쳐 1986년 김앤장에 합류한 주성민 변호사는 "계급과 직책이 없는 수평적인 조직문화가, 김앤장이 지금의 높은 경쟁력을 갖추는 밑바탕이 되었을 것"이라고 거듭 강조했다. 사법연수원 8기인 주 변호사는 금융, 지식재산권 등 여러 업무분야를 거쳤다.

벤처정신과 이노베이션

약 50년 전 기업자문, 국제법무를 내걸고 출발한 김앤장은 요즈음의 기준으로 치면 일종의 벤처로펌이었다. 지금은 국내외 기업을 상대로 다양한 법률서비스를 제공하는 대형 법률회사 즉, 로펌이 재야법조계에서 주류적인 위치를 차지하고 있지만, 당시만 해도 변호사 하면 판, 검사 출신의 송무변호사가 대세였다. 특별한 사정이 있어 임관이 어려운 경우를 제외하면 사법시험에 합격해 곧바로 변호사로 나서는 사람은 찾아보기 힘들었다.

동창회, 종친회 등의 이름으로 '사시 합격'을 축하하는 플래카드가 내걸리고 마을잔치가 열렸던 그 시절, 사시 합격은 조선시대의 과거급제나 마찬가지였고, 과거급제는 벼슬 즉, '나라의 녹(祿)'을 먹는' 분야로 진출함을 의미했다. 변호사는 판, 검사가 되어 상당 기간 재조 경력을 쌓은 다음 승진이 여의치 않거나 경제적인 동기 등 특별한 사정이 생겼을 때 시작하는 게 보통이었다.

1983년에 출간된 《대한민국 영감님》에 보면, 1982년 12월 현재 서울 지역의 개업변호사 평균연령이 58.1세라는 기록이 나온다. 판, 검사로 재직한 후 상당한 나이가 되어 변호사 개업을 했기 때문이다. 김앤장이 설립된 지 약 10년이 지난 시기임에도 변호사가 젊은 법조 인재들과는 거리가 먼 직역(職域)이었다는 사실을 단적으로 말해준다.

그러나 김영무 변호사는 차석의 우수한 성적으로 사법시험에 합격했음에도 판, 검사 임관을 제쳐놓고 미국 유학을 떠나 미국변호사 자격까지 취득한 후 곧바로 기업변호사의 길로 나섰다. 김앤장 이전에도 김·장·리나 김·신·유, 중앙국제 등 기업법무를 표방하고 나선 선발주자들이 있었다. 하지만 이들 법률사무소를 세운 김흥한, 김진억, 이병호 변호사는 모두 얼마간 판사로 재직한 판사 출신 변호사라는 공통점이 있다. 또 김앤장보다 4년 늦게 출범한 한미합동법률사무소 즉, 지금의 법무법인 광장의 설립자인 이태희 변호사나 1980년대 들어 법무법인 세종을 설립한 신영무 변호사, 법무법인 태평양을 세운 김인섭 변호사, 나중에 법무법인 화우와 합친 우방을 설립한 윤호일 변호사도 기간의 차이는 있지만 판사를 거쳐 기업법무, 국제법무를 시작한, 엄밀히 말하면 '재조 출신' 변호사들이다.

　판, 검사를 거치고 안 거친 게 특별히 중요해서가 아니라 당시만 해도 당연한 코스처럼 여겨졌던 판, 검사 임관을 마다하고 새로운 길을 모색한 김영무 변호사와 김앤장의 벤처정신에 주목하자는 것이다.

　더구나 김앤장이 큰 뜻을 품고 뛰어든 분야는 당시만 해도 무척 생소했던 기업자문 분야였다. 아직 산업계가 지금처럼 발달되기 전으로, 기업법무 중에서도 외국으로부터의 차관도입이나 외국 기업의 한국 투자 등에 관련된 일이 당시 로펌 업무의 대부분이었다. 한마디로 탄탄대로가 보장된 기득권을 버리고 쉽게 나설 수 있는 길이 아니었다. 그럼에도 불구하고 김영무 변호사와 장수길 변호사는 모험을 선택했다. 그리고 두 사람의 생각에 공감한 젊은 인재들이 모여들면서 벤처로펌의 발전에 시동이 걸리기 시작했다.

　실제로 김앤장의 50년 역사는 끊임없는 도전과 혁신(innovation)으로 이어져 왔다고 해도 과언이 아니다. 대한민국 1등, 아시아 최고 로펌의 성과는 다름 아닌 벤처정신의 승리인 셈이다.

　사법연수원 출신 변호사를 뽑아 기업법무의 전문가로 키워내는 인재양성 프로그램을 시작으로 해외연수, 전문화, 팀플레이 등 그동안 김앤장이 시도한 로펌 운영의 메커니즘은 당시의 법조계 현실에서 보면 혁신에 가까운 내용들이었다. 물론 로펌 업계 최초의 시도였고, 김앤장의 도전이 성공을 거두면서 지금은 거의 모든 로펌이 채택하고 있는 로펌 업계의 표준이 되었다.

무엇보다도 최초의 어소시에이트인 정계성 변호사를 시작으로 새로운 인재를 꾸준히 발굴해 키워낸 것이 이노베이션의 첫 번째 내용이다. 당시만 해도 대부분의 변호사 사무실은 변호사 단독으로, 아니면 조수 역할을 하는 고용변호사 한두 명을 데리고 사무실을 운영하는 일인성주(一人城主)식의 운영에서 벗어나지 못했다. 판, 검사 출신의 송무변호사 사무실은 물론 기업법무, 국제법무를 취급하는 초창기 로펌의 사무실도 크게 다르지 않았다.

김앤장은 그러나 인적 결합이 중시되는 로펌의 특성을 꿰뚫어 보고 장기적인 비전 아래 후배들을 영입해 전문가로 키워내는 과감한 투자에 나섰다. 이렇게 획득된 신자원(新資源) 즉, 신참 변호사는 현장에서의 업무 습득 후 해외연수 등을 통해 더 높은 부가가치를 생산하는 핵심 인재로 한 번 더 혁신되었고, 법률서비스의 끊임없는 혁신으로 이어졌다. 이어 이들 우수한 인재들을 통한 전문화와 팀플레이가 가능해지면서 김앤장의 초고속 성장에 본격 시동이 걸린 것이다.

"김영무 변호사는 처음부터 영미식 로펌을 머릿속에 그리고 있

었어요. 로펌이란 결국 사람이 움직이는 조직이라는 사실을 잘 알고 있었죠."(장수길 변호사)

창업 파트너인 장수길 변호사는 또 "김 변호사는 자신보다 더 나은 후배가 와야 사무실이 발전한다는 확고한 믿음을 가지고 있었다"며 "무엇보다도 우수한 인재를 뽑아 키워낸 것이 발전의 원동력이 되었다"고 말했다.

"새롭고 창의적인 아이디어는 아무래도 젊은 사람 몫이잖아요. 젊은 인재들의 열정에서 이노베이션의 단초가 될 아이디어가 나오면 선배들이 그것을 수용해 생산적인 방향으로 이끌었어요. 물론 그 과정에서 쌓인 선후배간의 신뢰가 이노베이션을 지속적으로 가능하게 하는 동력이 되었습니다."(신희택 변호사)

김앤장에서 사법연수원 출신 1세대 변호사로 활동했던 신희택 전 서울대 교수도 "젊은 인재를 과감하게 등용한 이노베이션이 초창기의 급성장을 이끌어내고 오늘의 김앤장을 있게 한 핵심 요소 중 하나"라며 "신진 인재의 리쿠르트 시스템 도입은 성공적이었다"고 평가했다.

판, 검사 등 재조 출신 변호사들과는 대조적으로 '○○년 김앤장 입사'와 해외연수 정도가 경력의 대부분인 김앤장 초창기의 사법연수원 출신 변호사들은 그 후 김앤장의 여러 전문분야에서 리더로 성장해 활약하고 있다. 로펌 업계에서도 알아주는 김앤장의 간판스타들은 송무와 기업형사 등 몇 개의 업무분야를 제외하면

대다수가 사법연수원을 수료하고 곧바로 김앤장에 입사한 이른바 사법연수원 출신 변호사들이다.

전문화와 대형화

2023년 현재 김앤장엔 약 1,250명의 국내외 변호사를 포함해 1,900명이 넘는 전문인력이 포진하고 있다. 이들이 분장하고 있는 전문분야만 해도 세부 분야까지 들어가지 않더라도 줄잡아 50개가 넘는다. 김앤장의 홈페이지(www.kimchang.com)에 접속해 보자. 어떤 사건이 들어와도 해당 분야의 전문가로 팀을 꾸려 최고 수준의 법률서비스를 제공할 수 있는 분업화된 시스템을 안내하고 있다. 김앤장이 출범 당시부터 기울여 온 전문화 추구가 거둔 성과로, 고도로 분화된 높은 수준의 전문화에 김앤장의 경쟁력이 압축되어 있다.

하지만 김앤장이 출범하던 1970년대 초만 하더라도 한국의 변호사 업계에 전문화라는 개념은 사실상 존재하지 않았다. 국제업무를 다루는 몇몇 법률사무소에서 소송 업무를 다루는 많은 법률사무소에 비해 다소 전문성을 표방하고 있었지만, 이들 사무소 역시 내부의 업무시스템은 본격적인 전문화와는 거리가 있었다.

지금은 전문화가 대형 로펌뿐만 아니라 거의 모든 법률사무소의 과제로 인식되고 있다. 그러나 당시에는 전문화로 나아갈수록 오히려 변호사 개개인의 성장 가능성이 줄어든다고 보는 시각도 없지 않았다. 오히려 변호사라면 모든 법률 분야에 고르게 익숙해야 경쟁력을 유지할 수 있다는 생각이 팽배하던 시기였다. 개인변호사 사무실에서 이것저것 가리지 않고 거의 모든 분야의 사건을 담당하던 당시 변호사 업계의 실정에서 보면 어쩌면 당연한 생각이었는지도 모른다.

게다가 지금과는 비교 자체가 불가능할 정도로 규모가 작았던 한국의 경제, 법률시장의 현실을 감안하면 전문분야에 대한 법률 수요가 뚜렷한 것도 아니었다. 뭔가 희미하게 가능성이 보였지만 앞날을 확신하기는 어려웠다고 하는 게 맞을 것이다.

김앤장은 그러나 이런 생각을 과감하게 떨쳐버리고 일찍부터 전문화를 추구했다. 설립 초기부터 사법연수원 출신 변호사들을 대상으로 적극 추진한 리쿠르트 활동도 바로 전문화에 방점이 찍

혀 있었다.

　김앤장이 출범 초기부터 전문화를 성장전략으로 채택했다는 것은 당시 김앤장에 합류한 여러 시니어 변호사들의 말을 통해 확인할 수 있다.

　"현실만 보면 할 수 없었을, 어찌 보면 상식에 반하는 무모한 시도였다고 할 수 있죠. 전문화를 해야 할 만큼 일감이 영역별로 나뉘어 있었던 것도 아니었니까요. 당시 김앤장이 추구한 전문화란, 말하자면 꿈을 꾸는 사람이라야 비로소 발을 내딛을 수 있는 그런 목표였던 겁니다."

　정경택 변호사는 이어 김앤장이 초기부터 추진한 전문화 노력의 배경을 다음과 같이 소개했다.

　"당연히 위험부담이 따랐죠. 그럼에도 전문화를 위해 지속적으로 투자를 할 수 있었던 건 길게 보면 그렇게 가야 한다는 공감대가 사무실 내에 형성되어 있었기 때문입니다. 당시 김앤장엔 선배들이 앞날을 설계하면 후배들이 믿고 따랐던 끈끈한 연대가 있었어요. 구성원들 사이에 깊은 신뢰가 있었기에 당장의 비용 지출을 감수하고 전문화를 밀어붙일 수 있었다고 생각합니다."

　김앤장의 1호 어소시에이트였던 정계성 변호사도 후발주자인 김앤장이 거의 모든 업무분야에서 최고 수준의 평가를 받으며 업계 선두로 올라서게 된 배경을 묻는 질문에, 다음과 같은 명쾌한 대답을 내놓았다.

"우리는 이전의 로펌들과 성장전략이 달랐어요. 일손이 달린다고 뒤늦게 변호사를 충원한 게 아니라 기업에서 필요로 하는 업무분야마다 선제적으로 전문화를 추구하며, 이를 위해 우수한 성적의 사법연수원 출신 변호사들을 채용해 각 분야의 전문가로 키워낸 것입니다."

매년 서너 명의 사법연수원 출신 변호사를 뽑아 인력풀을 키워가던 김앤장의 전문화가 가속화된 것은 1980년대 중반쯤부터다. 이 무렵 로펌이 주로 맡아 처리하는 기업자문 수요가 늘어나며 전문화에 대한 요구도 한층 높아졌다. 경제가 성장하고, 기업 활동이 다양해지면서 꾸준히 전문화를 추구해온 김앤장의 노력이 빛을 발하기 시작했다.

김앤장은 또 전문화를 추구하면서 자연스럽게 대형화의 길을 걷게 되었다. 일단 변호사가 많아야 분야를 더 세분화해 깊이 있게 전문화를 추진할 수 있기 때문이다. 대형화는 전문화의 자연스러운 결과물인 동시에 전문화의 전제조건이다. 전문화와 대형화는 떼려야 뗄 수 없는 동전의 양면과 같은 관계에 있다.

설립 초기부터 지속적인 인재영입을 통해 계단을 하나씩 밟아 오르듯 영역별로 전문화를 추구해 온 김앤장은 규모가 몰라보게 커졌다. 1980년대 초반 20명이던 한국변호사가 1980년대 후반 50여 명으로 늘어났고, 1990년대 들어 전체 변호사 100명을 돌파하며 업무분야의 전문화, 세분화가 갈수록 확대되었다. 설립 50년이 흐른 지금은 외국변호사를 합쳐 변호사만 1,250명이 넘고 공인회계사와 변리사, 세무사 등을 포함한 전체 전문인력은 1,900명이 넘는다. 한마디로 전문화가 전제된 대형화를 통해 꾸준한 성장이 이어지며 한국 최고의 경쟁력을 갖추게 된 것이다. 전문화를 통해 구현되는 김앤장 법률서비스의 높은 경쟁력은 외국 로펌들 사이에서도 정평이 나 있다.

보통 로펌의 경쟁력을 평가하는 주요 기준으로 얘기되는 전문화와 대형화는 아무리 강조해도 지나치지 않을 것이다. 로펌의 주된 고객인 기업이 겪는 법률문제가 매우 복잡하고, 여러 분야에 걸쳐 다양한 쟁점을 동시에 포함하고 있는 경우가 많기 때문이다. 예를 들어 개인의 경우에는 형사사건이 발생하면 형사 전문 변호사 가운데 유능한 사람을 찾아 부탁하면 되지만, 큰 기업의 임직원이 업무와 관련해 형사사건에 연루되었다면 상황이 달라질 수 있다. 형사 문제 외에도 세금이나 회계상의 이슈, 행정관청의 제재, 대(對) 소비자 관계 등 따져보아야 할 법률적 쟁점이 하나둘이 아니다.

기업 입장에선 해당 각 분야에 대한 전문성을 갖추고 있으면서 협업을 통해 종합적이고 체계적인 법률서비스를 제공할 수 있는 로펌을 찾게 마련이고, 분야별로 높은 수준의 전문화가 이루어진 로펌이 선호될 수밖에 없다. 형사와 공정거래, 환경, 소비자 피해배상 등 여러 분야에 걸쳐 다양한 법률문제가 제기된 수입자동차 배기가스 조작 사건의 경우 수십 명의 변호사가 투입되었다고 한다.

김앤장은 다른 어느 로펌보다도 업무분야가 세분화된 가운데 전문성으로 무장한 많은 변호사들이 두텁게 포진하고 있다. 이러한 전문화와 대형화가 김앤장의 가파른 성장을 이끌었다.

원스톱 토털 서비스와 팀플레이

전문화와 대형화가 대부분의 로펌이 지향하는 경영방침이라면, 원스톱 토털 서비스(One Stop Total Service)와 팀플레이는 순서대로 로펌이 추구하는 법률서비스의 목표이고, 그것을 가능하게 하는 내부 시스템이라고 할 수 있다. 규모가 확보된 가운데 전문화가 진전되었다고 할지라도 원스톱 서비스를 매끄럽게 제공할 수 있는 팀플레이가 원활하게 돌아가지 못하면 고객의 다양한 요구에 부응해야 하는 로펌의 대응능력은 크게 떨어질 수밖에 없다.

김앤장은 팀플레이 방식 또한 한국 로펌 업계 최초로 도입해 정착시켰다. 팀플레이를 통해 변호사 등 김앤장의 수많은 전문인력이 보유한 역량을 집결시켜 산술적 총합 이상의 높은 경쟁력을 발휘하고 있다.

　김앤장의 시니어 변호사들은 기회 있을 때마다 인화와 팀워크를 강조하고, 신입 변호사를 뽑을 때도 성적 못지않게 모나지 않은 성격과 친화력, 적극성, 표현력 등을 중시하는 것으로 잘 알려져 있다. 한마디로 원활한 팀플레이에 기여할 수 있는 자질을 집중적으로 검증한다고 보면 된다.

　그러나 팀이 고정되어 있다기보다 각 프로젝트에 맞춰 그때그때 팀을 구성해 운영하는 것이 김앤장 팀플레이의 특징이다. 김앤장은 금융, 기업일반, 송무, 지식재산권 등 기업법무의 주요 분야로 나눠 큰 틀의 업무분장을 운용하고 있다. 그러나 고객이 사건을 의뢰하면서 본격 시작되는 사안별 구체적인 업무수행은 해당 이슈에 밝은 각 분야의 전문가들로 팀을 구성해 시너지를 극대화하는 방식으로 인력풀을 최대한 가동하고 있다.

　"각 팀의 구성원이 고정되어 있으면 사무실 내의 인력을 충분히 활용하지 못하고 경직될 수 있어요. 팀의 전문성도 떨어질 수 있습니다. 그 대신 우리는 사안마다 최적의 팀을 구성해 고객의 수요에 부응하려는 것입니다."(황광연 변호사)

　물론 이처럼 유연한 팀의 구성과 운영은 김앤장에 워낙 많은 수의 전문가가 있기 때문에 가능한 일이다.

　법원에서 오래 재직한 후 김앤장에 합류해 주로 IP 분야에서 활동하는 한 변호사는 "새로운 사건이 의뢰될 때마다 해당 사건을 수행할 전문가들을 뽑아 팀을 구성하고, 그 팀을 중심으로 사건 해결에 나서고 있는데, 팀이 구성될 때마다 자주 참여를 요청받는다"며 "내가 사내에서 이렇게 인기가 있는 줄 몰랐다"고 고무적으로 이야기했다. 송무팀의 한 변호사는 또 대외홍보도 중요하지만 변호사는 자신의 강점, 경쟁력을 사내 구성원들에게 적극 알려 관련된 사건이 의뢰되면 곧바로 투입되어 역량을 발휘할 수 있도록 사내홍보도 잘 해야 한다는 말로 팀 참여의 중요성을 강조했다. 사안별로 그때그때 전문가들을 투입해 팀 단위로 대응하는 김앤장 팀플레이의 단면을 짐작할 수 있는 대목이다.

팀 구성은 사건의 내용과 규모에 따라 그야말로 케이스 바이 케이스로 다양하게 이루어지고 있다. 외국 유학을 마친 7~8년차 이상의 중견 변호사와 아직 유학을 다녀오지 않은 5~6년차 미만의 주니어 변호사, 그리고 사안에 따라 외국변호사 등으로 팀을 구성하는 게 보통이다. 물론 사안에 따라 20~30명의 변호사가 한 팀이 되어 움직이는 경우도 있고, 여기에 세무, 회계 등에 정통한 공인회계사와 지식재산권 업무에 능통한 변리사가 가세하는 등 업무의 성격에 따라 그때그때 참여하는 전문가의 범위가 달라진다.

경험 많은 선배 변호사가 업무를 총괄해 지휘하고, 관련 법령의 조사나 국내외 판례를 찾아 분석하는 일은 후배 변호사가 담당하는 경우가 많지만, 역할 분담이 항상 고정적인 것도 아니다.

회사법과 금융 두 분야에서 폭넓게 자문하는 고창현 변호사는 특히 김앤장의 치열한 토론문화를 강조했다.

"선배 변호사의 주장이라고 할지라도 허점이 보이면 그대로 넘길 수 없죠. 곧바로 치열한 토론이 시작되고, 토론을 거치면서 아무리 복잡하고 난해한 사건이라도 실마리를 찾아 해결책을 모색하는 DNA가 김앤장에 오랜 전통으로 이어지고 있어요. 김앤장엔 선례가 없는 사건이더라도 '한 번 해보자' 이런 도전적인 문화가 형성되어 있습니다. 그게 김앤장의 팀플레이입니다."

김앤장엔 한국의 다른 어느 로펌보다도 많은 변호사가 활동하고 있지만, 변호사들 사이에 특별한 계급이 없다. 변호사 연차에 따른 시니어와 주니어 변호사의 구분 외엔 똑같은 변호사로서 사건별로 팀을 구성해 대응하는 변호사 공동체적 성격이 강하다고 할 수 있는데, 김앤장의 유연한 팀플레이는 조직 구성에서의 이러한 특징과도 무관해 보이지 않는다.

김앤장의 유연한 팀 구성과 운영은 고객이 원하는 원스톱 토털 서비스로 이어지고 있다. 단 한 번의 사건 의뢰에 여러 명의 전문가가 한꺼번에 투입되어 고객의 갖가지 고민을 일거에 해결하는 종합적인 솔루션 제공은 경직된 고정팀의 운영으로는 한계가 있을 수 있다.

국적이 서로 다른 두 기업의 합병을 예로 들어보자. 일을 맡은 로펌에선 M&A 계약의 체결은 물론 증권, 부동산, 세금, 노동, 지식재산권, 환경, 공정거래 등 두 기업의 합병에 수반되는 다양한 이슈를 하나도 빠트리지 않고 완벽하게 처리해야 한다. 먼저 관련 분야의 전문가로 팀을 구성하는 게 일차적인 과제다. 이어 팀이 구성되면 각자의 전문분야에 따라 업무를 분담하고 서로 소통하며 본격적으로 프로젝트를 수행하게 된다. 증권 분야에서 역량을 발휘해온 A 변호사는 주주변동에 관련된 법률문제를 체크하고, 부동산 전문의 B 변호사는 회사 소유의 부동산 이슈를 검토하게 될 것이다. 또 C 변호사는 회사의 경영권이 변화하면서 조세문제가 어떻게 달라지는지 파악해 처방을 마련하는 업무를 담당하고, D 변호사는 합병에 따른 노사문제를 점검하는 식이다. E 변호사는 또 특허 등 지식재산권과 관련해 챙겨야 할 일이 적지 않을 것이다.

김앤장이 그동안 자동차, 통신, 에너지 등의 분야에서 수많은 거래를 수행하며 한국 경제의 주요 인프라 구축에 기여한 것도 물론 이러한 팀플레이의 결과였다. 장수길 변호사는 "1980년대까지만 해도 그런 대형 프로젝트를 맡아 처리할 수 있는 로펌이 사실 김앤장밖에 없었다"고 회고하고, "워낙 사안이 복잡하고, 챙겨야 할 논점이 많은 대규모 거래여서 전문성을 갖춘 여러 변호사가 팀을 이루어 참여하는 시스템을 갖추고 있지 않으면 수행 자체가 쉽지 않았다"고 설명했다.

"그 분야 최고의 전문가가 있어야 하고, 또 그들 개개인이 가진 역량을 조직화해 낼 수 있는 팀워크가 뒷받침되지 않으면 감당할 수 없는 프로젝트가 있어요. 그걸 하기 위해 우리는 50년 동안 준비하고 경험을 쌓아온 겁니다. 김앤장의 오늘은 하루아침에 이루어진 게 아니에요. 후배 변호사를 뽑고 회계사와 변리사를 적절한 시기에 충원하며 그런 수요를 감당하기 위해 미리미리 준비해 온 결과입니다."(정경택 변호사)

김앤장 홈페이지에서 소개하고 있는 주요 업무분야를 클릭해 보면, 김앤장의 원스톱 서비스가 어느 수준까지 이루어지고 있는지 짐작하기 어렵지 않다. 다음은 아시아·태평양 지역에서도 선두를 달리고 있는 김앤장의 M&A 분야에 대한 설명이다.

"투자기회를 모색하는 시점부터 거래를 성공적으로 종결하는 시점, 나아가 거래종결 이후의 통합(PMI) 업무에 이르기까지 기업 인수·합병의 모든 단계에서 발생하는 법률문제에 대해 고객이 필요로 하는 서비스를 제공한다"고 소개하고 있다. 이어 "공정거래, 부동산, 인사·노무, 환경, 금융, 소송, 지식재산권 등 각종 업무 그룹뿐만 아니라 대상회사가 소속된 산업 그룹도 함께 참여하여 대상회사의 주요 법률 이슈에 대한 실사를 수행하며, 성공적인 거래종결을 위하여 독점규제 및 공정거래에 관한 법률에 따른 기업결합신고, 외환신고를 비롯한 각종 정부 인허가 취득, 거래종결의 선행조건 충족, 외국환규제를 비롯한 거래종결에 관련된 제반 법규의 검토와 적용, 회사 내부승인절차의 진행 등 거래종결과 관련된 모든 절차를 적시에 이행하는 데 만전을 기하고 있다"고 안내하고 있다.

아시아 최고, 김앤장의 경쟁력은 높은 수준의 팀플레이와 원스톱 토털 서비스에서 비롯된다고 하면 틀린 말이 아니다.

동도서기

 김앤장 사람들은 김앤장에 삼무문화(三無文化)가 있다고 말한다. 구성원 사이에 학연(學緣), 지연(地緣), 정치색(政治色)이 없다는 얘기다. 설립 이래 이어지고 있는 오래된 전통으로, 다양한 출신의 전문가가 모여 글로벌 로펌, 김앤장을 발전시켜 나가고 있다.
 학벌로 치면 물론 서울대 법대 출신이 가장 많다. 그러나 학벌이 학연으로 연결되는 일은 없다. 또 최근 들어 다양한 전공의 변호사들이 김앤장에 합류하며 출신대학의 범위가 갈수록 확대되고 있다.
 학연, 지연, 정치색이 없는 대신 김앤장에선 인화와 포용의 정신이 강조된다. 가정에서 보내는 최소한의 시간을 빼고 구성원 전체가 365일 거의 모든 시간을 공유하던 설립 초창기 시절, 당시 김앤장에 합류한 변호사들은 김영무 변호사와의 '일요대담'을 통해 로펌 변호사의 역할과 자세 등에 대해 감(感)을 익혀가던 일을 기억하고 있다.

"일요일에 오전 10시쯤 사무실에 나와 보면 김영무 변호사가 어김없이 먼저 나와 있었어요. 점심때가 되면 '밥 먹으러 갑시다' 하고 후배들을 이끌고 나가 본인의 철학, 사무실의 장래 등에 대해 여러 이야기를 했는데, 우리나라가 왜 경제개방을 해야 하는지, 로펌 변호사는 어떤 역할을 해야 하는가에서 고객을 대하는 매너에 이르기까지… 할 일이 산더미 같이 쌓여 있는데 오후 서너 시까지 이어지는 경우가 많아 오늘도 김 박사에게 붙들려 하루 일을 공치고 말았다고 불평 아닌 불평을 하곤 했습니다."(현천욱 변호사)

1981년 합류해 인사·노무 그룹을 이끌고 있는 현천욱 변호사는 "입사 초기 김영무 변호사의 이야기를 들으며 내가 몸담고 있는 회사의 가치와 미래비전을 공유했던 경험이 평생의 자산이 되었다"며 "대표변호사와 함께 점심 먹고 대화를 나누며 김앤장의 가치와 철학을 하나씩 습득한 셈"이라고 말했다. 김 변호사는 요즈음도 주말에 사무실을 찾아 후배 변호사들과 함께 어울리며 김앤장의 레전드가 된 '대화경영'을 이어가고 있다.

초창기의 선배들은 또 도제식 훈련방법으로 후배들을 이끌었다. 함께 팀을 짜 일을 해나가며 업무지식을 전수하고, '로펌 변호사는 무엇으로 살아가야 하는지' 변호사로서의 기본자세를 가다듬는 직업철학도 함께 가르쳤다.

정계성 변호사는 "후배를 잘 키워야 우리가 편해진다는 공감대를 갖고 후배들을 영입해 정성껏 일을 가르쳤다"고 말했다. 정경택 변호사도 "선후배간 동반성장을 추구한 김앤장의 문화가 지금의 김앤장을 있게 한 저력"이라며 "선배는 기꺼이 후배의 동료가 되어주고, 후배는 마음껏 자신의 역량을 발휘할 수 있었던 든든한 믿음이 김앤장의 동력으로 이어져 거듭된 성장의 디딤돌이 되었다"고 강조했다.

또 하나 김앤장의 성장 소프트웨어와 관련해 소개할 것이 있다면 인화와 포용을 기반으로 하는 팀워크의 조직문화를 빼놓을 수 없다. 김앤장이 신입 변호사를 뽑을 때 성적 못지않게 선후배, 동료와 잘 어울릴 수 있는 친화력 등을 중시한다는 것은 이미 잘 알려진 이야기다. 이재후 대표는 "김앤장의 조직문화에 하나의 모토가 있다면 그것은 바로 인화와 팀워크 정신"이라며 "우리는 개인플레이에 능한 사람보다 동료와 잘 융화될 수 있는 정신자세와 열정을 갖춘 인재를 선호한다"고 김앤장의 리쿠르트 방침을 소개했다.

그러나 아무리 이런 인재를 골라 뽑는다고 하더라도 치열한 대내외 경쟁을 거쳐야 하는 로펌에서 인화와 포용의 조직문화가 가능한 바탕이 무엇일까. 우선 김앤장 지휘부의 독특한 인재관과 인력 운영방침에 주목할 필요가 있다.

다음은 두뇌집단 김앤장을 성공적으로 이끌고 있는 김영무 변호사의 말이다.

"모든 면에서 뛰어난 완벽한 사람은 단 한 사람도 없습니다. 반대로 어디에도 쓸모없는 전혀 무가치한 사람도 없습니다. 김앤장 인재들의 장단점을 서로 보완시켜 로펌 전체적으로 조화를 이루도록 하는데 가장 신경을 쓰고 있습니다."

그는 이런 뛰어난 리더십으로 김앤장을 아시아 최고의 로펌으로 이끌었다. 이어 그의 이런 철학이 후배들에게 이어지며 김앤장 특유의 전통, 문화로 뿌리내리게 된 것이다.

10여 년간 판사로 재직한 후 2003년 김앤장에 합류해 지식재산권 분야에서 활약했던 권오창 변호사도 비슷한 말을 했다.

"처음 법원을 떠나 김앤장에 합류하였을 때는 막막하고 조금은 두려운 심정이었어요. 기라성 같은 김앤장 변호사들의 뛰어난 전문성과 외국어 실력 등을 생각할 때 과연 여기서 견뎌낼 수 있을까 하고 걱정했던 게 사실입니다."

그러나 그의 고민은 오래가지 않았다. 선배 변호사로부터 "김앤장에는 수많은 프로페셔널이 함께 일하지만 장점이 없는 사람도, 단점이 없는 사람도 없다. 내가 장점이 있기 때문에 자신감을 가지고 일해야 하고, 반면 단점이 있기 때문에 절대로 교만하지 말아야 한다"는 말을 듣고 이내 자신감을 가질 수 있었다고 했다.

　김앤장의 인화와 포용의 문화를 짐작하게 하는 여러 이야기가 있다. 경쟁이 치열한 나머지 살벌한 조직일 것이라는 선입견과 달리 김앤장은 구성원들 사이에 끈끈한 유대가 형성되어 있고, 변호사들의 이직률도 상대적으로 낮은 것으로 알려져 있다. 또 여간해선 사람을 내치지 않는다는 말도 들린다.

　동양적 인사관리라고 할까. 전문화와 대형화가 서구의 선진 로펌을 벤치마킹한 김앤장의 성장전략이라면, 조직 운영에 있어서는 한국적 정서를 많이 가미한 동도서기(東道西器)의 지혜를 구현하고 있는 곳이 김앤장이다.

법조 인재의 산실

김앤장이 한국의 로펌 역사에서 차지하는 의미는 가장 성공한 로펌이라는 로펌 성공사례가 전부가 아니다. 가장 많은 인재풀을 확보하고 있는 김앤장은 지난 50년간 수많은 기업변호사를 배출하며 법조 인재의 산실로서도 큰 역할을 수행했다.

김앤장은 설립 초기부터 체계적인 변호사 교육시스템을 갖추고 사법연수원 출신의 젊은 변호사들을 채용해 기업법무의 전문가로 길러냈다. 김앤장을 가리켜 '변호사 사관학교'라고 부르는 것도 괜한 말이 아니다.

1973년 문을 열어 출발한 김앤장은 한국 최초의 로펌은 아니었으나, 금방 로펌 업계의 중추로 떠올랐다. 1980년대 들어 김앤장이 로펌 업계에 새바람을 일으키며 김·장·리. 김·신·유, 중앙국제 등 선발로펌에서 근무하던 적지 않은 수의 변호사가 김앤장으로 옮겨왔다.

변호사 업계는 다른 업종에 비해 변호사의 로펌간 이동이 상대적으로 자유로운 시장이다. 한국이나 외국이나 로펌을 옮겨 다니는 변호사들의 이합집산이 활발한 편이다. 코로나19 팬데믹 당시 미국 로펌 등에선 실무를 담당할 젊은 어소시에이트 변호사가 모자라 거액의 스카우트비를 주고 변호사를 데려갈 정도로 'Talent War', 즉 변호사 영입 경쟁이 치열하게 전개되기도 했다.

지금도 김앤장엔 김·장·리 등에서 활동하다가 일찌감치 김앤장에 합류한 시니어 변호사들이 적지 않다.

김앤장이 한국 최대, 최고의 로펌으로 발전한 이후엔 반대로 김앤장에서 경력을 쌓은 유능한 변호사들이 차세대 로펌, 부티크를 만들어 독립하는 새로운 흐름이 이어지고 있다.

물론 차세대 로펌, 부티크 로펌의 설립으로 표현되는 한국 대형 로펌의 분화는 비단 김앤장 출신 변호사들에게서만 나타나는 현상은 아니다. 변호사가 가장 많고, 뛰어난 역량의 변호사가 많은 김앤장에서 상대적으로 많은 사례를 확인할 수 있다.

최종현 변호사가 법무법인 광장 출신의 김창준 변호사와 함께 설립한, 한국 최초의 부티크인 해상 전문의 법무법인 세경, 순서대로 서영화, 서동희 변호사가 주춧돌을 놓은 같은 해상 전문의 법무법인 청해와 정동국제, 노동 전문인 조영길 변호사가 이끄는 법무법인 아이앤에스, 공정거래와 인사노무 자문 등 기업법무가 발달한 법무법인 이제, 삼성전자 이재용 회장의 국정농단 형사재판에서 삼성그룹 승계라는 대가성에 관계되는 삼성물산-제일모직 합병과 관련해 변호한 것으로 유명한 법무법인 기현, 정여순 변호사가 깃발을 든 IP 전문의 법무법인 그루제일 등이 모두 김앤장 출신이 주도적으로 설립해 발전하고 있는 주요 부티크 로펌들이다. 법무법인 이제는 김앤장에서 경력을 쌓은 공정거래 전문의 권국현 변호사와 노동법 전문의 김관하 변호사, M&A와 부동산 거래 관련 업무를 많이 수행하는 유정훈 변호사 등이 설립을 주도했다. M&A와 기업지배구조 관련 자문이 발달한 법무법인 기현엔 김앤장에서 경력을 쌓은 이현철, 정한진, 김선우 변호사 등이 포진하고 있다.

또 법무법인 율촌을 설립한 우창록 변호사도 사법연수원을 마친 후 일찌감치 김앤장에 합류해 김앤장의 발전에 힘을 보탠 초기 멤버 중 한 명이었으며, 법무법인 케이씨엘의 공동대표를 맡고 있는 IP 전문의 김영철 변호사와 금융과 조세 쪽의 사건을 많이 수행하는 임희택 변호사도 변호사 초기 김앤장에서 활동했던 김앤장 출신 변호사들이다. 기업법무 전문의 법무법인 넥서스를 운영하다가 몇 해 전 법무법인 김장리와 합친 최영익 변호사도 벤처

로펌으로 독립하기 전 김앤장에서 오랫동안 회사법 변호사로 활약했다.

법무법인 케이원챔버의 공동대표를 맡고 있는 박수만 변호사도 오랫동안 김앤장 금융 그룹에서 활동한 김앤장 출신이며, 중견 로펌 법무법인 린의 임진석, 김용갑, 구태언 변호사도 순서대로 김앤장에서 경력을 쌓은 금융, IP, TMT 분야의 전문가들이다.

중견 변호사의 이탈은 대형 로펌이더라도 변호사가 그렇게 많지 않았던 과거엔 일종의 전력 유출이란 점에서 호재로 받아들일 사안은 아니었다. 그러나 로펌의 규모가 몰라보게 커지고 변호사가 늘어난 최근엔 변호사 업계의 자연스러운 움직임으로 보는 시각이 많다. 재야법조계 전체 차원에서도 부티크 등 다양한 규모와 전문성의 로펌이 등장하고, 그 결과 의뢰인의 선택의 폭이 넓어진다는 점에서 한국 로펌 업계가 한층 고도화되고 발전하는 과정의 하나로 받아들이고 있다.

김앤장 출신들이 주도한 부티크들은 높은 전문성을 인정받으며 대부분 성공적으로 자리를 잡아 발전하고 있다. 해상 전문의 세경과 노동 전문의 아이앤에스는 그 후 잇따라 설립된 해상 부티크, 노동 부티크의 선례가 되기도 했다.

김앤장 출신들이 주도하는 이들 성공한 부티크에서 짐작할 수 있듯이 김앤장에서 근무했다는 '김앤장 경력'은 전문성에 관한 높은 평가로 이어지고 있다. 그만큼 김앤장이 변호사들의 전문성에 신경 쓰는 곳이라는 반증이다.

김앤장 출신들은 얼마전부터 로펌뿐만 아니라 사내변호사, 로스쿨 교수, 법원의 판사 등으로도 활발하게 진출하고 있다.

넷플릭스의 법무실장(General Counsel)을 맡고 있는 정교화 변호사와 엔씨소프트에 이어 하이브 최고법무책임자(CLO)로 활약하고 있는 정진수 변호사가 김앤장에서 변호사로 활동한 후 주요 기업의 사내변호사로 진출한 대표적인 사례로 소개되며, 오세헌 한국조선해양(구 현대중공업) 준법경영실장도 검사를 거쳐 10년 넘게 김앤장에서 활동한 김앤장 출신이다.

김앤장 출신들은 또 사내변호사를 넘어 기업의 경영진으로도 진출하고 있다. 쿠팡의 강한승 경영관리총괄대표와 홍용준 경영지원부문 대표, 김앤장 시절 여러 M&A 거래를 수행한 VIG파트너스의 박병무 대표가 대표적인 예다. 한국의 대표적인 사모펀드 중 하나인 MBK 파트너스의 김광일 대표도 김앤장 M&A 그룹에서 변호사로 활동한 김앤장 출신이며, 오랫동안 김앤장 부동산그룹에서 활동한 부동산금융 전문의 유관식 변호사는 2019년 직접 자산운용사를 설립해 성공적으로 운영하고 있다.

법률전문가인 김앤장 변호사들의 대외진출이 갈수록 확대되고 있다. 입법부인 국회에도 김앤장 출신이 많이 진출해 활약하고 있으며, 정부부처의 고위직에서도 김앤장 출신을 찾아보는 것이 어렵지 않다. 인재의 보고인 김앤장에서 경력을 쌓은 우수한 변호사 인재들이 법조계를 넘어 로스쿨, 산업계, 입법부, 행정부 등 다양한 영역으로 진출하고 있다.

  변호사 자격자들이 각각의 영역에서 능력을 키운 후 다른 분야로 옮겨 시너지를 확대하는 넓은 의미의 법조일원화가 김앤장이라는 한국 최고, 최대의 변호사 플랫폼을 중심으로 활발하게 이루어지고 있다.

공익활동

　우리 정부가 IMF 채무 이행각서에 서명한 직후인 1997년 12월 18일. 대통령 선거 투표를 마치고 집에서 쉬고 있던 김앤장의 정계성 변호사는 정부 관계자로부터 긴급호출을 받았다. 국채를 발행할 것인지, 아니면 은행 차입을 추진할 것인지 국가 부도위기의 상황에 처한 정부의 자금조달 방안을 협의하기 위한 논의에 참석해 달라는 요청이었다. 정 변호사는 곧바로 집을 나서 기획재정부의 전신인 당시 재정경제부 관계자들이 비상대책을 논의하기 위해 모여 있는 장소에 들어섰다. 그 자리엔 세계 유수의 금융기관 관계자들도 참석해 있었다.
　한국에서 첫 손가락에 꼽히는 금융변호사인 정 변호사는 사안의 심각성을 누구보다도 잘 알고 있었다. 외채를 못 갚아 모라토리엄(지불유예)을 선언했던 남미의 경우는 어떠했는지, 연장한다면 어떤 방식이 가능한지, 어떤 채무를 연장 대상으로 할 것인지, 만약 연장이 안 되면 어떻게 대처할 것인지 발생 가능한 모든 문제에 대해 검토를 시작했다.

이어 재경부 관료들과 함께 체이스, 씨티, 보스턴, 유럽의 파리바, 도이체, BNF 등 외국 은행 관계자들을 만나 우리 정부의 입장을 설명했다. 그 결과 먼저 IMF 자금이 들어오고 1998년 3월 31일 218억 달러의 채무에 대해 만기를 연장받을 수 있었다. 또 4월 초에는 40억 달러의 외평채(外平債)가 성공적으로 발행되어 IMF 위기를 넘기는 발판을 마련했다.

정계성, 허익렬 변호사 등이 포진한 김앤장이 그동안의 경험과 노하우를 살려 우리 정부가 IMF 위기를 타개하는 데 적지 않은 기여를 했다는 것은 잘 알려진 사실이다. 외국의 금융기관과 로펌들 사이에 구축되어 있던 김앤장에 대한 신뢰가 사태의 조속한 해결에 상당한 도움이 되었다는 이야기가 재경부 등에서 나오기도 했다.

2004년 8월, 아테네에서 열린 올림픽 체조경기에 출전한 양태영 선수가 심판의 잘못된 판정으로 금메달을 잃어버리고 동메달에 머무는 일이 발생했다. 8월 27일 아테네의 한국올림픽선수단으로부터 급한 전화를 받은 김앤장의 박은영 변호사는 곧바로 서울을 출발했다. 세 차례 비행기를 갈아타는 긴 여정 끝에 다음 날 새벽 아테네에 도착, 스포츠중재재판소에 제소하고 중재절차를 진행했다. 물론 한국의 로펌, 한국의 변호사로서 이런 국가적인 일을 외면할 수 없다는 공익적 차원의 업무수행이었다.

이번엔 축구 국가대표팀의 박종우 선수가 2012년 여름 런던올림픽에서의 독도 세리머니 때문에 메달 박탈 위기를 맞았다. 김앤장은 박 선수를 변호하기 위해 2013년 2월 제프리 존스 외국변호사를 스위스의 로잔에 파견했다. 제프리 존스는 박 선수의 답변 등에 대해 조언하고, IOC 징계위원들을 설득하여 하마터면 잃어버릴 뻔했던 축구 국가대표팀의 동메달을 지켜냈다.

변호사의 공익활동 즉, '프로보노'(Pro Bono) 활동은 우리보다 로펌의 역사가 빠른 영미 로펌에서 시작되었다. 배경은 우리와 비슷하다. 20세기 초 변호사 수가 급증하고 대형 로펌·중소 로펌간 분화가 급속도로 이루어지며 사회적 약자들이 대형 로펌의 고급 법률서비스를 받기 어려워지자 대형 로펌 스스로 윤리적 책임을 다하기 위해 프로보노 활동을 강화하게 된 것이다. 프로보노라는 말도 라틴어의 '공공의 이익을 위해'(Pro Bono Publico)에서 따왔다고 한다.

김앤장은 설립 초기부터 공익활동에 관심을 갖고 정부의 법안

마련 등 입법활동을 지원하거나 대외협상 등에 정부 대표단의 일원으로 참여했다. 때로는 무료로, 때로는 수임료를 받기도 하지만 한국의 법률회사, 변호사로서 일종의 공익활동 차원에서 정부의 자문 요청에 적극 응하고 있다.

로스쿨 제도가 도입되며 교수직을 제안받아 서울대 로스쿨로 옮긴 신희택 변호사는 김앤장에서 활동하던 1990년대 초 우루과이라운드(UR) 서비스 협상에 정부 대표단의 한 명으로 참여했다. 또 공정거래 전문인 박성엽 변호사가 1989년과 1990년 GATT와 OECD 조선협상에 참가해 활약하는 등 김앤장 변호사들의 업무 파일엔 정부 관련 일이 서너 건씩 들어 있는 경우가 적지 않다. 법률업무를 수행하며 연마한 전문지식을 국가와 사회를 위해 활용하는 일종의 재능봉사로, 이런 사정을 잘 아는 정부 관계자들은 김앤장 등 로펌의 변호사들을 가리켜 '애국자 변호사들'이라고 칭찬하기도 했다지만, 일반인에겐 잘 알려져 있지 않은 로펌 변호사들의 또 다른 모습이다.

김앤장과 김앤장의 변호사들은 국가경제 발전에 기여한 공로를 인정받아 그동안 정부로부터 훈장도 여러 차례 받았다.

사실 영미 로펌이 주도해온 기업법무, 국제법무 시장에 뛰어들어 수많은 계약서를 국산화하고 우리 기업의 해외진출을 지원하는 일도 공익적 성격이 전혀 없다고는 할 수 없다. 국제표준(global standard)에 입각한 국제적인 수준의 법률서비스를 제공하는 로펌이 여럿 있다는 자체가 국가적으로 의미있는 중요한 자산이다. 또 사법연수원 출신 변호사를 뽑아 일당백(一當百)의 기업변호사로 키워내는 등 여러 선도적인 역할을 통해 김앤장이 한국 로펌 업계의 발전에 적지 않은 기여를 해 왔다는 사실도 많은 사람이 인정하고 있다.

김앤장은 그러나 이러한 차원을 넘어 보다 구체적이고 실질적인 내용으로 공익활동을 확대하고 있다. 1999년 한국 로펌 중 최초로 사무실 내부에 공익활동위원회를 구성하고, 2007년 공익활동연구소를 설립한 김앤장은 2013년 공익활동연구소를 확대 개편해 사회공헌위원회를 독립기구로 출범시키고, 공익활동을 한층 강화하고 있다.

무엇보다도 김앤장 지휘부의 확고한 철학이 있었기에 설립 초기부터 시작된 공익활동의 지속적인 추진이 가능했다고 해야 할 것이다.

1994년 9월에 출범한 참여연대가 초기의 재정난을 타개하기 위해 유명 인사로부터 물품을 기증받아 바자회를 연 적이 있었다. 그때 바자회에 나온 물품 중에 인권변호사로 유명한 고(故) 조영래 변호사가 직접 쓴 친필유고가 있었다. 1987년 대통령 선거에 출마한 야권 후보의 단일화를 촉구하는 법조인 성명서의 초고로, 나중에 재야법조인 130여 명의 이름으로 발표된 성명서 초고엔 매우 높은 가격이 매겨져 있었다. 그런데 바자회를 방문한 김앤장의 김영무 변호사가 거금을 선뜻 내고 이 인권변호사의 유고를 샀다고 안경환 교수가《조영래 평전》에서 소개하고 있다.

기업법무를 주로 취급하는 국내 최고 로펌의 대표변호사가 인권변호사의 유고를 산 셈인데, 사실 조영래 변호사는 김앤장과 인연이 깊었던 사람이다. 서울대 법대를 졸업하고, 1971년 제13회 사법시험에 수석 합격한 조영래는 사법연수원을 다니다가 '서울대생 내란음모사건'의 배후조종자로 체포되어 1년 6개월간 옥고를 치르고 나왔다. 이때 오갈 데 없는 낭인(浪人)이 된 그의 처지를 헤아려 사무원으로 채용한 사람이 바로 김영무 변호사였다.

조영래는 그러나 민청학련 사건에 관련되어 다시 수배자 명단에 올랐다. 이어 6년 동안이나 쫓기는 생활을 해야 했으나, 김앤장은 조영래의 연구원 지위를 유지시키며 장기 결근상태에 있던 그에게 여러 경로를 통해 생활비를 지원했다고 한다. 1979년 10.26이 터진 후 복권되어 1980년 '서울의 봄' 때 사법연수원을 다시 다니게 된 조영래는 사법연수원에 다니면서도 김앤장에서 리서처(researcher) 일을 계속했다. 이어 1982년 8월 사법연수원을 마친 후 나중에 인권변호사의 길을 걷기 위해 시민합동법률사무소로 독립할 때까지 1년 6개월간 김앤장에서 변호사로 활동했다.

안 교수는《조영래 평전》에서 이런 사연을 소개하며, "불온인물로 수배상태에 있던 조영래를 사실상의 정규 사무원으로 근무시키는 김영무 변호사의 그릇과 배포는 쉽게 기대할 수 없는 일"이라며 "김 변호사는 '작은 거인'으로 불릴 만큼 엄청나게 큰 스케일의 포용력을 가진 사람으로 정평이 나 있다"고 평가했다. 김앤장과 김앤장 변호사들의 적극적인 공익활동 참가는 설립자인 김영무 변호사의 이런 모습에서부터 시작되었다고 해도 틀린 말이 아닐 것이다.

사회공헌위원회

김앤장은 2013년 5월 1일 김앤장의 공익활동을 총괄하는 사회공헌위원회를 독립기구로 출범시켰다. IMF 외환위기 때 정부를 도와 외채협상에 나서는 등 오래전부터 공익적 차원의 업무를 많이 수행해 온 김앤장이지만, 공익활동을 보다 체계적으로 수행하기 위해 별도 조직을 마련한 것이다.

김앤장 공익활동의 구심점인 사회공헌위원회에선 크게 법률교육, 법제도 개선, 공익단체와의 협력, 청소년 멘토링, 김앤장 소속원들의 자원봉사 그룹인 K&C 프렌즈의 다섯 가지 영역을 주요 활동으로 내걸고 있다.

헌법재판소 재판관을 역임한 목영준 변호사가 이끄는 김앤장 사회공헌위의 1호 사업은 개성공단 피해기업에 대한 무료 법률지원 사업이었다. 개성공단피해기업협회 비상대책위원회가 먼저 유료를 전제로 김앤장에 자문을 요청했다. 그러나 이 얘기를 들은 사회공헌위에서 내부의 공익법률센터가 설정한 '중소기업 법률지원 사업'의 적절한 대상이라고 판단, 무료 법률지원을 역제의해 관련 법률자문과 함께 피해보상법안의 초안을 만들어 제공했다.

김앤장 사회공헌위는 2014년 1월 이번엔 도핑검사 규정을 위반했다는 이유로 세계배드민턴연맹(BWF)으로부터 1년 자격정지 징계를 받은 이용대, 김기정 선수 사건을 무료로 맡아 3개월 후 스포츠중재재판소(CAS)로부터 징계 취소 결정을 받아냈다. 제프리 존스 외국변호사와 국제중재팀의 박은영 변호사 등 10여명의 전문가로 태스크포스를 만들어 선수들이 연맹으로부터 도핑 심사 대상 선정, 소재지 입력 기한 등에 관하여 아무런 통지를 받지 못하였다는 사실을 법리적 쟁점과 함께 CAS 재판부에 주장해 성공적인 결과를 이끌어낸 것으로, 이용대, 김기정 두 선수는 2014 인천 아시안게임에 출전해 남자 단체전에서 금메달을 획득했다.

이외에도 매년 사회공헌위가 발간하는 애뉴얼 리포트(Annual Report)를 열어 보면, 2호까지 나온 장애인의 일자리 창출을 위한 자회사형 '장애인 표준사업장'의 설립, 초록우산어린이재단, 굿

네이버스 등 공익단체들과의 협력을 통해 발간한 〈실무자를 위한 유산기부 매뉴얼〉, 주미대한제국공사관 복원사업 법률지원 등 창의적인 아이디어가 돋보이는, 김앤장 변호사들의 생생한 공익활동 사례가 연이어 보고되고 있다.

자회사형 표준사업장이란 장애인 의무고용 사업주(모회사)가 일정 요건을 갖춘 자회사를 설립할 경우 자회사가 고용한 장애인을 모회사가 고용한 것으로 보아 장애인 고용률에 산입하고 부담금을 감면해 주는 제도로, 2015년 4월 김앤장의 1호 자회사형 표준사업장인 ㈜K&C가람장애인인쇄공방에선 로펌의 업무 특성상 수요가 적지 않은 김앤장의 인쇄 및 출판물 제작의 일정 부분을 담당하고 있다. 김앤장의 2호 자회사형 표준사업장인, 패키징, 디자인 등의 업무를 진행하는 ㈜더사랑은 2019년 3월 문을 열었다.

김앤장은 청소년과 다문화여성을 위한 법률교육도 진행하고 있다. 또 중고등학교 학생 대상의 법률교육은 일회성의 일방적인 강의 형식을 벗어나 학생들이 직접 학교폭력, 불법다운로드, 몰카, 층간소음 등 생활 속의 법적 이슈를 발굴하여 대안을 제시하고, 김앤장의 변호사가 이를 지원하는 8주간의 리더프로그램으로 진행, 학생들로부터 높은 호응을 받고 있다. 교육프로그램 개발 전문가들의 모임인 '씨드쿱'(Seedcoop)과 협력하여 리걸마인드 측정 키트, 변호사게임 등을 개발하여 진행하는 리더프로그램의 의미는 '리걸마인드로 만드는 더 나은 세상'이라고 한다. 2018년 1월부터 시행해 2023년 6월까지 서울시내 6개 중학교 200여명의 학생이 참가했다.

  김앤장에선 그러나 개인이나 특정 기업에 대한 법률상담은 하지 않는 것을 방침으로 삼고 있다. 이런 활동은 대한변협 산하 법률구조재단 등에서도 활발하게 수행하고 있는데다, 자칫 개인과 기업에 대한 법률상담이나 지원이 중소 로펌 또는 개인변호사들의 일감을 빼앗을 수 있다는 우려를 낳을 수 있기 때문이다.

  회사 차원의 공익활동을 떠나 김앤장의 소속 변호사들도 사회봉사 또는 어려운 이웃에 대한 후원 활동 등에 활발하게 참여하고 있다. 교정시설에 수용된 재소자에게 일간신문을 보내는 변호사도 있고, 고등학생을 상대로 열리는 영어 모의재판을 후원하는 변호사도 있다. 서울지방변호사회가 한 일간지와 함께 벌이는 소년소녀가장돕기 사업에 김앤장의 소속 변호사 중 절반가량이 참여해 화제가 되기도 했다.

  "김앤장 사회공헌위원회는 김·장 법률사무소 구성원들이 나눔과 동행의 가치를 실현해가는 곳입니다. 위원회는 우리 사회에서 인간으로서의 존엄과 가치를 구현하는데 조금이라도 보탬이 되고자 공익법률센터는 공익소송을 대리하고 공익법률의 제·개정을 지원하며, 사회봉사센터는 소외된 이웃을 위한 봉사와 후원을 실천하려 합니다."(목영준 김앤장 사회공헌위원회 위원장)

사회공헌위원회를 중심으로 진행되는 김앤장의 공익활동은 해외에서도 높은 평가를 받아 영국의 법률매체 후즈후 리걸(Who's Who Legal)로부터 4년 연속 '세계 10대 프로보노 로펌'에 선정된 데 이어 2017년 '올해의 베스트 프로보노 로펌'으로 선정되었다. 2021년 서베이에서도 '프로보노 우수로펌'(Highly Commended Pro Bono Firm)에 선정되었다.

VII

50년을 넘어

법률시장 개방

2023년 3월 22일 싱가포르에서 열린 IFLR Asia-Pacific Awards 2023 시상식, 김앤장이 'National Law Firm of the Year: South Korea' 즉, '올해의 한국 로펌 상'을 수상했다. 이 상은 가장 혁신적인 크로스보더(cross-border) 거래를 수행한 국가별 1개 로펌에 수여하는 상으로, 김앤장은 이번 수상으로 2002년부터 누적 21회 수상이란 기록 갱신과 함께 한국을 대표하는 혁신 로펌의 위상을 또 한 번 확고히 했다.

이외에도 Chambers Asia-Pacific 2023, The Legal 500 Asia Pacific 2023 등 유명 법률매체의 평가에서 거의 전 분야 Tier 1의 최고 평가를 받는 최고 등급(top-tier)의 펌이 김앤장으

로, 김앤장의 탁월한 경쟁력을 생각할 때 이런 결과가 특별히 새로운 것은 아니다.

김앤장은 높은 전문성과 서비스로 대한민국 1등, 아시아 최고 로펌의 위상을 구축해 왔다. 국내외 기업 등으로부터 한국법에 관한 자문이라면 가장 먼저 선택을 받는 한국을 대표하는 로펌이며, 상대방을 대리해 협상장에 나온 영미 로펌의 변호사들도 상대 로펌이 김앤장이라고 하면 긴장할 정도로 국제적으로도 탁월한 경쟁력을 인정받고 있다.

관심은 이제 세계 속의 김앤장으로 옮겨가고 있다. 영미 로펌의 각축장이라고 할 수 있는 글로벌 시장에서 김앤장의 위상은 어느 정도일까. 또 앞으로 김앤장의 발전은 어디까지 이어질 것인가.

김앤장이 1973년 설립되어 50년 동안 고속성장의 상승 커브를 그려오는 동안 한국의 법조계, 법률시장에 두 개의 커다란 변화가 있었다. 하나는 한국의 법조인 양성 시스템이 사법시험에서 로스쿨을 나와야 치를 수 있는 변호사시험 제도로 바뀐 로스쿨 제도의 도입이고, 또 하나는 2012년부터 본격화된 한국의 법률시장 개방에 따른 영미 로펌 등의 한국 진출이다.

법률시장 개방 10년이 더 지난 2023년 8월 현재, 영미 로펌 27곳을 포함해 약 30개의 외국 로펌이 서울에 사무소를 개설하고 각국의 변호사들이 서울에 상주하며 한국 기업을 상대로 외국법에 관한 자문을 제공하고 있다. 법률서비스의 수요자인 한국 기업 등의 입장에서 보면, 뉴욕이나 LA, 런던을 찾지 않아도 김앤장 등 한국 로펌에 가서 법률자문을 받듯이 서울의 시내 중심가에 위치한 영미 로펌 사무실을 찾아 해외 채권발행이나 크로스보더 M&A, 해외소송, 국제중재 등의 사안에 대해 상담하고 자문을 받을 수 있게 된 것이다.

본점 소재지 기준으로 서울에 가장 많이 진출한 로펌은 미국 로펌이다. 2022년 매출 기준 '미 100대 로펌'(Am 100)에 드는 Latham & Watkins, DLA Piper, Baker McKenzie, Skadden, White & Case, Ropes & Gray, Greenberg Traurig, Paul Hastings, Covington, Cleary Gottlieb, Milbank, K&L Gates, Sheppard Mullin, Arnold & Porter, O'Melveny가 서울에 사무소를 열어 활발하게 자문에 나서고 있다. 이들 대부분은 김앤장보다 매출이나 변호사가 더 많은 글로벌 대형 로펌들이다. 또 소송과 내부조사 등의 업무를 많이 수행하는 Kobre & Kim, IP 분야가 발달한 Finnegan, Henderson, Farabow, Garrett & Dunner도 8년 전인 2015년 서울에 진출해 각기 특화된 분야에서 역량을 발휘하고 있다.

영국 로펌 중에선 매직서클(Magic Circle)로 불리는 Linklaters와 Allen & Overy를 비롯해 해상 전문의 Stephenson Harwood, 국제중재, 에너지와 프로젝트 개발, PF 자문을 주요 업무로 내걸고 2023년 2월 서울에 사무소를 연 Watson Farley & William까지 가세하고 있다.

단계별로 개방의 범위를 넓혀온 한국의 법률시장 개방은 이미 최고 단계인 3단계까지 진입해 2023년 초 한국 로펌과 외국 로펌의 합작법무법인(JV) 1호인 Ashurst-화현 합작법무법인(Ashurst Korea JV)까지 탄생했다. 또 이미 서울에 사무소를 운영하고 있는 Baker McKenzie가 국제중재와 M&A 자문이 발달한 부티크 로펌인 법무법인 KL 파트너스와 합작법무법인을 설립하기로 하고 얼마전 법무부에 설립인가 신청서를 제출하는 등 2호 합작법무법인의 출범도 예고된 상태다.

합작법무법인에선 합작 참여 외국 로펌의 본국법과 국제법에 대한 자문은 물론 송무와 노무, 지식재산권 등 일부 업무를 제외하고 M&A 거래 등에 대한 한국법 자문을 수행할 수 있으며, 한국변호사 채용도 가능해 합작법무법인이 시장개방 시대에 국제분쟁이나 크로스보더 업무를 수행하는 게임체인저가 될 수 있을까 국내외 로펌들이 주시하고 있다.

JV 1호인 Ashurst-화현의 경우 Ashurst와 화현 출신의 JV 구성 멤버 외에 한국 로펌에서 오랫동안 근무한 중견 한국변호사를 합작법무법인의 매니징파트너로 영입하고, Shearman & Sterling 서울사무소에서 활동하던 프로젝트 파이낸스 전문가까지 가세하는 등 출범 초기부터 대대적으로 인력을 확충하고 있다.

물론 서울에 사무소를 열었다가 철수한 로펌들도 없지 않다. 그러나 세계 10위권의 경제 규모를 자랑하는 한국 시장에 대한 영미 로펌들의 관심은 여전하고, 합작법무법인을 포함해 영미 로펌들의 한국 시장 진출도 계속해서 이어지고 있다. 전문가들은 서울 상주 외국 로펌들 사이에 업무분야별 특화와 함께 차별화가 진행되며, 영미 로펌들의 한국 시장에서의 업무가 한층 고도화되고 있는 것으로 분석하고 있다.

 한국은행이 매년 집계해 발표하는 법률서비스 국제수지(收支) 통계에 따르더라도, 우리 기업 등이 외국 로펌에 지출하는 법률서비스 비용이 코로나 팬데믹 첫해인 2020년 15억 7,750만 달러, 2021년 15억 2,980만 달러, 2022년 잠정 14억 9,450만 달러로 15억 달러 안팎의 꾸준한 흐름을 보이고 있다. 외국에 있는 로펌들에게 국경을 넘어 매년 약 2조 원의 법률서비스 비용이 지출된다는 얘기인데, 위 통계에 잡히지 않은 부분까지 감안하면 외국 로펌들이 타깃으로 삼고 있는 한국 법률시장 규모는 그 이상일 것으로 추정된다.

 법률시장 개방이 김앤장 등 한국 로펌들에겐 어떠한 영향을 미쳤을까.

 일단 초기의 일부 우려와 달리 영미 로펌들이 서울에 상주하며 함께 자문하는 시장개방 시대에도 한국 로펌들이 선방하며 성장을 이어가고 있다는 고무적인 평가가 많이 나오고 있다. 물론 김앤장 등 한국 로펌의 전체 매출액 중 영미 로펌들과 직접적인 경쟁관계에 있다고 할 수 있는 크로스보더 거래, 그중에서도 아웃바운드 거래에 대한 자문이나 국제중재 등 국제분쟁 사건의 수행이 차지하는 정확한 비중을 파악하기 어려워 시장개방 전후로 나눠 구체적으로 비교하는 것은 어렵지만, 시장개방에도 불구하고 한국 로펌들은 발전을 계속하고 있다. 매년 초 집계되는 주요 로펌들의 매출이 증가하고 소속 변호사 수도 늘어나고 있다.

영미 로펌 서울사무소나 한국 로펌에서 외국과 관련된 업무를 수행하는 한국계 외국변호사 즉, 한국계 미국변호사나 영국변호사 등의 로펌 이동에서도 시장개방 시대의 새로운 균형을 확인할 수 있다. 11년 전인 시장개방 초기 한국 로펌에서 활동하던 일부 외국변호사들이 영미 로펌의 서울사무소로 옮겨가는 인력 유출이 없지 않았으나, 시간이 지나며 영미 로펌 서울사무소의 외국변호사들이 김앤장 등 한국 로펌으로 역이동하는 새로운 흐름이 나타나고 있다.

학부에서 공학을 전공한 장경선 외국변호사는 Paul Hastings 서울사무소에서 활동하다가 오래 전에 김앤장으로 옮겨 IP 분야에서 활약하고 있다. M&A 자문을 많이 수행하는 나진강 외국변호사도 Paul Hastings와 O'Melveny를 거쳐 2021년 김앤장에 합류했다. Simpson Thacher & Bartlett 서울사무소 대표를 맡왔던 손영진 외국변호사는 Simpson Thacher & Bartlett이 서울에서 철수한 후 김앤장으로 옮겨 M&A와 IPO 등 금융 분야의 여러 거래에서 활약하고 있다.

김앤장에서 활동하다가 법률시장이 개방되어 Clifford Chance가 서울사무소를 개설하자 Clifford Chance 서울사무소 창립 멤버로 참여했던 기업법무와 금융이 주된 업무분야인 김치관 외국변호사는 그 후 법무법인 광장으로 옮겼다가 지금은 법무법인 율촌에서 활동하고 있다. 또 White & Case 서울사무소를 거쳐 Arnold & Porter 서울사무소에서 근무했던 김경석 외국변호사와 Sheppard Mullin 서울과 뉴욕사무소에서 근무했던 김보찬 외국변호사는 법무법인 태평양으로 옮겨 순서대로 크로스보더 M&A, 내부조사와 국제소송 등의 분야에서 역량을 발휘하는 등 한국의 주요 로펌과 영미 로펌 사이에 중견 외국변호사의 이동이 활발하게 이루어지고 있다. Clifford Chance 서울사무소 대표를 맡았던 조봉상 영국변호사는 법무법인 세종에서 국내외 M&A를 위한 인수금융과 재생에너지 프로젝트 개발에 주력하고 있다.

김앤장은 한국 로펌 중 가장 많은 외국 변호사를 보유하고 있다. 전체 변호사 1,250명의 약 20%에 육박하는 외국변호사가 나라별, 업무분야별로 포진하고 있으며, 이들 외국변호사들이 변호사 자격을 취득한 나라, 즉 관할은 모두 14곳에 이른다.

물론 한국변호사를 도와 외국법에 대한 자문을 지원하는 것이 외국변호사들의 주된 역할로, 한국변호사와 외국변호사와의 협업이 김앤장의 커다란 강점으로 얘기된다. 김앤장은 크로스보더 거래나 국제분쟁의 수행 등 섭외적 요소가 포함된 사건에서 외국 로펌에 전혀 밀리지 않는 경쟁력을 발휘하는 것으로 평가받고 있다.

한국의 법률시장 개방이 10년을 넘어 새로운 패러다임으로 접어들고 있다. 합작법무법인이 새로운 모델로 등장하고, 한국 시장을 겨냥한 영미 로펌들의 공세도 한층 높아질 것으로 예상된다.

김앤장의 새로운 50년도 영미 로펌이 포함된 시장개방 시대의 확장된 무대에서 발전을 추구해야 한다. 서울에 진출한 영미 로펌과의 경쟁에 효과적으로 대응해야 하고, 세계로 진출하는 한국 기업을 따라 한국 바깥에서의 자문역량을 강화해야 한다.

Globalization

　김앤장은 다른 어느 국내 로펌보다도 국제 관련 업무를 활발하게 수행하는 로펌으로 잘 알려져 있다. 우선 외국 기업을 많이 대리한다. 김앤장이 한국에 진출하는 외국 기업이나 한국에서 송사 등에 휘말린 외국 기업을 90% 이상 대리한다는 얘기도 나왔었다. 전 세계를 무대로 사업을 벌이는 다국적 기업들은 외국에서 법적인 문제가 생기면 보통 그 나라에서 가장 유력한 로펌을 선임하기 때문에 한국 1위 로펌인 김앤장이 외국 기업으로부터 많은 사건을 의뢰받는다는 분석도 있지만, 김앤장의 전문성과 서비스가 워낙 탁월하기 때문이다.

　애플이 삼성전자와 전 세계 여러 나라에서 특허분쟁을 벌였을 때 애플은 한국에서도 소송을 제기하며 김앤장에 사건을 맡겼다. 얼마전 대법원이 구글을 상대로 FBI 등에 제공한 한국 구글 이용자의 개인정보도 원칙적으로 이용자의 열람·제공 요구에 응해야 한다는 취지의 파기환송 판결을 내린 사건에서도 구글을 대리한 한국의 법률회사는 김앤장이었다.

이번엔 한국 기업의 해외진출에 관련된 아웃바운드 자문이다. 외국 로펌이 주도하는 법률서비스를 국산화하며 오랫동안 노하우를 축적해온 김앤장은 한국 기업의 세계화와 함께 빠르게 늘어나고 있는 아웃바운드 업무에서도 단연 두각을 나타내고 있다.

한국 법률시장 개방에 대한 대응이나 한국 기업의 해외진출을 뒷바라지하는 아웃바운드 자문은 사실 동전의 양면과 같은 것으로, 핵심은 해당 로펌의 국제역량이라고 할 수 있다.

김앤장은 설립 초기부터 외국변호사를 채용해 업무에 활용하는 등 국제법무의 선구자에 해당하는 로펌이다. 이미 46년 전인 1977년부터 외국변호사가 상주하며 업무를 수행하기 시작, 설립 후 50년이 흐른 지금은 200명이 훨씬 넘는 외국변호사가 포진하고 있다. 그만큼 세계 경제의 국제화, 한국 기업의 해외진출 확대에 비례해 김앤장의 국제역량이 확충되어 왔다.

김앤장이 최근 해외사무소를 지속적으로 늘려가고 있는 것도 같은 맥락에서 이해할 수 있다. 김앤장의 첫 해외사무소는 2010

년 7월 문을 연 홍콩사무소다. 투자은행 등의 아시아 본부가 있는 홍콩에 거점을 마련한 김앤장 홍콩사무소에선 서울 본사와의 유기적인 협력 아래 홍콩, 중국 등 아시아 각국의 고객들에게 금융이나 크로스보더 M&A 등에 관한 다양한 서비스를 제공한다. 다른 한국 로펌들과 비교하면 해외사무소 개설이 늦은 측면이 없지 않지만, 홍콩 진출은 한국 로펌 중 가장 빨랐다.

김앤장은 또 얼마전부터 동남아 지역에 적극적으로 해외사무소를 개설하며 동남아 시장으로 활발하게 진출하는 한국 기업들을 밀착 지원하고 있다. 2018년 베트남의 호치민에 사무소를 연 데 이어 2년 후인 2020년 싱가포르 사무소 오픈, 2022년 말 베트남의 두 번째 사무소인 하노이 사무소 개설로 이어지며 홍콩에서 동남아로 연결되는 4개의 사무소를 가동하고 있다. 김앤장은 인도네시아에도 코리아 데스크 형태로 인도네시아 현지 로펌에 변호사를 파견하고 있다.

주목할 점은 김앤장의 해외사무소 확충은 성장을 위한 성장이라기보다 클라이언트의 니즈, 업무수요의 증가에 따라 자연스럽게 촉진되어 왔다는 점이다. 이 점에서 전 세계 주요 거점마다 현지 사무소를 가동하며 영미법, 국제법에 대한 자문을 내세우고 있는 영미의 글로벌 로펌들과는 다른 해외전략을 구사하고 있다.

양영준 변호사는 한 외신 인터뷰에서, "우리는 해외의 어떤 나라에서도 시장점유율을 확보할 목표를 가지고 있지 않다"고 강조하고, "클라이언트의 니즈가 그곳에 있기 때문에 우리 변호사들이 그 시장에 상주하는 것"이라고 말했다.

김앤장은 한국 기업이 많이 진출한 베트남에선 베트남 변호사를 채용해 한국법은 물론 베트남법에 대해서도 자문하고 있다. 반면 홍콩이나 싱가포르 사무소에선 한국법에 대한 자문만 수행하며, 현지법(local law)에 대한 자문은 하지 않는다. 유베이스가 싱가포르 Everise Holdings로부터 Globee Holdings 지분을 인수하는 거래에 대한 자문, 쿠팡의 HOOQ Digital OTT 플랫폼 인수 자문 등이 최경선 외국변호사와 박마리, 김현주 변호사 등이 상주하는 싱가포르 사무소의 주요 업무사례로 소개된다.

물론 김앤장의 해외업무를 현지사무소를 개설한 동남아 일부 지역으로 범위를 좁혀 생각하면 큰 오산이다. 김앤장은 미국과 캐나다, 유럽, 중국, 일본, 중동, 남미, 호주, 아프리카 등 전 세계에 걸쳐 활발하게 업무를 수행해 왔으며, 서울 본사에 주요 지역을 커버하는 전담팀도 상시 가동하고 있다. 또 현지법에 대한 자문이 필요할 경우 해당 분야의 전문성을 갖춘 현지 유력 로펌과의 긴밀한 협조를 통해 최상의 솔루션을 도출하는 전략을 채택하고 있다.

이와 관련해 주목할 대목은 두산인프라코어의 밥캣 인수처럼 여러 나라에 걸쳐 사업을 수행하는 다국적 기업의 인수와 같은 다관할의 크로스보더 거래에서 김앤장이 주자문로펌이 되어 현지의 외국 로펌들을 일종의 보조로펌으로 활용하며, 거래 전체를 지휘하고 주도적인 역할을 수행하는 사례가 늘어나고 있다는 점이다. 클라이언트들도 김앤장의 이러한 원스톱 토털 서비스를 선호한다고 한다.

김앤장은 한국투자공사의 미국 메릴린치에 대한 20억 달러 투자, 두산중공업의 스코다파워 인수, 한국석유공사의 카자흐스탄 석유기업 숨베 인수 등의 거래에서도 주자문로펌을 맡아 거래 전체를 지휘했다. 김앤장에 있을 때 한국석유공사가 3억 3,500만 달러를 들여 카자흐스탄에 두 개의 석유공구를 보유한 숨베 사를 인수하는 거래에 관여했던 박병무 VIG파트너스 대표는 "김앤장이 주자문로펌으로 인수 작업 전반에 자문을 제공했고, 현지 로펌은 피인수법인에 대한 실사작업 등 보조적인 업무를 담당하였을 뿐"이라며 "해외거래에서 김앤장이 자문을 주도하며 핵심적인 역할을 하는 경우가 많다"고 말했다.

관련 분쟁이 국제적으로 진행되는 경우가 많은 지식재산권이나 공정거래 등의 분야에서도 김앤장이 외국 로펌을 리드하는 주도적인 역할을 수행하는 사례가 적지 않다. 김앤장 지식재산권 그룹의 한상욱 변호사는 "국제특허소송에선 먼저 등록된 특허 즉, 선행문건을 검색, 분석하는 작업이 매우 중요한데, 김앤장의 전문가들이 한국, 일본, 미국, 유럽, 중국을 포괄하는 지역에서 선행문건을 가장 광범위하게 찾아내는 발군의 실력을 발휘하고 있다"며 "이렇게 확보된 문건은 다른 나라에서 진행 중인 특허소송에서도 매우 유익하게 활용된다"고 강조했다.

국제분쟁이 늘어나며 갈수록 중요성이 더해지고 있는 국제중재 분야에서도 김앤장의 변호사들이 외국 기업을 단독 대리해 외국 기업을 상대로 해외에서 진행되는 중재법정에 출석하는 등 전방위로 활약하고 있다. 일종의 법률서비스 수출사례로, 일본 회사를 대리해 동남아 진출 프로젝트에 자문한 일본팀 등 다른 분야에서도 유사한 사례가 늘어나고 있다.

김앤장은 아메리칸로이어가 매년 집계하는 글로벌 로펌 랭킹에서 9년 연속 '세계 100대 로펌'(The Global 100)으로 선정되었다. 가장 최근인, 2021년 매출액을 집계해 발표한 '2022 Global 100'에서의 순위는 55위, 1,120명의 변호사가 활동하는 것으로 집계된 변호사 수 기준에선 66위에 올랐다.

김앤장의 글로벌 랭킹은 특히 전 세계 많은 지역에 사무소를 두고 각 나라의 기업을 상대로 업무를 수행하는 주요 영미 로펌들과 달리 한국 기업과 한국 시장을 중심으로 일구어낸 성과라는 점에서 더 주목을 받고 있다.

로닷컴(law.com) 인터내셔널판이 2022년 가을 '팀웍 기반의 서구식 법률서비스 모델'(a teamwork-based Western-style legal service model) 도입을 성공요인으로 들며 김앤장의 성공을 조명한 기획기사에서, 아시아 바깥의 서양에도 사무소를 열 계획이 있느냐고 김앤장에 질문했다. 이에 대한 양영준 변호사의 대답은 '아니오'였다. "김앤장은 기본적으로 한국 국내 시장에 초점을 맞추고 있고, 김앤장의 성장은 한국에 있다"(Our growth is in Korea.)는 것이다.

김앤장은 해외로 진출하는 한국 기업을 따라 동남아 일대에 해외사무소를 가동하고, 활발하게 세계화를 추구하고 있다. 하지만 그 밑바탕은 여전히 한국에 있다. '한국적인 것이 세계적인 것이고 세계적인 것이 한국적'이라는 말은 김앤장의 세계화 전략을 설명하는 표현으로도 적절해 보인다.

지속가능 플랫폼

　한국 로펌 업계의 후발주자로 출발해 국내 1등, 아시아 최고의 로펌으로 발전한 김앤장의 노력과 성취는 평가받을 만한 결과라고 해야 할 것이다. 삼성전자, 현대자동차 등 한국의 여러 제조업체가 세계 시장에서 경쟁력을 자랑하고 있는 것과 마찬가지로 김앤장은 법률서비스라는 고도의 지식서비스 사업에서 아시아를 뛰어넘는 글로벌 경쟁력을 이어가고 있다. 한 경제부처 장관은 언론 인터뷰에서 "전자는 삼성전자, 로펌은 김앤장 같은 로펌을 10개, 20개 만들어야 한다"고 김앤장의 성공을 평가하기도 했다. 이 장관의 말대로 김앤장은 아시아를 넘어 세계로 달려가고 있다.

　50년 전 법원과 검찰의 송무 사건 위주로 업무를 수행하던 변호사 업계의 관행을 탈피해 기업자문이라는 새로운 영역을 개척한 김앤장은 글로벌 수준의 기업법무 서비스를 통해 한국의 경제성장을 뒷받침하고, 한국 로펌 업계가 발전할 수 있는 기틀을 닦았다.

김앤장의 변호사들은 또 행정부처나 준(準)사법기관의 기능을 수행하는 정부의 여러 위원회에 진출해 변론하고, 법을 만드는 입법부와 국제기구 등에서도 김앤장의 변호사, 전문가들이 중요한 역할을 수행하고 있다.

김앤장을 여러 측면에서 조명할 수 있겠지만, 1천 명이 넘는 변호사, 2천 명에 육박하는 전문인력이 포진한 김앤장은 그 자체가 하나의 거대한 플랫폼이라고 할 수 있다. 매년 로스쿨 출신의 신입변호사와 판, 검사 출신 등 중견 변호사들이 합류하며 플랫폼의 공급망이 충원되고 있고, 다른 한편에선 국내외 수많은 기업으로부터 다양한 법률자문 요청이 의뢰되어 김앤장 변호사들의 퀄리티 높은 자문을 기다리고 있다. 특히 최고의 인재, 양질(high-profile)의 사건으로 플랫폼이 구성되어 우상향의 상승 커브를 그리며 발전해 온 곳이 김앤장이다.

한국 로펌 중 규모가 제일 큰 김앤장은 좋은 고객을 가장 많이 확보하고 있는, 말 그대로 한국 로펌 업계의 1위 로펌이다. 어느 업종이나 1위 업체에겐 프리미엄이 존재하고, 김앤장도 기업체 등에서 법률전문가의 도움이 필요한 법률 이슈가 발생하면 가장 먼저 선택을 받는, 독보적인 위상을 이어가고 있다.

설립자인 김영무 변호사가 김앤장에 새로 입사하는 변호사들에게 빼놓지 않고 당부하는 말이 있다고 한다.

"세상에 변호사는 많습니다. 훌륭한 변호사도 많습니다. 그러나 여러분처럼 훌륭한 클라이언트를 갖고 있는 변호사는 흔치 않습니다. 이를 더욱 발전시켜 후배들에게 물려주는 것이 여러분의 책무입니다."

최고의 로펌답게 가장 좋은 고객군을 확보하고 있는 김앤장 변호사들의 1차적인 역할은 이들 클라이언트를 지원하고, 클라이언트로부터 의뢰되는 다양한 법률자문 요청을 최고의 퀄리티로 수행하여 해당 이슈에 꼭 들어맞는 솔루션을 제공하는 것이라고 할 수 있다.

김앤장에서도 그런 능력의 변호사를 찾아 영입하고, 신입변호사를 훈련시켜 김앤장의 정예 멤버로 키워내고 있다. 나아가 새로운 법률서비스를 창출하고 신규 클라이언트를 발굴하여 플랫폼을 확대하는 것이 김앤장의 발전을 이끄는 길일 것이다.

발달된 플랫폼일수록 좋은 인재가 들어오고 고품질의 법률서비스를 생산하여 새로운 고객을 추가하는 선순환이 이루어지게 마련이다. 김앤장도 지난 50년간 이러한 확대재생산을 반복하며 글로벌 55위의 큰 성공을 거두었다. 반대로 플랫폼의 공급 쪽이든 수요 사이드든 어디선가 애로가 발생하게 되면 부정적인 연쇄효과가 플랫폼 전체에 악영향을 미치게 된다.

김앤장은 주요 업무분야별로 한국 로펌 중 가장 높은 비중의 시장점유율을 확보하고 있다. 업무분야에 따라서는 신규 법률서비스의 창출이 아니면 업무 확대를 도모하기 어려울 정도로 시장을 석권하고 있는 분야도 있다. 보통 원, 피고의 대립 구조로 이루어지는 법률시장에선 모든 사건에서 어느 한쪽 당사자를 맡더라도 원칙적으로 시장점유율 50%를 넘길 순 없고, 나머지 50%는 2위 이하의 로펌들이 사건을 나눠 맡으며 리그테이블을 형성하게 된다. 1위 로펌 김앤장에서 소속 구성원들에게 새로운 법률서비스, 창의적인 법률서비스의 창출을 끊임없이 강조하고 있는 것도 법률시장의 이러한 구조적인 특성과 무관하지 않다. 포화 상태에 가까운 시장에선 시장 자체가 커지지 않으면 성장에 한계가 있기 때문이다.

수년 전 한국 법률시장의 침체가 계속되며 김앤장도 고전을 면치 못한 적이 있다. 변호사가 많은 김앤장은 그만큼 경기의 영향을 더 많이 받을 수밖에 없고, 변호사가 워낙 많다 보니 김앤장 변호사들 사이의 내부 경쟁도 치열한 것으로 알려져 있다. 충분한 역량을 갖추었음에도 김앤장 내부의 치열한 경쟁이 싫어 다른 로펌을 선택하는 변호사도 꽤 있다고 한다.

그러나 해마다 로스쿨을 마친 최고의 인재들이 김앤장으로 몰려들고, 경력변호사 시장에서도 뛰어난 경쟁력의 우수한 변호사들이 우선적으로 합류를 희망하는, '선택 1순위'의 로펌이 김앤장이다.

김앤장 변호사들의 소속 로펌, 즉 김앤장에 대한 만족도도 매우 높게 나타나고 있다. 변호사 1인당 매출이나 수익도 김앤장이 한국 로펌 중 단연 앞서 있다.

다른 어느 로펌보다도 뛰어난 인재가 많은 김앤장이지만, 김앤장에선 역설적으로 스타플레이어가 잘 눈에 띄지 않는다. 그 대신 김앤장에선 누가 투입되어도 해당 분야의 업무를 최고의 수준으로 수행할 수 있는 대체가능, 지속가능한 법률자문 시스템의 확보에 가장 신경을 쓴다고 한다. 앞에서도 얘기했지만, 김앤장은 변호사를 파트너와 어소시에이트로 엄격하게 구분하기보다는 구성원들 사이의 상호존중과 팀플레이를 중시하고 이를 계승, 발전시켜 나가는 데 역점을 두고 있다.

50년 전 영미의 발달된 로펌 시스템을 받아들여 발전의 토대를 구축한 김앤장은 한국적 요소를 가미해 커다란 성공을 거두었고, 지속가능한 변호사 플랫폼, 법률공동체를 지향하고 있다. 개인사무실에서 합동법률사무소로, 다시 회사 형태의 로펌으로 법률사무소의 형태가 변화해 왔다면, 김앤장은 한층 탄력적인 모습의 플랫폼 시스템으로 로펌의 새로운 지평을 열어가고 있다. 김앤장의 플랫폼 시스템은 시장에서도 고무적인 평가를 받고 있다.

미래

1973년에 설립되어 반세기를 통과하고 있는 김앤장은 김영무, 장수길 두 창립 파트너부터 2세대, 3세대 변호사, 법학전문대학원을 졸업하고 입사한 로스쿨 출신 변호사에 이르기까지 여러 세대의 변호사들이 함께 플랫폼을 구성하며 시너지를 추구하고 있다. 변호사와 공인회계사, 변리사 등 전문가만 2천 명에 육박하는 거대 조직이다. 여기에 법률비서와 스태프 등까지 포함하면 전체 직원이 4천 명이 넘는다. 그러나 대폭적인 권한 위임을 통한 자율경영이 발달한 곳이 김앤장이며, 이를 통해 매우 신속하면서도 탄력적인 의사결정을 도출하는 것으로 정평이 나 있다.

이런 김앤장을 두고 외부에선 거버넌스(governance) 등 50년 이후의 체제에 관심을 나타내는 사람들이 많지만, 30년 넘게 김앤장을 관찰해온 필자가 보기엔 지금까지의 그것과 크게 달라질 내용은 많지 않을 것 같다. 최고의 인재를 뽑아 업무분야별로 최고의 전문성을 갖추는 것을 우선시해 온 김앤장의 철학은 앞으로도 계속될 것이고, 이러한 노력은 지금까지 그래왔던 것처럼 김앤장 플랫폼의 지속가능한 성장을 담보하는 밑거름으로 남을 것이다.

이제 새로운 50년을 채울 김앤장의 미래를 어떻게 전망해볼 수 있을까. 결론부터 이야기하면, 김영무, 장수길 변호사에서 시작되는 선배 세대가 만들어 놓은 탁월한 플랫폼을 얼마나 잘 계승, 발전시키는가에 달려있다고 하면 크게 틀리지 않을 것이다. 고객의 니즈에 맞춘 높은 전문성과 서비스, 각 분야의 최고 전문가로 이루어진 다양한 인재풀, 원펌(one firm)으로서의 유기적인 협력, 선제적 투자 등을 김앤장 플랫폼을 구성하는 핵심 요소들로 꼽아볼 수 있다. 지난 50년간 구축해온 이들 혁신의 요소들을 계속해서 발전시킨다면 김앤장의 미래 핵심 역량은 한층 배가될 것이다.

김앤장의 50년을 정리하면서 만난 김앤장의 많은 변호사들도 김앤장의 성공을 이끈 성장동력이자 하나의 레거시로 남은 '고객 중심', '팀플레이', '도전', '혁신'에 입을 모아 공감을 나타냈다.

"고객 만족이 최우선입니다. 날로 높아지는 고객의 기대를 충족시키기 위해 현재에 안주하지 말고 계속 노력해야죠."

"다양한 배경과 역량을 갖춘 구성원들의 팀플레이를 김앤장의 성장동력으로 가장 먼저 꼽고 싶어요. 시장의 변화에 유연하게 대처하면서 지속적으로 혁신을 추구해야 한다고 생각합니다."

미래의 주역이 될 김앤장의 차세대 프로페셔널들은 국제화와 글로벌 로펌으로서의 지속적인 발전을 강조하고, 해외 주요 거점 도시에 사무소 마련, 외국인 우수 법률가의 리쿠르트, 언어와 문화가 다른 외국변호사들과의 원팀 등을 구체적인 방안으로 제시했다. 50년간 축적된 업무 경험의 데이터 베이스화와 리걸테크 솔루션의 도입을 주문한 변호사도 있고, 또 다른 변호사는 빅데이터, 인공지능을 활용하는 창의적이고 혁신적인 업무방식을 김앤장의 지식과 경험에 결합하여 고객을 위한 새로운 밸류를 창출해야 한다고 강조했다.

변호사들은 혁신적인 아이디어, 차별화된 고품질의 서비스가 김앤장이 해야 할 일이라고 주문하고, 융합 서비스, 토털 서비스를 강조했다. 전문가 집단으로서의 사회공헌도 김앤장의 구성원들이 수행해야 할 과제에 빠지지 않고 들어 있다.

김앤장이 설립 50주년을 맞는다. 보통 1백년 이상 된 로펌이 수두룩한 영미 로펌에 비하면 아직 젊은 로펌이라고 불러야겠지만, 한국의 토종 벤처 로펌으로 출발한 김앤장은 50년 만에 글로벌 55위의 성과를 거두었다.

앞으로 얼마나 더 위상을 높일 수 있을까?

'한국에도 영미 로펌 못지않은 제대로 된 로펌을 만들어보자'는 창업자들의 꿈은 이루어졌다고 볼 수 있다. 관심은 이제 세계 속의 김앤장, 글로벌 로펌으로서의 발전이다.

김앤장 주요 연표

1970s
- 1973. 1. '변호사 김영무 법률사무소' 개업
- 1973. 12. 26. 김앤장 출범
- 1976. 정계성 변호사 합류
- 외국계 은행의 법률고문 서비스로 업무 시작
- 국내 은행과 기업의 외국 차관 도입 자문
- 1979. 이재후 변호사 합류
- 1980. 정경택 변호사 합류

1980s
- 젊은 변호사들의 본격적인 합류
- 판사 출신 변호사들의 합류
- 외국인투자 전면 개방 – 합작투자 자문 증가
- 자동차·통신·에너지 등 한국 경제 주요 인프라 구축 자문
- 해외증권 발행 자문 – 외국 선진 금융 기법 도입
- 업계 최초 해외연수 프로그램 시작

1990s
- 1992. 사우디 아람코 쌍용정유 직접투자 자문으로 은탑산업훈장 수상
- 지식재산권 분쟁 해결 업무시스템 마련
- IMF 외환위기 극복에 조력
- IFLR 아시아·태평양 지역 최우수 로펌 선정(1998)
- 업계 최초 변호사 100명 돌파 (1999)
- 한국 로펌 최초 공익활동 상설기구 '공익활동위원회' 설치(1999)

- 홍콩사무소 개소(2010)
- 국제중재 분야 세계 24위 기록 (GAR, 2012)
- 김앤장 사회공헌위원회 발족(2013)
- 한국변호사 500명 돌파(2013)
- 글로벌 100대 로펌 선정 (The American Lawyer, 2014)
- 조세 분야 세계 8위 기록 (Tax Directors Handbook)
- '2017 세계 최고 프로보노 로펌' 선정(Who's Who Legal)
- 베트남 호치민 사무소 개소(2018)
- 평창동계올림픽 국가대표 선수단 법률지원(2018)

2000s — **2010s** — **2020s**

- 아시아·태평양 지역 M&A 거래 1위
- 두산그룹의 밥캣 인수 자문(2007)
- 한국 기업의 해외투자 법률자문 수행
- 한국 기업의 국내외 상장 자문
- 국제중재기관 사건 주도적 자문
- '아름다운 가게' 안국점, '김앤장 DAY' 시작(2002)
- 공익활동연구소 설립(2007)

- 2020. 싱가포르 사무소 개소
- 2022. 베이징 동계올림픽 국가대표 선수단 법률지원
- 2022. 베트남 하노이 사무소 개소
- 2023. 한국변호사 1,000명 돌파

지은이 **김진원**

경기도 파주에서 태어나 서울대 법대와 동 대학원 법학과를 졸업했다. 중앙경제신문, 중앙일보 기자를 거쳐 리걸타임즈의 대표 겸 편집국장을 맡고 있다. 신문기자 시절부터 오랫동안 법조를 취재하며 변호사와 로펌, 법률시장에 관한 깊이 있는 글을 써왔으며, 1999년에 나온 《로펌》을 시작으로 《한국의 로펌》, 《로펌 인 코리아》, 《부티크 로펌》 네 권의 저서가 있다.